JN076564

改訂2版

保育原理の基礎と演習

柴崎正行＝編著

兼重祐子
亀﨑美沙子
北川公美子
北澤明子
小山朝子
副島里美
田代和美

わかば社

まえがき

保育所や幼稚園、認定こども園、家庭的保育施設というように、就学前の保育施設は多様化しつつあります。都市部の待機児の多い地域では、家庭や地域の実情に応じて、多様な保育施設を設立し、その対応に追われています。また施設を増やそうにも就職を希望する保育者が不足していて、困難であるという現実も見えてきました。過疎化しつつある地方では少子化問題が深刻で、施設の統廃合などの問題どころでなく、町そのものが消滅してしまう危機にさらされています。こうした混乱だけを見ていると、これからの保育現場がどうなってしまうのか、暗たんたる思いがあります。

こんなときに、私は学生時代の保育学の師であった津守真先生のある言葉を必ず思い出します。それは「どんなときにも保育者は、その子の今を全力を尽くして支えていくしかないのです」という言葉です。理想的なかかわりや理想的な環境を保障してあげられないかもしれない、その子の保護者の望むことを実現してあげられないかもしれない、でも、今、私に、そして私たちにできる最大限のことは努力してみよう、という心意気だけは失いたくはないのです。これが保育者の専門性を支えていく基盤であるというのです。

保育原理という科目は、保育を展開していくときに保育者として守るべき大切な基礎・基本を整理して示してあります。その整理された内容は、「保育所保育指針」、「幼稚園教育要領」、そして「幼保連携型認定こども園教育・保育要領」として明文化されています。それがすべて実現するように努力するのが、保育者の役割であることはいうまでもありません。しかしその内容や方法は、目の前の子やその保護者の事情により、同じではないのです。内容には今のその人の必要度という指標が欠かせないのです。それが幼児理解や保護者理解といわれる視点でもあります。

本書では、保育の原理として「保育所保育指針」などに示されていることを、単に均等に平板に扱ってはいきません。それぞれの子どもや保護者の事情をともに考えながら、保育者である前に一人の大人として、今この子との関係の中でもっとも大事なことは何なのかを、しっかりと考えながら成長を支えていくことを基盤にして「保育所保育指針」などを理解してほしいと思います。また、各章には学びの確認ができるよう演習課題も設けました。

できるだけ多くの方々に、自分の保育実践の基盤が何なのかを本書と対話しながら、特に事例などを読んで確認していただけましたら幸いです。混乱している時代の中で、自分が何を基盤にして目の前の子どもや保護者とかかわっていくかを考える機会にしてもらえることを祈っています。

2016 年 7 月

編者　柴崎　正行

もくじ

※担当は執筆箇所を示す。

本書について

- 「保育原理」は、保育士養成課程において、保育士資格取得のための必修科目として位置づけられている講義科目です。幼稚園教諭免許状を取得する上では、「保育原理」という科目が定められているわけではありませんが、「教職に関する科目」の中の「教育の基礎理論に関する科目」の内容として「保育原理」を位置づけている養成校が多くあります。そのため「保育原理」は保育者を目指すにあたり、保育士資格だけではなく、幼稚園教諭免許状を取得するためにも、しっかりと内容を理解しておかなければならない重要な科目といえます。本書では「保育原理」の基礎を理解する上で、保育所における「保育所保育指針」を中心に、幼稚園における「幼稚園教育要領」、認定こども園における「幼保連携型認定こども園教育・保育要領」の内容についても取り上げ解説しています。
- 本書では、理解してもらいたい重要な語句や内容について、ゴシック表記で示し、下記のような囲み記事を設けてありますので、ぜひ参考にしてください。

check　本文に関連する人物や語句の説明、補足などを掲載しています。　column

- 「保育原理」は講義科目ではありますが、本書では学びの確認として各章に、「演習課題」を設けています。また、「この章での学びの確認」として、その章のまとめと、参考となる書籍を紹介していますので、ぜひ参考にしてください。
- 「本書引用・参考文献」は、巻末に章ごとに一括掲載しています。なお、本文中の引用文のあとの1）等の数字は巻末の引用文献を示します。

保育の目的

この章で学ぶこと

保育とは何を目的として行うことなのでしょうか。保育原理の基礎を学ぶにあたり、本章ではまず、保育原理ではどのようなことを学ぶのかについて確認し、その上で保育者が保育を行う相手である子どもという人がどのような人なのかを理解していきます。次にそれを踏まえた上で、その子どもという人に対して、保育者は何を大切にしてかかわるのかを理解したいと思います。最後にそれらの理解を保育者として、子どもとかかわる実際の行動につなげるために、これから学んだり、子どもとかかわっていく中でどのようなことを意識していきたいか、何を大切にして子どもにかかわっていきたいかをみなさんそれぞれに考えてほしいと思います。

目の前にいる子どもの呼びかけに応じることで、みなさんは保育者と呼ばれる人になります。子どもと保育者という双方向性の関係を常に意識することを、この章以降でも継続して学んでいきましょう。

§1 保育原理で学ぶこと

1．保育の基礎を学ぶ「保育原理」

保育士になるために必要な科目が示されている保育士養成課程において、「保育原理」は必修科目として位置づけられており、２単位の講義科目になります（下記参照）。

「保育原理」の科目の「目標」に示されているとおり、保育の意義や目的、法令や制度、保育所保育指針の理解、保育の思想や歴史、そして保育の現状と課題について学ぶ保育を学ぶ上での基礎的な科目といえます。

幼稚園教諭になるために必要な科目として「保育原理」という科目は示されていませんが、幼稚園教諭免許取得のための「教職に関する科目」の「教育の基礎理論に関する科目」の内容として、「保育原理」を位置づけている養成校も多くあるようです。

現在では、認定こども園で働く保育者も多く、幼保連携型認定こども園に勤務する保育者は、保育士資格と幼稚園教諭免許を有した保育教諭でなければならず、その他の認定こども園でも両方の資格免許を有することが望ましいとされています。また、近年、保育所や幼稚園、認定こども園での保育の長時間化や受け入れる年齢の幅も広がっており、どの保育教育施設でも共通した援助や支援が求められています。このような背景から、保育者養成校でも保育士資格と幼稚園教諭免許の両方の取得を目指す学校も増えており、保育所や幼稚園、認定こども園のいずれの保育施設に勤務する場合でも、保育者を目指す学生のみなさんにとって、「保育原理」の科目は十分に理解することが大切だといえます。

保育の本質・目的に関する科目　＜教科目名＞ 保育原理（講義・２単位）

＜目標＞

１．保育の意義及び目的について理解する。
２．保育に関する法令及び制度を理解する。
３．保育所保育指針における保育の基本について理解する。
４．保育の思想と歴史的変遷について理解する。
５．保育の現状と課題について理解する。

＜内容＞

１．保育の意義及び目的
（１）保育の理念と概念
（２）子どもの最善の利益と保育
（３）子ども家庭福祉と保育
（４）保育の社会的役割と責任
２．保育に関する法令及び制度
（１）子ども家庭福祉の法体系における保育の位置付けと関係法令
（２）子ども・子育て支援新制度
（３）保育の実施体系
３．保育所保育指針における保育の基本
（１）保育所保育指針
（２）保育所保育に関する基本原則
（３）保育における養護
（４）保育の目標
（５）保育の内容
（６）保育の環境・方法
（７）子どもの理解に基づく保育の過程（計画・実践・記録・省察・評価・改善）とその循環
４．保育の思想と歴史的変遷
（１）諸外国の保育の思想と歴史
（２）日本の保育の思想と歴史
５．保育の現状と課題
（１）諸外国の保育の現状
（２）日本の保育の現状と課題

（厚生労働省子ども家庭局長「「指定保育士養成施設の指定及び運営の基準について」の一部改正について」2018）

2．「保育所保育指針」「幼稚園教育要領」「幼保連携型認定こども園教育・保育要領」における保育の基本

「保育所保育指針」の「第１章 総則」では、保育所とは「保育を必要とする子どもの保育を行い、その健全な心身の発達を図ることを目的とする児童福祉施設」とあり、そしてその目標を達成するために、「保育に関する専門性を有する職員が、家庭との緊密な連携の下に、子どもの状況や発達過程を踏まえ、保育所における環境を通して、養護及び教育を一体的に行うことを特性としている」と記されています。ここでは保育所保育の特性である**環境を通して一体的に行う養護と教育の基本**を概観します。

（1）保育所保育における養護

「保育所保育指針」の「第１章 総則」では、「保育所は、子どもが生涯にわたる人間形成にとって極めて重要な時期に、その生活時間の大半を過ごす場である。このため、保育所の保育は、子どもが現在を最も良く生き、望ましい未来をつくり出す力の基礎を培うために、次の目標を目指して行わなければならない」と述べた上で、養護にかかわる目標と教育にかかわる５つの目標を、子どもの保育の目標としています。養護にかかわる目標とは「（ア）十分に養護の行き届いた環境の下に、くつろいだ雰囲気の中で子どもの様々な欲求を満たし、生命の保持及び情緒の安定を図ること」です。そしてこの目標を具体化した養護にかかわる「ねらい及び内容」は「第１章 総則」に「養護に関する基本的事項」として記されています。「保育における養護とは、子どもたちの生命を保持し、その情緒の安定を図るための保育士等による細やかな配慮の下での援助や関わりを総称するもの」[1)]であること、また「養護と教育を一体的に展開するということは、保育士等が子どもを一人の人間として尊重し、その命を守り、情緒の安定を図りつつ、乳幼児期にふさわしい経験が積み重ねられていくよう丁寧に援助すること」[2)]であると『保育所保育指針解説』では説明されています。このように**養護とは、保育士等の援助やかかわりの総称であり、また保育の環境をつくり出す基盤として位置づくもの**です。

（2）保育所保育における教育
—「育みたい資質・能力」と「幼児期の終わりまでに育ってほしい姿」

養護と一体的に行う教育の側面における内容・方法の基本的な原則は、幼児教育を行う施設として保育所、幼稚園、認定こども園で共通しています。以下では「保育所保育指針」「幼稚園教育要領」「幼保連携型認定こども園教育・保育要領」に共通する、教育の側面における内容・方法を概観します。**乳幼児期の保育・幼児教育の目標は、「生きる力の基礎を培う」**（「保育所保育指針」）、**「生きる力の基礎を育む」**（「幼稚園教育要領」「幼保連携型認定こども園教育・保育要領」）**ことである**と、それぞれの総則に記されています。そして生きる力の基礎を培う（育む）という目標は、生きる力を育むことを目標とする小学校以降の教育につながっています。生きる力の基礎として育みたい資質・能力は、

「保育所保育指針」「幼稚園教育要領」「幼保連携型認定こども園教育・保育要領」のそれぞれ「第１章 総則」で「**育みたい資質・能力**」および「**幼児期の終わりまでに育ってほしい姿**」として記されています。幼児期に遊びや生活を通して学び、発達していく子どもの姿を資質・能力という観点から整理することで、生きる力を育むために各教科等の目標や内容の指導のねらいを資質・能力という観点から整理している小学校教育へと接続しやすくなります。

①「育みたい資質・能力」

生きる力の基礎は、育みたい資質・能力として以下のように記されています。

「保育所保育指針」　育みたい資質・能力

（ア）豊かな体験を通じて、感じたり、気付いたり、分かったり、できるようになったりする「知識及び技能の基礎」

（イ）気付いたことや、できるようになったことなどを使い、考えたり、試したり、工夫したり、表現したりする「思考力、判断力、表現力等の基礎」

（ウ）心情、意欲、態度が育つ中で、よりよい生活を営もうとする「学びに向かう力、人間性等」

（「幼稚園教育要領」では（1）（2）…、「幼保連携型認定こども園教育・保育要領」ではア、イ…で示されている）

『保育所保育指針解説』では、「「知識及び技能の基礎」とは、具体的には、豊かな体験を通じて、子どもが自ら感じたり、気付いたり、分かったり、できるようになったりすること、「思考力、判断力、表現力の基礎」とは、具体的には、気付いたことや、できるようになったことなどを使い、考えたり、試したり、工夫したり、表現したりすること、「学びに向かう力、人間性等」とは、具体的には、心情、意欲、態度が育つ中で、よりよい生活を営もうとすることである」[3)] と説明されています。どの側面も、一方的に教えたり、できる・できないという視点でとらえるものではありません。教育の側面といっても、小学校以降で各教科を学ぶのとは異なり、幼児期の教育の資質・能力を「**個別に取り出して指導するのではなく、遊びを通した総合的な指導の中で一体的に育むよう努めることが重要**」[4)] なのです。

②「幼児期の終わりまでに育ってほしい姿」

①で述べたとおり資質・能力を育むことを、より具体的に教育の目標として示したのが「幼児期の終わりまでに育ってほしい姿」です。「保育所保育指針」には「保育活動全体を通して資質・能力が育まれている子どもの小学校就学時の具体的な姿であり、保育士等が指導を行う際に考慮するものである」と記されています。「幼児期の終わりまでに育ってほしい姿」は「保育所保育指針」では次頁のように10の姿として示されています。

たとえば、「ア　健康な心と体」の項目の育ってほしい姿は、「保育所の生活の中で、充実感をもって自分のやりたいことに向かって心と体を十分に働かせ、見通しをもって行動し、自ら健康で安全な生活をつくり出すようになる」姿です。①で取り上げた「育みたい資質・能力」と同様に、この姿だけを取り出して到達すべき目標ではなく、**幼児教育として育てたい方向としての目標である**ことを留意しましょう。

「保育所保育指針」　幼児期の終わりまでに育ってほしい姿

ア　健康な心と体
イ　自立心
ウ　協同性
エ　道徳性・規範意識の芽生え
オ　社会生活との関わり
カ　思考力の芽生え
キ　自然との関わり・生命尊重
ク　数量や図形、標識や文字などへの関心・感覚
ケ　言葉による伝え合い
コ　豊かな感性と表現

（「幼稚園教育要領」では（1）（2）…、「幼保連携型認定こども園教育・保育要領」ではア、イ…で示されている）

(3)「ねらい及び内容」

主に教育のかかわる側面における「ねらい及び内容」も、「保育所保育指針」「幼稚園教育要領」「幼保連携型認定こども園教育・保育要領」では共通です。「ねらい」とは「保育を通じて育みたい資質・能力を、子どもの生活する姿から捉えたもの」（「保育所保育指針」）です。そして「内容」とは、「ねらい」を達成するために「保育士等が子どもの発達の実情を踏まえながら援助し、子どもが自ら環境に関わり身に付けていくことが望まれるもの」[5)] です。幼児教育を行う上での「ねらい及び内容」は共通していますが、保育所と認定こども園では３歳未満の子どもも生活しています。発達による変化が著しい乳幼児期の子どもが長期にわたって在籍することを踏まえて、「保育所保育指針」と「幼保連携型認定こども園教育・保育要領」では、乳児、１歳以上３歳未満児、３歳以上児に分けて、保育や教育の「ねらい及び内容」が示されています。

「乳児保育については、この時期の発達の特性を踏まえ、生活や遊びが充実することを通して、子どもたちの身体的・社会的・精神的発達の基盤を培うという基本的な考え方の下」[6)]、乳児を主体に「ねらい及び内容」が示されています。発達の側面として以下の３つの視点から記されています。

乳児保育に関わるねらい及び内容

ア　身体的発達に関する視点「健やかに伸び伸びと育つ」
イ　社会的発達に関する視点「身近な人と気持ちが通じ合う」
ウ　精神的発達に関する視点「身近なものと関わり感性が育つ」

１歳以上の子どもたちの教育にかかわる「ねらい及び内容」は、幼児の発達の側面から次の５領域としてまとめられています。

１歳以上の保育に関わるねらい及び内容

ア　心身の健康に関する領域「健康」
イ　人との関わりに関する領域「人間関係」
ウ　身近な環境との関わりに関する領域「環境」
エ　言葉の獲得に関する領域「言葉」
オ　感性と表現に関する領域「表現」

1歳以上の「ねらい及び内容」を発達の側面として5領域から編成しているのは、「保育所保育指針」「幼稚園教育要領」「幼保連携型認定こども園教育・保育要領」では共通していますが、発達の特徴を踏まえて、「保育所保育指針」と「幼保連携型認定こども園教育・保育要領」では、1歳以上3歳未満児と3歳以上の子どもたちの保育にかかわる「ねらい及び内容」を発達の特徴に合わせて分けて記しています。

(4) 環境を通して行う教育の方法

「環境を通して」行う教育の方法も、各保育施設で共通しています。『保育所保育指針解説』では、「乳幼児期は、生活の中で興味や欲求に基づいて自ら周囲の環境に関わるという直接的な体験を通して心身が大きく育っていく時期である」[7)]と、**乳幼児期の子どもが周囲の環境に主体的にかかわる体験の重要性**について述べています。また、『幼稚園教育要領解説』では、「環境を通して行う教育は、遊具や用具、素材だけを配置して、後は幼児の動くままに任せるといったものとは本質的に異なるものである。もとより、環境に含まれている教育的価値を教師が取り出して直接幼児に押し付けたり、詰め込んだりするものでもない。環境の中に教育的価値を含ませながら、幼児が自ら興味や関心もって環境に取り組み、試行錯誤を経て、環境へのふさわしい関わり方を身に付けていくことを意図した教育である。それは同時に、幼児の環境との主体的な関わりを大切にした教育であるから、幼児の視点から見ると、自由感あふれる教育であるといえる」[8)]と説明しています。子どもが主体的に環境にかかわることへの援助は、「保育所保育指針」の養護にかかわる「ねらい及び内容」とも共通しています。保育所保育として養護および教育を一体的に行う上でも、**環境を通して行う教育の方法は重要な意味をもっています。**

§2 保育の対象としての子ども

1. 大人の対概念としての子ども

保育者になりたいと思っているみなさんは、0～6歳の子どもたちにどのようなイメージをもっているでしょうか。ボランティアや職場体験での子どもたちとの出会いが、今のみなさんの小さな子どもたちのイメージに大きな影響を与えていると思います。保育者を目指す学生の多くは「子どもが好きだから」を志望理由として養成課程に入学してきます。「子どものどのようなところが好きですか？」とたずねると、みなさんからは「素直なところ」「純粋なところ」「笑顔がかわいい」「何にでも一生懸命なところ」、ときには「すべて！」などの応答が返ってきます。このようなみなさんのイメージを重ねていくと、子どもはまるで天使のように思えてきます。そしてみなさんのこれらの言葉の前には、語られてはいませんが「大人と違って」という言葉がついているのではないでしょうか。子どもだったみなさんが、大人として子どもを育てる仕事につきたいと思う気持ちの中には、子どもだった私が失いつつあるものを懐かしむ気持ちや、それを失いたくないと思う気持ちが働いているのかもしれません。「子ども」という言葉は「大人」と対をなしている言葉なのです。

2．小さく弱い存在としての子ども

入園してくる０～６歳の子どもたちは大人の助けを必要とする、大人がいなくては生きていけない小さい人です。私たちはこの世に生まれてきたときにはオギャーと泣くだけで、生きていく上で必要な世話をすべてまわりの人にやってもらうことから人生をスタートさせました。子どもは小さければ小さいほど大人が守り、世話をしてあげなくては生きていけない存在です。一人で食事や排泄、移動ができません。自分の思いも言葉で伝えられず、一人でできないことが幼い子どもにはたくさんあります。

すべてをやってもらうことからはじまり、手伝ってもらいながら少しずつ自分の力でできるようになっていくのです。しかし、一人でできるようになっていくことが増えていったとしても、子どもは大人がいなくては生きていけないことに変わりはありません。父親の額のしわを見て、年寄りになったと心配し、「パパとママが年寄りになって死んじゃったら僕は一人暮らしをしなくてはならないでしょ」と真剣に話す姿や親を気づかう子どもの姿に出会うと、親について生きていて、いつもどこかに一人では生きていけない不安を抱えながら、健気に生きているのだと思わされます。卒園文集の子どもたちの保護者への言葉には、「いつもありがとう。これからもお仕事がんばってね」という言葉が保育者の代筆で書かれていることもよくあります。小さく弱い存在だからこそ、親との関係を切実なものとして思いながら、家族の一員として生きているのです。

3．発達していく子ども

「発達」という言葉からどのようなことが浮かぶでしょうか。広辞苑では「個体が時間経過に伴ってその心的・身体的機能を変えてゆく過程」[9)] とあります。心的機能を変えていく過程も含まれるため、必ずしも目に見える変化だけを意味しているわけではないことがわかります。さらに、発達は変化の過程ですから、発達することには何かを獲得していくことだけでなく、失っていくことも含まれることになります。「保育所保育指針」や「幼稚園教育要領」、「幼保連携型認定こども園教育・保育要領」では、このように大人に向かって完成していく過程を発達ととらえるのではなく、人間を生涯にわたって発達し続ける存在としてとらえる「生涯発達」という視点で発達をとらえています。

「保育所保育指針」においては、「発達過程を踏まえ」「発達過程に応じて」というように「発達過程」という言葉が14か所で使われています。『保育所保育指針解説』では、「子どもは、それまでの体験を基にして、環境に働きかけ、様々な環境との相互作用により発達していく」[10)] という発達観に立ち、「発達過程」という言葉を用いている理由を以下のように述べています。「保育所保育指針においては、子どもの発達を、環境との相互作用を通して資質・能力が育まれていく過程として捉えている。すなわち、ある時点で何かが「できる、できない」といったことで発達を見ようとする画一的な捉え方ではなく、それぞれの子どもの育ちゆく過程の全体を大切にしようとする考え方である」[11)] とあり、発達を過程（プロセス）としてとらえる視点に立つと、子どもが日々の生活の中で、やりたいことに一人で試行錯誤して取り組んだり、保育者や友達と一緒に「楽しかった！」と思えたり、チャレンジしたことが「できた！」と思える過程（プロセス）が、発達していく子どもの姿になります。自分の思いどおりにならず遊びから抜けてしまっていた子どもが、友達と一緒に遊びたいと気持ちを立て直して抜けることなく遊び続けるようになっていく過程（プロセス）も発達していく子どもの姿になります。必ずしも直線的に変化するわけではなく、うまくいかないこともありながら、連続する日々の生活の中で変わっていく子どもの姿そのものが、発達していく子どもの姿です。

4．乳幼児期ならではの特性をもつ子ども

「保育所保育指針」の第２章「保育の内容」では、各年齢別に「基本的事項」として、その時期の子どもの発達に関する内容が記述されています。また、「幼保連携型認定こども園教育・保育要領」の第１章の総則では、重視して教育・保育を行わなければならない事項として、子どもの発達の特性に応じた援助のあり方が４点あげられています。

「幼保連携型認定こども園教育・保育要領」　第１章　総則

(1) 乳幼児期は周囲への依存を基盤にしつつ自立に向かうものであることを考慮して、周囲との信頼関係に支えられた生活の中で、園児一人一人が安心感と信頼感をもっていろいろな活動に取り組む体験を十分に積み重ねられるようにすること。

(2) 乳幼児期においては生命の保持が図られ安定した情緒の下で自己を十分に発揮することにより発達に必要な体験を得ていくものであることを考慮して、園児の主体的な活動を促し、乳幼児期にふさわしい生活が展開されるようにすること。

(3) 乳幼児期における自発的な活動としての遊びは、心身の調和のとれた発達の基礎を培う重要な学習であることを考慮して、遊びを通しての指導を中心として第２章に示すねらいが総合的に達成されるようにすること。

(4) 乳幼児期における発達は、心身の諸側面が相互に関連し合い、多様な経過をたどって成し遂げられていくものであること、また、園児の生活経験がそれぞれ異なることなどを考慮して、園児一人一人の特性や発達の過程に応じ、発達の課題に即した指導を行うようにすること。

（下線筆者）

下線部が発達の特性です。（1）（2）からは、乳幼児期の子どもたちが発達していく上で身近な大人としての保育者との関係の重要性が理解できると思います。保育者との信頼関係を土台として、まわりのものや人に自発的にかかわる中で乳幼児期の子どもたちは発達していくのです。（3）からは、乳幼児期の子どもたちは遊びを通して発達していくことが理解できると思います。また、（4）からは、乳幼児期は一人一人の心身の発達の個人差が大きいことに留意する必要があることが理解できると思います。

このような乳幼児の発達の特性を踏まえた上での保育者の援助が求められます。

5.「子どもの権利条約」と「こども基本法」

「**子どもの権利条約**」とは、「**児童の権利に関する条約**」の通称で、子どもの基本的人権を国際的に保護するために定められた条約です。1989（平成元）年の第44回国際連合総会において採択され、1990（平成2）年に発効されるまでには、図表1-1のような経緯がありました。日本政府は1994（平成6）年にこの条約を批准（ひじゅん）しました。この条約の第1条で児童とは、18歳未満のすべての者をいうと定められています。また、わが国では「児童福祉法」に基づいた子どもに対する福祉の中核的理念として「児童憲章」が1951（昭和26）年に制定されています（詳細は本書p.56参照）。

「子どもの権利条約」は、前文と本文54条からなり、子どもの生存、発達、保護、参加という包括的な権利を実現・確保するために必要となる具体的な事項を規定しています。前文には、「児童の権利に関する宣言において示されているとおり「児童は、身体的及び精神的に未熟であるため、その出生の前後において、適当な法的保護を含む特別な保護及び世話を必要とする。」ことに留意」とあり、以下の4つの柱があります。

- ○ **生きる権利**　子どもたちは健康に生まれ、安全な水や十分な栄養を得て、健やかに成長する権利を持っています。
- ○ **育つ権利**　子どもたちは教育を受ける権利を持っています。また、休んだり遊んだりすること、様々な情報を得、自分の考えや信じることが守られることも、自分らしく成長するためにとても重要です。
- ○ **守られる権利**　子どもたちは、あらゆる種類の差別や虐待、搾取から守られなければなりません。紛争下の子ども、障害をもつ子ども、少数民族の子どもなどは特別に守られる権利を持っています。
- ○ **参加する権利**　子どもたちは、自分に関係のある事柄について自由に意見を表したり、集まってグループを作ったり、活動することができます。そのときには、家族や地域社会の一員としてルールを守って行動する義務があります。

0歳から18歳未満の子どもの権利であるために、乳幼児期の子どもの姿とは、結びつきにくい内容もあります。しかしながら、子どもにはこのような権利があることが国際条約として認められていること自体に意味があります。子どもがこのような基本的人

年	内　容	
1948（昭和 23）年	世界人権宣言	すべての人は平等であり、それぞれが同じ権利をもつとした宣言。
1959（昭和 34）年	児童の権利宣言	子どもは子どもとしての権利をそれぞれもつとした宣言。このときから、宣言だけでなく実際に効力のあるものができないかと考えられはじめた。
1979（昭和 54）年	国際児童年	「児童の権利宣言」20 周年。世界中の人が子どもの権利について考える機会になった。国連人権委員会の中に「子どもの権利条約」の作業部会が設置された。
1989（平成元）年	子どもの権利条約	国連で採択。
1990（平成２）年	子どもの権利条約	国際条約として発効される。

図表 1-1　「子どもの権利条約」の発効までの経緯（日本ユニセフ HP より要約）

権をもつということは、大人は子どもをその子の人生の主人公として生きていることを前提としてかかわる必要があることを意味するからです。

日本においても、「**こども基本法**」が 2022（令和４）年に成立し、2023（令和５）年より施行されました。「こども基本法」は、「日本国憲法」および「子どもの権利条約」の精神に則り、すべての子どもが、将来にわたって幸福な生活を送ることができる社会の実現を目指し、子ども政策を総合的かつ強力に推進することを目的としています。

「こども基本法」（基本理念）第３条

こども施策は、次に掲げる事項を基本理念として行われなければならない。

1　全てのこどもについて、個人として尊重され、その基本的人権が保障されるとともに、差別的取扱いを受けることがないようにすること。

2　全てのこどもについて、適切に養育されること、その生活を保障されること、愛され保護されること、その健やかな成長及び発達並びにその自立が図られることその他の福祉に係る権利が等しく保障されるとともに、教育基本法（平成 18 年法律第 120 号）の精神にのっとり教育を受ける機会が等しく与えられること。

3　全てのこどもについて、その年齢及び発達の程度に応じて、自己に直接関係する全ての事項に関して意見を表明する機会及び多様な社会的活動に参画する機会が確保されること。

4　全てのこどもについて、その年齢及び発達の程度に応じて、その意見が尊重され、その最善の利益が優先して考慮されること。

5　こどもの養育については、家庭を基本として行われ、父母その他の保護者が第一義的責任を有するとの認識の下、これらの者に対してこどもの養育に関し十分な支援を行うとともに、家庭での養育が困難なこどもにはできる限り家庭と同様の養育環境を確保することにより、こどもが心身ともに健やかに育成されるようにすること。

6　全てのこどもについて、その年齢及び発達の程度に応じて、その意見が尊重され、その最善の利益が優先して考慮されること。

これらの理念は、子どもの権利条約の趣旨を踏まえて定められています。

§3 子どもにかかわる上で保育者が大切にすること

1．子どもの最善の利益とは

「子どもの権利条約」の第3条第1項には「児童に関するすべての措置をとるに当たっては、公的若しくは私的な社会福祉施設、裁判所、行政当局又は立法機関のいずれによって行われるものであっても、児童の最善の利益が主として考慮されるものとする」と定められています。子ども向けのユニセフ訳では「子どもに関係のあることを行うときには、子どもにもっともよいことは何かを第1に考えなければなりません」[12] と訳されています。国際条約である「子どもの権利

check ユニセフ

ユニセフ（UNICEF：国連児童基金）は、1946（昭和21）年に設立された世界中の子どもたちの命と健康を守るために活動する国連機関です。世界150以上の国と地域で、子どもの権利が守られる世界の実現のため、保健、栄養、水・衛生、教育などの活動を行っています。

全国保育士会倫理綱領

すべての子どもは、豊かな愛情のなかで心身ともに健やかに育てられ、自ら伸びていく無限の可能性を持っています。

私たちは、子どもが現在（いま）を幸せに生活し、未来（あす）を生きる力を育てる保育の仕事に誇りと責任をもって、自らの人間性と専門性の向上に努め、一人ひとりの子どもを心から尊重し、次のことを行います。

私たちは、子どもの育ちを支えます。
私たちは、保護者の子育てを支えます。
私たちは、子どもと子育てにやさしい社会をつくります。

（子どもの最善の利益の尊重）
1．私たちは、一人ひとりの子どもの最善の利益を第一に考え、保育を通してその福祉を積極的に増進するよう努めます。

（子どもの発達保障）
2．私たちは、養護と教育が一体となった保育を通して、一人ひとりの子どもが心身ともに健康、安全で情緒の安定した生活ができる環境を用意し、生きる喜びと力を育むことを基本として、その健やかな育ちを支えます。

（保護者との協力）
3．私たちは、子どもと保護者のおかれた状況や意向を受けとめ、保護者とより良い協力関係を築きながら、子どもの育ちや子育てを支えます。

（プライバシーの保護）
4．私たちは、一人ひとりのプライバシーを保護するため、保育を通して知り得た個人の情報や秘密を守ります。

（チームワークと自己評価）
5．私たちは、職場におけるチームワークや、関係する他の専門機関との連携を大切にします。
また、自らの行う保育について、常に子どもの視点に立って自己評価を行い、保育の質の向上を図ります。

（利用者の代弁）
6．私たちは、日々の保育や子育て支援の活動を通して子どものニーズを受けとめ、子どもの立場に立ってそれを代弁します。
また、子育てをしているすべての保護者のニーズを受けとめ、それを代弁していくことも重要な役割と考え、行動します。

（地域の子育て支援）
7．私たちは、地域の人々や関係機関とともに子育てを支援し、そのネットワークにより、地域で子どもを育てる環境づくりに努めます。

（専門職としての責務）
8．私たちは、研修や自己研鑽を通して、常に自らの人間性と専門性の向上に努め、専門職としての責務を果たします。

社会福祉法人 全国社会福祉協議会
全国保育協議会
全国保育士会

条約」を批准した国には、条約に則した法を整備し、その内容を守る義務があります。「こども基本法」も、子どもの最善の利益を第一に考えた子どもに関する取り組みや政策を進めていくことを目的としています。

社会福祉施設としての保育所の保育の内容にかかわる基本原則を規定する「保育所保育指針」の「第１章　総則」では保育所は「入所する子どもの最善の利益を考慮し、その福祉を積極的に増進することに最もふさわしい生活の場でなければならない」と保育所の役割が記されています。また、「第５章　職員の資質向上」では、職員の資質向上に関する基本的事項として「子どもの最善の利益を考慮し、人権に配慮した保育を行うためには、職員一人一人の倫理観、人間性並びに保育所職員としての職務及び責任の理解と自覚が基盤となる」と記されています。

本章§１の５．で述べたように、子どもは権利をもつ人として生まれてきます。しかし、その権利を自分の力で守ることはできません。そのため「保育所保育指針」では、保育とは**子どもの最善の利益**、つまり子どもにとってもっともよいことを考えなければならないと定められているのです。

前頁の「**全国保育士会倫理綱領**」は、専門職としての保育士が仕事をしていく上での行動基準を示していますが、その中にも子どもの最善の利益の尊重が明記されています。

２．子どもの最善の利益を考慮するとは

子どもの最善の利益を考慮するとはどういうことなのでしょうか。それを考える前段階として、まず子どもの最善の利益を考慮しない、言い換えれば、子どもにとってもっともよいことを考えていない場合を考えてみましょう。子どもにとってもっともよいことを考えていないという場合、誰にとってよいことを考えているのでしょうか。子ども以外の人、つまり大人にとってよいことになります。大人にとってよいことを優先している場合、それは子どもの最善の利益を考慮していないことになります。どのような場合が考えられるでしょうか。

日常の保育の場面でも、保育者はよいことだと思って行っていることが、果たして子どもにとってもっともよいことなのかという視点から考えてみると疑問がわくことがたくさんあります。たとえば食事の場面を例に考えてみましょう。「子どもの権利条約」を日本が批准する前のことですが、かつては「食べられない」という子どもの口に無理矢理スプーンで食べ物を入れるということもありました。「好き嫌いはいけないこと」、「全部食べさせるのが保育者としての正しい対応」だと信じての行為だったのでしょう。保育者が正しいやり方を一方的に決めてしまうこと

は、保育者にとっては悩まないですむので楽なこと（つまり保育者にとっての利益）ですが、相手である子どもの最善の利益は考慮されていないことになります。

そもそも一方的に正しいやり方を決めてしまうこと自体が、相手である子どもを見ていないことになります。子どもを独自の人として尊重することの上に最善の利益を考えることはあります。それぞれの子どもが違うのですから、対応の仕方を一つに決めることはできないのです。**そのために子どもの最善の利益を考える保育者は悩んだり迷ったりして揺らぐ**のです。たとえば好き嫌いへの対応については、何でも食べられるようになることが子どもにとってもっともよいことなのでしょうか。食事を楽しいと感じられることが子どもにとってもっともよいことなのでしょうか。よいことは一つとは限りません。何でも食べられるようになることは子どもの健康のためにはよいことでしょう。でも食べることが辛いことになってほしくはないですし、一緒に食事をすることが楽しいと感じられることも子どもにとってはよいことでしょう。いくつかの中から今、その子にとってもっともよいことはどうすることかを考えてかかわることが、子どもの最善の利益を考えるということです。「食事の場面の対応でのもっともよいこととはこうすることです」というマニュアルがあれば悩むことも迷うことも必要ありません。しかし、それではロボットでも保育ができることになってしまいます。ロボットに代われない人間の仕事である保育とは、その子どもにとって、その子どもたちにとってもっともよいことはどうすることなのかを子どもの声に耳を傾けながら考えていく、かかわっていく仕事です。迷ったり揺らいだりしながら、**子どもにとってもっともよいことを子どもの保護者や同僚と考えて子どもにかかわっていくことが保育者としての仕事**です。

§4 理解したことを実際の行動につなげるために

「子どもの権利条約」および「こども基本法」、そして「保育所保育指針」を踏まえると、保育者とは、一人一人の子どもを独自の人として尊重しつつ、子どもの力ではできないことは助けながら、子どもの最善の利益を考慮して発達していく子どもを援助していく人だということが理解できたと思います。しかし、頭で理解することとそれを行うことには隔たりがあります。筆者自身もそれを実際に行えていると胸を張っていえる立場にはなく、今も学び続けています。振り返って反省し、意識的に心がけなくては、「そうはいっても現実にはね……」という言い訳で、大人は子どもの権利や最善の利益を後まわしにしてしまいかねないのです。それだけ**子どもの立場は弱く、私たちが守ろうと意識しないとないがしろにされてしまいかねない**ものなのです。

1．子どもを一人の人として尊重するために

保育者が一人一人の子どもを独自の人として尊重するということは、私たちが一人一人それぞれ違うのと同じように、**子どもたちもそれぞれ違うことを尊重する**ということです。そのためには前提としてもっている私たちの子どものイメージを一方的に当てはめることを止めなくてはなりません。たとえばみなさんが「今どきの若い子は○○だ」と自分のことを勝手に決めつけられると、自分を尊重されていないと思うのと同じように、子どもたちも「子どもだから」と勝手に決めつけられることは人として尊重されたとは思えないでしょう。みなさんなら「そういうふうに決めつけないでください」ということができますが、子どもたちはそのように訴えることができません。

では、子どもの好きなところとしてよくあがる「素直なところ」について考えてみましょう。子どもは子どもの意見を表明する権利をもっています。子どもはいやなことをいやだといって当然なのです。子どもの「素直なところ」が好きだという人の「素直」が、もしも子どもは従順にいうことを聞くというニュアンスを含んでいるのだとしたら、大人のいうことに「イヤだ！　イヤだ！」と逆らう子どもはいうことを聞かない素直じゃない子どもになってしまいます。素直じゃない子どもも好きといえるでしょうか？　子どもを独自の人として尊重するということは、頭では理解できるようでも、姿勢として身につけるためには意識的な努力を必要とします。これから実習やボランティアなどで、たくさんの子どもたちと出会い、かかわることになります。今、自分が抱いている子どものイメージとは異なる子どもたちにも出会います。自分の抱いているイメージが「枠」となって子どもを見る目を狭めてしまわないように、むしろ子どもとの出会いによってその枠を壊していけるように意識してほしいと思います。それは、日常生活の中で他の人を尊重することにもつながっています。

2．子どもを保護・世話する人としての視点と尊重する視点との狭間で

子どもを一人の人として尊重することのむずかしさは、**子どもを保護・世話する人としての視点**と、**子どもを一人の人として尊重する視点**という２つの視点に折り合いをつけて、実際にどのように行動するのかが、保育者その人に任されていることにあると考えられます。では具体的に考えていきましょう。

(1) 責任をめぐって

小さくて弱い人を保護・世話することに対する責任感は、子どもを自分のよかれと思う姿に当てはめてしまったり、枠にはめてしまう危険性をはらんでいます。「保育所保育指針」の「第３章　健康及び安全」では、子どもの健康と安全を保育者が確保する視点から書かれています。それに対して「第２章　保育の内容」の「１歳以上３歳未満児

の保育に関わるねらい及び内容」および「3歳以上児の保育に関するねらい及び内容」の「健康」では、子どもが自ら健康で安全な生活をつくり出す力を養う視点から書かれており、両方の視点が保育者には必要とされます。

たとえば、園庭での遊具の使い方や高いところに登ることなどについて、保育者が子どもの安全を確保する視点だけを重視して、「危ないからやってはいけません」という禁止事項が増えていくばかりでは、子どもが自ら安全な生活をつくり出す力は養われません。予想される危険性は最大限取り除いて、子どもの健康と安全を確保しつつ、子どもが自分から健康で安全な生活をつくり出す力を身につけていけるようにするという2つの視点の折り合いをつけていくことが実際に保育をすることになるのです。

それが§3の2．でも述べた、子どもの最善の利益を考慮するということです。「未熟さを保護および世話すること」と「子どもを一人の人として尊重すること」の両立は、当たり前に成り立つことではなく、常に意識していることで成り立つのです。

(2) 倫理をめぐって

小さく弱い存在の子どもに頼られること・慕われること・必要とされることは仕事をする上でのやりがいになります。しかし、日々接して愛情を注いでいることが、保育者のよかれと思うとおりに子どもを動かしたくなる危険性をはらんでしまうこともあります。日々接していて愛情を注いでいる分、子どもを自分の所有物のように勘違いしてしまいがちになるからです。さらに世話や保護する立場にあることは、どこかに「やってあげている」という優越感を伴ってしまうこともあるかもしれません。

自分が子どもに教えてあげる立場にあること・子どもが自分の思いどおりに動くことで誇らしい気持ちになることを目指してしまわないように、常に子どもは自分の所有物ではなく、一人の人であることを意識していることが必要です。子どもに一方的にいうことを聞かせるのではなく、子どものいいたいこと（言葉とは限りません）を聞き、それを理解した上で、どうすることがよいと思うかを伝えて、**やりとりしながら一緒に生活をつくっていく中で、子ども自身が育っていくことを最大のやりがいとするのが保育者なのだ**と思います。子どもが成長していくことのうれしさを折に触れて保育者は語ってくれます。自分の子どもでもないのに、他の人の子どもが育っていくことが喜びや、やりがいになるなんて、考えてみれば保育者とは摩訶（まか）不思議な存在です。

子どもは親の所有物でもないと思いたいですが、親の意識の中には所有物という意識がないとは断定できません。親が子どもを大切に思ったり、心配することは子どもを自分の延長線上においてしまうことと背中合わせにあります。保育者も子どもに愛情をかける点は同じなのですが、保育者は親とは違う立場で、子どもを所有物とせずに、その子どもの最善の利益を考慮しながら成長に寄り添うことが喜びややりがいになる倫理性の高い人として、子どもの近くにいるのだと思います。もちろん子どもを独自の人として尊重することは、保育者が何でも子どものいうことを聞いて、子どもの思うとおりにすることではありません。**保育者はその子にとって今どうすることが一番よいことなのかを考えてかかわる人**なのです。

§5 子どもと一緒に生活をつくっていく人として

ここからは実際の保育場面の子どもと保育者の姿から、保育者として子どもにどのようなまなざしを向けていきたいか、何を大切にしてかかわっていきたいかを考えていきたいと思います。

1．２歳児クラスの午睡の場面

事例 1-1　子ども「寝ないー！」 保育者「寝なくていいよ～」

２歳児クラスの午睡の時間、登園時間が早かった子どもたちは、すでに眠っています。Ａ子ちゃんは、大好きな絵本をもって自分の布団の枕のあたりの下に入れて、保育者と目が合いにっこりしています。それを見たＢ美ちゃんもまねをして、絵本をもってきて、同じように自分の布団の下に入れています。Ｃ代ちゃんはいつものお気に入りのままごとコーナーの近くのポジションで眠っています。Ｙ太くんとＭ介くんは大好きなＦ保育者にトントンしてもらってもうすぐ眠りにつきそうです。Ｇ男くんは、眠くてたまらないのですが、「寝ないー！」と泣き出してしまいました。Ｈ保育者が「寝なくていいよ～」とのんびりとした声でいいながらＧ男くんを抱っこをして背中をトントンしていましたが、そのうちＨ保育者に抱かれたまま眠ってしまいました。

保育所の生活には午睡があります。０歳児のクラスでは月齢によって生活リズムが異なるので、それぞれの子どもの生活リズムに合わせて睡眠をとりますが、１歳児クラス以上になると午睡の時間は給食の後の一斉の時間帯になります。たとえば、朝早く登園した子どもの中には、パジャマに着替えるとすぐに寝てしまう子どもも多いのですが、

子どもにはそれぞれに安心して眠れる自分のスタイルがあります。それは自分のお気に入りの場所だったり、自分の好きなものと一緒だったり、大好きな保育者と一緒だったりさまざまです。保育者はそれぞれを否定的なこだわりとして見るのではなく、その子どもの大事なこととして見て、できるだけ叶えてあげようとしています。

寝たくないと泣くG男くんですが、見ていると眠いのは明らかで、何か寝ることへの不安があるのでしょうか。H保育者は、それをそっと受け止めて、安心させてあげています。睡眠をとって体を休めることは大切なことです。でも寝ないことを叱られて緊張した状況では心地よい睡眠にはなりません。それぞれの子どもが安心できる状況を子どもの姿を見ながらつくっていくことで、子どもの健康が守られていくのです。

2.　3歳児クラスの着替えの場面

事例 1-2　「これじゃダメなのー！」

外遊びでズボンが濡れてしまった3歳児クラスのN太くんは、J保育者にズボンを履き替えるようにいわれますが、なかなか着替えようとしません。J保育者がN太くんのタンスを開けて、「このズボンに履き替えて」といいますが、「ダメなのー！　これじゃダメなのー！」と泣いて怒り出します。「何で？　濡れているんだから着替えないと」とN太くんにいいますが、「これはダメなんだー‼」とますます大声を出します。J保育者は語気を強めて「早くこれに着替えて」といいますが、N太くんは「ダメー‼」と着替えるどころではありません。泣き声がどんどん大きくなります。

そこにK保育者が来て、「N太くんどうしたの？」と聞くと、「これはダメなんだー！」と泣きながらN太くんはタンスの中のズボンを指さします。「これはダメなの？」「うん」「これもダメなの？」「うん」と、何度かのやりとりがあった後に、K保育者は理解しました。N太くんにとってタンスの中の緑色のズボンと緑色のTシャツは、その上下ペアで1セットだったのです。だから緑色のズボンだけを履くという選択肢はN太くんにとってはあってはならないことだったのです。N太くんの思いがわかったK保育者は、「じゃあ、これとこれを着替えよう」と濡れていないTシャツも脱いで、緑色のTシャツと緑色のズボンに着替えるように提案しました。すると大泣きして怒っていたN太くんは急に泣き止んでニコニコしながらさっさと着替えて、何ごともなかったかのようにご機嫌になりました。

濡れた洋服のままでは、風邪を引いてしまうかもしれませんから、保育者としては着替えてほしいと伝えるのは当然のことでしょう。しかし、それをN太くんはいやがりました。「イヤだ！　イヤだ！」ということが多いN太くんなので、J保育者にしてみれば、いつものこととしてとらえてしまったのかもしれません。でもN太くんがなぜ

そんなにいやがるのかを考えようとはしていません。その状況で保育室に来たＫ保育者はその前に何が起こっていたのかを当然知りません。でもＮ太くんが何をいやがっているのか、何を訴えようとしているのかをわかりたいと思ってＮ太くんにいろいろ聞いてみました。その結果、Ｎ太くんが緑色のＴシャツと緑色のズボンのペアで１セットとして考えていたことがわかりました。「僕の思っていることをわかってくれたー」と、Ｎ太くんはどれだけうれしかったことでしょう。「そんなこと、こだわらなくたっていいでしょ」「そんなこと、いちいちこだわっていたら、この先困るでしょ」と、大人としてはそう思う人もいるでしょう。しかし、大人が正しいと思うことを押しつけるのが保育ではありません。今のＮ太くんがこだわることには、今のＮ太くんにとって大事なことがあるのです。なぜそのことにこだわるのかは、また別に考えてみる必要がありますが、まずはＮ太くんにとって**大事なことを大切にすることが、子どもを一人の人として尊重すること**だといえます。

今、“こだわる”という言葉を使いましたが、“こだわる”と一言でくくってしまうと、その子どもが何を訴えているのかが見えにくくなってしまいます。こだわりと見られる行為は、“大好きだからどうしてもそうしたい”ことも、“何かにとらわれてしまい、そうせざるを得ない”ことも含みます。子どもが置かれている状況やその子どもの思いをくみ取ろうとしながら、そのときどきの子どもにとってどのようにかかわることが一番よいのかを考えて対応するのが保育者です。

3.　２歳児クラスの遊びの場面

事例 1-3　「ショベルカーつくって」

井形ブロックで遊んでいた２歳児クラスの子どもたちの中にいたＬ男くんが保育者に「ショベルカーつくって」といいました。保育者は「ショベルカー？」といいながらちょっと困った顔をして、タイヤを４つ手に取り、バスのような箱形の車をつくろうとしました。横でＬ男くんが興味津々に見ています。バスのような形の車をつくりおえて、その先端につけるショベルの部分に見立てて、長方形の井形ブロックに棒の形の長いブロックを刺したとき、横にいたＬ男くんがそれを取り上げて「ショベルカーだー！」と、その部分だけをもって自分がショベルカーになったつもりで動きはじめました。それを見て、まわりにいた子どもたちも長方形の形の井形ブロックに棒の形のブロックを刺して、次々に「ショベルカーだー！」と一緒に動きはじめて、ショベルカーだらけになりました。

まだまだ自分たちで遊びをつくり出すのはむずかしい年齢の子どもたちは、「～つくって」とか「～かいて」と保育者に頼むことがあります。ショベルカーをつくってと頼まれると大人はショベルカーの視覚的イメージにとらわれて、つい、見た目に近い形を何とかつくろうとします。そのイメージでつくったバスのような形の車はＬ男くんにとっては何の意味もありませんでした。ショベルカーのショベルの部分だけでよかったのです。思い描いていたショベルの部分をもってショベルカーになりきって動く姿はとても楽しそうでした。そしてまわりの子どもたちもまねをして一緒にみんなでショベルカーになって動いているのも楽しそうでした。

井形ブロック

子どもの成長に合わせて遊ぶことができる軽量でやわらかいブロックで大きさや色もさまざまあります。

※写真は学研のニューブロック®

私たちが考える遊びはつい、形や見た目にとらわれてしまいがちですが、子どもたちが楽しみたいことは、違うところにあるのかもしれません。子どもたちが楽しみたいと思っていることは、子どもと一緒に遊ぶことで、はじめて教えてもらえるのだと思います。

4．4歳児クラスの遊びの場面

事例 1-4　「進化系でセミをとりたい」

園庭の大きな木からセミの声が聞こえ、４歳児クラスのＭ美ちゃんを含めて６人の子どもたちと保育者でセミを探しはじめました。保育者がセミの姿を見つけたのですが、かなり高いところにとまっていました。

子どもたちはどうやったらとれるか案を出し合い、まずは踏み台になりそうなものを力を合わせて運んできましたが、高さが全然足りませんでした。Ｍ美ちゃんが「網を長くすればいい」という案を出したので、保育者は長い棒を探してきてクラフトテープで虫とり網につなげましたが、それでも高さが全然足りませんでした。そこで、子どもたちは交代で保育者に肩車をしてもらいながら、その長くした網でセミをとろうとしましたが、それでもセミがとまっている高さには届きませんでした。

結局セミは飛んで行ってしまったのですが、Ｍ美ちゃんは長くしてもらった虫とり網を「進化系」と名づけて、その後も保育者に何度もうれしそうに「また進化系でセミをとりたい」と話していました。

夏の到来を告げるセミの声が聞こえて、子どもたちはワクワクしていました。子どもと同じように保育者もワクワクしていました。その前には虫とり網の取り合いでけんかをしていた子どもたちだったのですが、「セミを捕まえたい！」という目的が、みんなで力を合わせて台になりそうなものを運んでくる動きになりました。その中で「網を長くすればいい」というＭ美ちゃんの提案を受けて、保育者も長い棒を探してきて虫とり網につなげます。

子どもが遊んでいるのだからと放っておくのではなく、また指示するのでもなく、子どもたちがやりたいと思うことに一緒にかかわって、子どもの提案を受けながら子どもたちと対話的にかかわる保育者の姿がありました。子どもたち一人一人を自分とは違う存在として尊重しているからこそ、子どもも大人も提案し合える楽しい遊びの場が成立し、またその中で保育者と子どもがお互いわかり合えていくのです。

5．人とのかかわりに課題がある子どもの場合

事例1-5　「自分のことを好きになって」

４歳児クラスのＦ太くんは、３歳児クラスで生活していたときには、保育者の指示を聞かずに集団行動ができない子どもであると保育者に見られていました。

たとえば、散歩の前の集まりで保育者が話をしていても、集まらずに積み木をいじっているので、「Ｆちゃんは散歩に行かないのね？」というと「行きたい！」といいます。そこで「今、何の時間？」といって積み木を取り上げようとすると「やめろー！」と大声を出して長い積み木を振りまわします。危ないので積み木を取り上げようとすると、逃げて「ベロベロバーだ。ほら、見てごらん。ベロベロバーだ」といって笑っています。保育者に注意されると「そんなことかんけーねえだろー」とか、「できればね」などと乱暴な言葉で応じていました。保育者がかけっこの場面を設定していたときには、「次、走りたい！」といって走り出そうとするＦ太くんを「先生が決めるから」と保育者が止めると「先生が決めない！　いっつも先生が決めて！」と怒る場面もありました。

年度が替わり４歳児クラスのＡ保育者が担任になっても、このような言動は変わりませんでした。しかし、Ａ保育者はＦ太くんの姿を、自分のことを受け止めてほしいと思って訴えるたびに怒られてきた姿だと見て、自分のことを好きになってくれる人が園にいると感じてもらいたいと思いながらかかわっていきました。

１か月が過ぎたころ、片づけの時間になって、Ｆ太くんがわざと色鉛筆立てをひっくり返したときにＡ保育者が「一緒に片づけよう」と声をかけても、Ｆ太くんは聞こえない振りをしたり、「いいの、いいんだよー」といって手を振ってごまかそうとしました。しかし、Ａ保育者が片づけをはじめずに「一緒に片づけよう」と再び声をかけると、Ｆ太くんは「うるせー」といって、あくびをしてから「なあんだよもーう！」と文句をいいながら色鉛筆を片づけはじめました。そして少し離れたところにいたＡ保育者に向かって「一緒にやるっていったのにめんどくせー」といい、それを聞いたＡ保育者は「一緒にやりますよ～、Ｆちゃんがやる気になってくれたらやりますよ～」とうれしそうにいいながら、一緒に色鉛筆を色別に片づける姿が見られました。

その２か月後には、Ｆ太くんは自分から製作に取り組んで、つくったものをＡ保育者にほめられ、みんなの前でも紹介されてうれしそうにしていたり、それ以外の場面でもうれしさを表情や言葉で表したり、Ａ保育者がやってはいけないということをやらない、別人のような姿になっていました。

保育者の指示に従わない子どもと見られてきたＦ太くんの姿を、Ａ保育者は「先生は自分のことを好きだと思ってくれない」からそうなってしまっていると見ていました。本当は「自分のことを好きになって」と訴えているのだと見ていました。だから、たとえ乱暴な言動を注意しても「私は、Ｆちゃんのことが好きよ」ということを伝え続けてきました。Ｆ太くんを一人の人として尊重して、その訴えを聞こうとしながらＦ太くんにかかわってくれるＡ保育者の姿の中に、Ｆ太くんはＡ保育者に好きだと思ってもらえる、応えてもらえる自分の姿を見ることができるようになっていったのだと思います。そのことでＦ太くんの目つきや言葉づかい、身のこなしなどが柔らかく安心感を伴う姿に変わりました。

保育者が子どもにどのようなまなざしを向けるかによって、子どもの姿は大きく変わります。年齢にそぐわない乱暴な言葉を使ったり、保育者のいうことを聞かない子どもを問題視するときには、保育者は自分が正しく、子どもが誤っていると見る立場にいつの間にか立っています。しかし、子どもを一人の人として尊重するためには、まず、子どもの訴えを聞くことが必要です。保育者が一方的によいと考えることが子どもの最善の利益ではないことは何度も述べてきました。子どもの訴えを聞くことの上に最善の利益を考えることはあります。

column　『育ての心』

「自ら育つものを育てさせようとする心。それが育ての心である。世にこんなに楽しい心があろうか」からはじまる倉橋惣三の『育ての心』(1936) には、保育者のあり方が述べられています。以下の引用から、保育者とは子どもにとってどのような存在なのかを考えてみましょう（ルビ筆者）。

小さき太陽[13)]

よろこびの人は、子どもらのための小さき太陽である。明るさを頒(わか)ち、温かみを伝え、生命を力づけ、生長を育てる。見よ、その傍(かたわら)に立つ子どもらの顔の、熙々(きき)として輝き映ゆるを。なごやかなる生の幸福感を受け充ち溢れているを。

これに反し、不平不満の人ほど、子どもの傍にあって有毒なものはない。その心は必ずや額を険(けわ)しからしからめ、目をとげとげしからしめ、言葉をあらあらしからしめる。これほど子どものやわらかき性情を傷つけるものはない。

不徳自ら愧(は)ず。短才自ら悲しむ。しかも今日直ちに如何ともし難い。ただ、愚かなる不満と、驕(おご)れる不平とを捨てることは、今日直ぐ必ず心がけなければならない。然らずんば、子どもの傍にあるべき最も本質的なるものを欠くのである。

希(こいねが)わくは、子どもらのために小さき太陽たらんことを。

こころもち[14)]

子どもは心もちに生きている。その心もちを汲んでくれる人、その心もちに触れてくれる人だけが、子どもにとって、有り難い人、うれしい人である。

子どもの心もちは、極めてかすかに、極めて短い。濃い心もち、久しい心もちは、誰でも見落とさない。かすかにして短き心もちを見落とさない人だけが、子どもと俱(とも)にいる人である。

心もちは心もちである。その原因、理由とは別のことである。ましてや、その結果とは切り離されることである。多くの人が、原因や理由をたずねて、子どもの今の心もちを共感してくれない。結果がどうなるかを問うて、今の、此の、心もちを諒察(りょうさつ)してくれない。殊に先生という人がそうだ。

その子の今の心もちにのみ、今のその子がある。

演習課題

1　乳幼児期の子どもとは、どのような人なのか、本章を振り返ってまとめてみましょう。

2　乳幼児期の子どもと大人の関係は、子どもの発達にどのような影響を及ぼすのかをまとめてみましょう。

3 子どもの声に耳を傾けられるようになるためにはどうしたらよいでしょうか？　話し合ってまとめてみましょう。

4 「子どもとともに生きる」というのはどのようなことだと考えますか？　話し合ってまとめてみましょう。

この章での学びの確認

本章では、まずはじめに、「保育原理」で何を学ぶのかということを確認し、次に保育者が保育をする相手である子どもという人がどのような人なのかを学びました。「①子どもという言葉は大人と対になっている言葉であること」「②小さく弱く、大人が守り、世話をしないと生きていけない人であり、大人、特に親との関係を切実なものとしながら家族の一員として生きていること」「③子どもは発達していく存在であること。連続する日々の生活の中で、自分からやりたいことに取り組んだり、まわりの人と一緒に取り組んだりする中で変化していく姿そのものが子どもの発達する姿であること」「④発達していく子どもの土台には愛情豊かで思慮深い大人による保護や世話が必要であること」「⑤子どもは保護・世話を必要とする存在であり、かつ生まれながらにその子どもの人生の主人公としての権利をもっていること」の以上の５つをしっかりと理解しましょう。

それを踏まえ、子どもにかかわる上で保育者が大切にすべきこととしての子どもの最善の利益について学び、保育者とは一人一人の子どもを独自の人として尊重しつつ、子どもの力ではできないことは助けてあげながら、子どもの最善の利益を考慮して発達していく子どもを援助する人であると理解しました。そして理解したことを実際の行動につなげるために、どのようなことを意識し、何を大切にしていきたいのかを考えました。理解を実際の行動につなげるために意識し、考えることはこの先ずっと続けていく必要があります。それがあってはじめて、子どもとともに生きる保育という仕事の深いおもしろさも実感できるのだと思います。

参考文献　reference

『保育の中の小さなこと大切なこと』　守永英子・保育を考える会、フレーベル館、2001

30年余りを保育者として過ごした著者が、そのときどきの保育の体験を雑誌「幼児の教育」に書いてきた文章とそれをもとにして話し合ってきた保育者たちの座談会から構成されています。「子どもと保育者が１人の人間として出会って、そこで何が起こっていたか考えてみようとした」文章にまさに大切なことが込められています。

『カウンセリングマインドの探究 ― 子どもの育ちを支えるために』
柴崎正行・田代和美、フレーベル館、2001

保育者が子どもと信頼関係を築いていくこと、さまざまな表現から子どもの心の動きを理解しようとすること、子どもの立場に立って保育を進めていくこととはどのようなことなのでしょうか。子どもの育ちを支える人としての保育者のあり方を、子どもの家庭や保育の場での日常生活における事例に基づいて探っています。

『幼稚園だいすき』　守隨香、ななみ書房、2023

研究者という立場で園生活に参加した筆者の保育観察とアキ先生へのインタビューに基づいて、子どもの園生活と育ちが描かれています。保育の内実が、いかに複雑で濃密であるか。保育者の省察と日常のかかわりがいかに細やかな行為であるかが、アキ先生の保育の様子から伝わってきます。

保育の歴史

この章で学ぶこと

保育という考え方はいつごろはじまったのでしょうか。保育とは「子ども」という存在があってはじめて成り立つものです。ですから、まずその「子ども」の存在自体が発見されなければなりません。そして、その「子ども」には、大人とは異なる発達の特性があることが理解されなければなりません。「子ども」という存在が認められ、その発達や興味・関心を重視し尊重するという現在の保育の基本が確立されるまでには、長い時間が必要とされました。そして、そこには多くの人の思想と実践の積み重ねがあったのです。それは、日本だけではなく、西洋も同じです。

この章では、「子ども」に目が向けられ、そのための「保育」の必要性に気づき、その「保育の方向性」を模索するという歴史がどのように積み重ねられてきたのか、西洋と日本、2つの視点から見ていきたいと思います。

§1 西洋の保育の歴史

1.「子ども」の発見以前 ── 近代以前の子育て・保育

近代とは、いわゆるフランス革命以降のことになります。それ以前の近世までと近代以降とでは、フランス革命や産業革命などによって人々の意識や社会の状況が一変したため、保育においても一つの分岐点ととらえることができます。

国を守ることが重要な国家政策であった古代ギリシアの都市国家スパルタでは、子どもには強健な兵士になることを求め、その目的のために新生児の段階で国による審査を行って健康を基本とする教育が行われ、その基準に合わない子どもは捨てられたり、奴隷の子として育てられたりしていました。そこには子どもという意識はなく、「小さな大人」としての役割を果たすことが求められていたのです。また、古代に一大帝国として君臨したローマでは、軍事訓練や労働によって体を鍛えるとともに、実生活に役立つ教育を家庭で行っていました。教育施設もありましたが、そこでは教師のいうことを聞かない子どもに対しては日常的に体罰が行われていました。当時の教育は、生活の一部の営みとして家庭を中心に行われ、そこには「子ども」という存在への認識がなく、幼児期の教育の重要性などは考えられていませんでした。

check フランス革命

18世紀にフランスで起きた世界史上でも代表的な市民革命（ブルジョア革命）です。一般的には1789年から1799年のナポレオン1世の独裁に至るまでのさまざまな変革の過程を指します。当時のフランスでは、自由を求める啓蒙思想が広がり、それに共感したフランス市民が中心となって絶対王政（アンシャンレジーム：当時の王はルイ16世、王妃はマリー・アントワネット）を打ち壊しました。そして、自ら政治的・経済的支配権を握るという社会革命を起こし、近代市民社会を打ち立てたのがこの革命です。この革命で掲げられた「自由・平等・博愛」の精神は、民主主義の土台となりました。

次の中世の時代になると、キリスト教の普及による影響が現れます。「幼子のようにならなければ、天国に入ることはできない」という教えから、子どもを尊重することが説かれ、それまでの子どもを小さな大人とする子ども観（子どもに対する見方）に変化が生まれたのです。一方、同じキリスト教には「人間は生まれながらにして罪を背負っている」という原罪思想があり、そのような人間にとって、神の存在抜きに自己の存在を考えることはできませんでした。しかし、自然科学が発達し、自然現象などが科学的に解明されるようになると、すべての出来事が神の意志とは考えられなくなり、人間性を再評価する動きが起こります。それがルネサンス（Renaissance）と呼ばれる運動です。ルネサンスとは「再生」という意味で、ここからヒューマニズム（人文主義）が生まれ、人間の尊重と自由を重視する人間中心主義思想が広がりました。こうした社会的な動きは、保育にも影響を与えます。このヒューマニズム思想によって、子どもの独自性を認め、子どもの発達に着目した教育のあり方が考えられるようになったのです。また、発展した自然科学の結果として得られた知識を教育の内容に取り入れ、実生活に役立つ知識の習得も目指されるようになりました。

この時期、現在の保育にもつながる影響を与えた思想家がコメニウスとルソーです。

(1) コメニウス（Comenius, Johannes Amos：1592〜1670）

チェコ（現在のチェコ共和国）の教育家であるコメニウスは、その著『大教授学』（1657年）の中で、「すべての人にすべてのことを教える」という教育の基本を明らかにし、誕生から青年期までの体系的教授法を最初に論じた人で、幼児教育もその一端として位置づけています。牧師でもあった彼は、子どもを尊重し、その特性と発達に合わせた教育の必要性を感じていました。『母親学校の指針』（1633年）の中で、6歳までに子どもに教えなくてはならないこととして「敬虔な心」「作法と品性」「実践的知識」をあげています。そして、幼児期の子どもの感覚の鋭さや活動性の特性を生かした教育は、家庭教育を通して行われるべきだと主張しました。感覚に訴えることによって知識を習得させる「直観的教授法」は、子どもの特性を生かした教育方法でした。彼は、視覚に訴える教材として、世界最初の絵入り教科書となる**『世界図絵』**（1658年）をつくりました。

『世界図絵』

この本は「神」からはじまり「最後の審判」まで150の絵に文が添えられています。そこには、「水」や「空気」の自然物、「大工」「靴屋」などの職業や「両親」「結婚」という人間関係、そして「勇気」「忍耐」という抽象概念まで絵で表現されています。

このような子どもへの見方、幼児教育に対する考え方から、コメニウスは「子どもの理解者」ともいわれ、その後の保育実践家であるペスタロッチやフレーベルの思想に大きな影響を与えたのです。

(2) ルソー（Rousseau, Jean-Jacques：1712〜1778）

封建主義社会であったフランスにおいて、ルソーは民主的で人間的な社会のあり方を主張し、フランス革命にも影響を与えました。キリスト教の原罪思想に反対し「人間は本来善である」としたルソーは、その性善説に基づき、民主的な社会に生きる人間となるための子どもの教育のあり方を提唱しました。子どもはもともと「善」であり、社会の中で生きていくにしたがって「悪」になっていくのであって、そんな大人が積極的に教育を行うのではなく、子ども本来の自然に従い、事物を通して子ども自らが学ぶことこそ教育であり、よって教育は「消極教育」であるべきだと主張したのです。彼の教育思想は、その著**『エミール』**（1762年）に著わされています。

『エミール』

主人公エミールの教育が描かれたこの小説『エミール』の中で、ルソーは教育の目標は自然の教育に近づくことであり、自然の法則に逆らわずに自然を観察し自然が示す道や、自然の歩みに従って教育することが重要と述べています。

それ以前まで、子どもは「小さな大人」と見なされていましたが、「子どもは大人と異なる、子どもという独自の存在である」という子ども観、そして、その「子どもが自ら自然に学ぶことを保証しながら、子どもを中心にその特性に沿って教育する」という保育観を確立したルソーは、「子どもの発見者」といわれました。ルソーの子ども観・

保育観は、教師の立場が重視されたそれまでの教え込み型の教育とは正反対なものでした。彼の思想は子どもの興味を重視する「**児童中心主義保育**」の源流となりました。

2.「子ども」のための保育の追求と実践

ルソーによって子ども期の独自性・重要性が明らかとなり、子どもとその教育に目が向けられるようになる一方で、近代に入ると、産業革命によって資本主義が広がり、そうした社会状況が子どもの生活を変えつつありました。資本主義の発展は貧富の差をさらに大きくすることとなり、一部の上流階級を除いて、多くの一般家庭は貧困な状況にあったのです。子どもは5～6歳でも労働力として求められ、長時間、不衛生な状況で働かされ、それよりも幼い子どもは、親の長時間労働によって十分な家庭教育が受けられない状況にありました。このような劣悪な状況の中で、子どもを子どもとして受け入れ、子どもの保護・養護とともに子どもにふさわしい教育を考え、実践した人物がペスタロッチ、オーエン、そしてフレーベルです。

(1) ペスタロッチ（Pestalozzi,Johann Heinrich：1746～1827）

スイスの教育家・教育思想家のペスタロッチは、ルソーの影響を受け、人間の生来的善を信じ、自然主義教育を考えました。彼は、ルソーの唱えた「自然の教育」や「児童中心主義」を継承し、幼児教育の究極的な目的は、人間の道徳的本性の育成が中心であると主張しました。また、そうした子どもの教育は、主に家庭教育を通して行うものであり、学校教育は家庭教育を手本とすべきものであると述べています。それは、子どもにとっては家庭こそが生きる場所の基本であり、母親との愛と信頼に満ちた関係こそが人間関係の基本であるとの考えからです。しかし、当時のペスタロッチの目には、ただ働くことしか知らない親が増え、誤った習慣が家庭生活で支配的になっているように見えました。彼は、子どもの教育を担う家庭教育のためには母親がとても重要な存在であるとし、子どもへの強い愛情、精神的な高尚さ、忍耐や謙虚さをもった母親の手による教育の必要性を主張したのです。彼のこのような保育思想は、『幼児教育の書簡』（1818年）に表れています。

フランス革命や産業革命による子どもの貧困と劣悪な環境を目のあたりにしたペスタロッチは、孤児や貧困の子どものために孤児院や貧民学校を設立し、自らの保育思想に基づいた実践を行います。その後、スイスのブルクトルフやイヴェルトンに初等学校を開設しました。そこには、後に世界ではじめての幼稚園を設立したフレーベルが学びに訪れ、またすでに保育所を設立していたオーエンも視察に訪れています。

(2) オーエン（Owen,Robert：1771～1858）

イギリスの社会改革者オーエンは、工場経営者としての目線から、6歳くらいの子どもが14～15時間にわたって細かい繊維の塵が飛び散る高温多湿の紡績工場で働くという劣悪な環境の中にあることを直視していました。そしてオーエンは、子どもは例外なく受容性があり、どんなところでも無限にその環境と特定の組織に影響を受けるために、保護と教育が必要と考えました。そして、1816年に労働者階級の習慣や情操の改善のために「性格形成学院」を設立し、その中に1歳から5歳までを対象とする「**幼児学校**」（Infant School）をつくったのです。そこではオーエンの保育思想に基づき、のびのびとした環境のもとで子どもが自発的に自由な活動をすることを重視しました。体を強くするために天気のよい日は戸外での活動や体育が推奨され、心の安らかさをつくり出すために声楽や楽器演奏が教えられ、集団での規律などを学ぶために合唱や軍楽隊の行進が行われました。地図を使って地理を学んだり、自然を直接見て触れて知識を獲得したりというように、子どもたちが具体的に理解できるような実物を用い、子どもが興味・関心をもつ教育方法が実践されました。そこでは懲罰など恐怖感を与えることはありませんでした。この「幼児学校」は、世界で最初の「保育所」ともいわれ、その後イギリス国内だけでなくアメリカにも伝えられました。

(3) フレーベル（Fröbel, Friedrich Willhelm August：1782～1852）

フレーベルの保育思想と実践は、日本だけでなく世界中の幼児教育に大きな影響を与えています。ドイツの教育学者として、特に幼児教育の祖と評されるフレーベルですが、彼の数々の功績の中でもっとも注目すべきは、その著『人間の教育』（1826年）に示された教育思想と、世界で最初の「幼稚園」設立です。『人間の教育』には、「子どもを大人として見るのではなく、子どものうちに大人となるものの源がある」という子ども観が表れており、「人は子どもの時代に取り込んだもの、幼い時代に受けた印象を超克することはほとんどないので、人間の発達の最初の段階が大変重要である」と記されています。そしてこの時期に大切なのは感覚の発達であり、それに伴って身体能力が発達してくると、子どもは遊びや遊戯をはじめるので、「遊ぶこと・遊戯は、子どもの発達の最高段階」と主張しました。このような子どもの発達や自発的な活動・経験に沿った教育内容・教育目標は、改善され形を変えながら、現代の幼児教育の原理の原点として受け継がれています。

フレーベル
（日本保育学会編『写真集 幼児保育百年の歩み』ぎょうせい、1981、p.12）

一方、幼児期の教育の重要性を認識していたフレーベルにとって、当時の幼児教育の中心である家庭教育はとても十分といえるものではありませんでした。そこで有能な母親の育成を目的に1839年「幼児教育指導者講習科」を設立し、その実習場所として実際に6歳以下の子どもを集めた「遊戯及び作業教育所」を付設したのです。この付設施設が、翌年に独立し「キンダーガルテン（Kindergarten）」と改称され、世界で最初の「**幼稚園**」となりました。「キンダーガルテン」とは「子どもの庭」という意味です。人間を善とするフレーベルは、「子どもに宿る神性をゆがめることなく、自己活動を通し

第１恩物：毛糸のまりで、６色（赤橙黄緑青紫）ある。転がしたり、振り子のように揺らして遊ぶ。

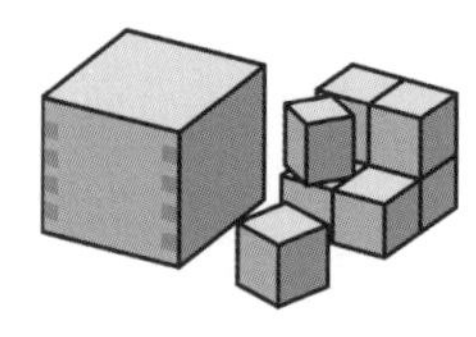

第３恩物：木製で約３cmの立方体の積み木が８個あり、遊んだあとに元通りに箱に収める活動もできる。

恩　物

て内部から発展させ開花させること」が保育の目的であると考えました。そして、子どもの自己活動は、「遊び」においてもっとも実現されるとして、その「遊び」のための独自の教具として「神からの賜り物」という意味をもつ「**恩物**（Gabe）」を考案したのです。

フレーベルの保育思想と実践は、恩物をその象徴として、ドイツ国内だけでなく、アメリカをはじめ世界中に広がっていきました。フレーベルの本国ドイツでは、政治的混乱の中でフレーベル主義幼稚園の禁止令が出され廃止に追い込まれますが、彼の死後、彼の教え子や継承者たちにより幼稚園禁止令は撤廃され、再び幼稚園は復活していきます。一方、世界中に普及したフレーベルの保育は、フレーベルの教具に含まれていないものは教育的でないととらえられたり、恩物の操作法などは解説書どおりに行うものと解釈されたりして、次第に恩物や遊戯が形式的に取り扱われ形骸化していきます。本来、子どもの自発的な活動や創造的活動を重視したフレーベルの保育ですが、普及の過程で主体的な活動であるはずの「遊び」まで制限するような実践ととらえられ、彼の意図が十分伝わらないままフレーベル主義保育は後に批判を受けることになるのです。

3．フレーベルの保育の影響

世界中の幼児教育に影響を与えたフレーベルの保育は、その普及した先で、新たな社会状況のもとで、他の保育思想と融合し展開されていきます。ここでは、マクミラン姉妹、デューイ、モンテッソーリを取り上げます。

(1) マクミラン姉妹（姉:レイチエル McMillan,Rachel:1859～1917、妹：マーガレット McMillan,Margaret：1860～1931）

保健指導員であった姉のレイチェルと教育委員であった妹のマーガレットは、イギリスのロンドンの貧民地区で学童のための診療所を開設しましたが、子どもには治療よりも予防が重要であると考え、1911年に共働きの５歳以下の子どもを対象とした戸外保育学校をはじめました。「子どもは自然に触れることによって経験を深め、喜んで学習する」ものであり、「子どもは植物同様に、日光と空気ときれいな水と土を必要としている」[1)] という考えから、自宅の庭を開放し、教育の場所としたのです。これがイギリスにおける**保育学校**（Nursery School）のはじまりです。この保育学校は、流れとしてはオーエンが幼児学校で実践していた貧困層の子どもに対する養護を継承していますが、一方で子どもの自発的な活動や遊びを重視するといったフレーベルの思想を含めた教育を行っています。マクミラン姉妹の最大の功績は、養護・養育の重要性を認識し、それと教育との統合を「保育」としたことです。この保育学校は、1918年の教育令で学校制度の最下段階に位置づけられ、公的な機関として認められました。また、1923年には保育学校協会が設立され、亡くなった姉に代わってマーガレットが初代会長に就任しました。彼女たちによって広がりを見せた保育学校は、その後、アメリカにも紹介されていきます。

(2) デューイ (Dewey, John：1859～1952)

アメリカの幼稚園教育は、形骸化されたフレーベル主義によって子どもの自発性や主体性が制限されたものでした。そこで、教育哲学者・社会思想家のデューイは、教育の中心は子どもであり、子どもの興味・関心からはじまる活動によってなされた経験に基づく教育の重要性を主張したのです。そして、アメリカのシカゴ大学で哲学・心理学・教育学の主任教授となると、その２年後には付属施設として「実験学校」(通称：デューイスクール) を設置し実践を行いました。ただ、デューイはフレーベル主義を批判したのではありません。フレーベルの思想の原点に戻り、形骸化している幼稚園教育を当時発展しつつあった児童研究や心理学の観点からとらえ直し、幼稚園を改革することを目指したのです。デューイによる活動は**進歩主義教育運動（新教育運動）**として広がっていきます。そして、彼の教育思想と実践は、コロンビア大学幼児教育学の主任教授を務め、付属保育学校も設立したヒル (Hill, Patty Smith：1868～1946) らによって引き継がれ、以後、アメリカでは進歩主義幼稚園が普及していったのです。

check　進歩主義教育運動

進歩主義教育運動とは、子どもの主体性を取り戻し、子ども一人一人の可能性が発揮される社会の実現を目指した社会改革の中で行われた教育改革の運動です。新教育運動とも呼ばれています。

(3) モンテッソーリ (Montessori, Maria：1870～1952)

イタリア史上、はじめての女性の医学博士であるモンテッソーリは、障がい児教育の研究と実践を行い、後にその教育方法を幼児教育にも適用しました。教育学を科学にまで高めようとしたモンテッソーリは、科学者の目をもって子どもを観察した結果、どんな子どもでも発達する力を内部にもっているという子ども観をもつようになります。そして、保育においては、子どもの環境を整え、子どもをよく観察し、子どもの自由な活動を尊重することが重要であり、その中でも「感覚教育」を重視したのです。人間のもつ感覚を教育の対象とし、それを訓練することの教育的意義に着目したのは、彼女がはじめてではなく、ルソーも『エミール』の中で論じています。ただ、彼女の感覚教育論の特徴は、「精神活動は肉体化されなければならず、一方、精神の形成は肉体の活動を通してのみ達成される」というものでした。つまり、身体的活動の活発化が、精神的活動の活発化につながるという考え方で、だからこそ、身体的活動による「感覚」は重要であると述べているのです。

ピンクタワー：ピンク色の１辺が１～10 ㎝の 10 個の木製立方体で、運んだり積み上げる作業で、指先や手首の筋肉の運動が促され、観察力が養われる。

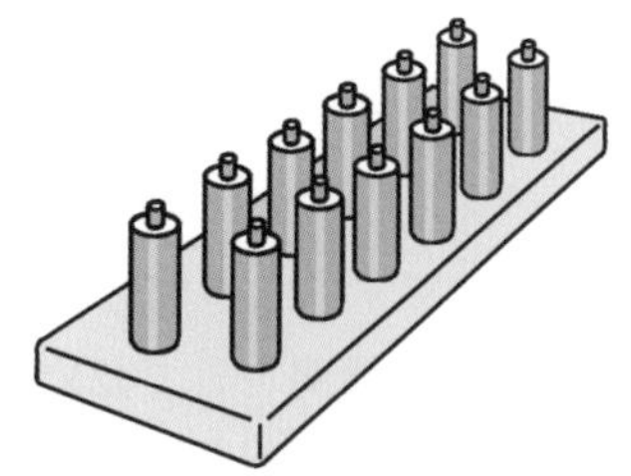

圧覚筒：円筒の上に付いたつまみを押すと、それぞれ違う圧力が感じられるようになっており、押し返してくる力を体験して、圧力の強い、弱いを経験し、圧力の存在を知る。

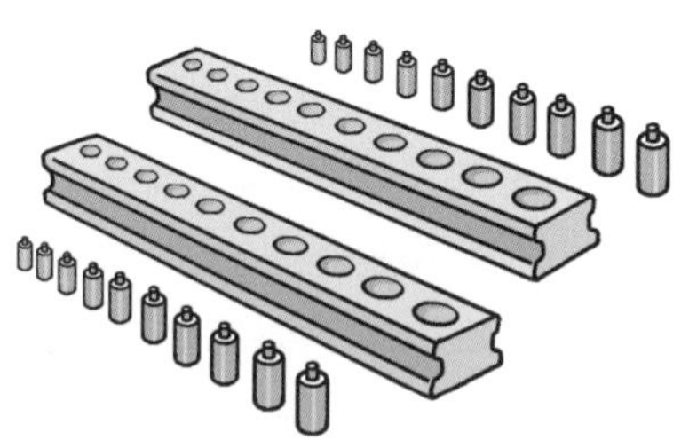

円柱さし：大きさの違う 10 本の円柱の木製のブロックで、正しい穴にはめ込む動作や、大きさの違いを並び替えなどで理解できる。

モンテッソーリの教具

モンテッソーリは、自らの教育原理にしたがって感覚教育のための系統化された「**モンテッソーリ教具**」を考案するとともに、スラム街に「**子どもの家**」(Casa dei Bambini) を設立し、自らの理論を実践しました。こうした実践はモンテッソーリメソッドとして理論化され、世界中に影響を与えました。しかしフレーベルと同様、モンテッソーリの保育理念は十分理解されずに、その感覚教具の指導法のみに目が向けられ、知的な早期教育の方法として用いられるという状況も生み出すことになったのです。

4．現在の海外での保育実践

現在、海外ではさまざまな特徴的な保育が行われています。たとえばフレーベルの生まれたドイツには、幼稚園と保育所、ときには学童保育も含めた「KITA (Kindertagesstätte)」と呼ばれる幼児教育施設があり、そこでは知的な教育を重要視した内容が行われています。イギリスでは公立学校の義務教育に共通したナショナル・カリキュラムが設定されていますが、３～４歳はその「基礎段階」と名づけられ、それ以後の教育とのつながりの中で位置づけられています。また、モンテッソーリの生誕地イタリアのレッジョ・エミリア市で独自に発展した「レッジョ・エミリア・アプローチ」という保育実践は、教育の専門家と美術の専門家のもとで、グループで創造的な活動を行い、それらは保育者によって記録され、公開され、その内容は保育にフィードバックされます。これらは、その国の長い保育思想と実践を積み重ねて発展したものなのです。

§2　日本の保育の歴史

ルソーが『エミール』を著し、フレーベルが幼稚園を設立したころ、日本は江戸時代後期です。当時の日本は鎖国と呼ばれるような状態ですから、西洋のさまざまな影響を直接的に受ける状況にはありませんでした。西洋の保育史では、フランス革命からを近代ととらえて人物に沿ってその流れを見てきましたが、日本は西洋の近代的思想が本格的に入ってきた明治期から近代化がはじまります。ただ、それ以前の江戸時代においても近代的な保育の芽生えが見られます。そこで、日本の保育史については、江戸時代から現在まで、時代を追って見ていきたいと思います。

1．江戸時代 ── 近代化以前の保育

湯川嘉津美は「江戸時代の子育ての書にみられる特徴の一つとして、子育てを植物栽培にたとえて論じられているものが多い」[2]と指摘し、その内容は栽培する側と育つ側で異なっているといいます。「植物の手入れのごとく、幼少時の適切な教育こそが重要」という認識は同じですが、一方は「大人の役割として子どもの成長に着目しつつ、真直ぐ伸びるように早期からの積極的な手当てを求める」[3]という栽培する側に立った見方、そしてもう一方は、「植物（子ども）自身の成長に着目しながら無理な育て方をせず、その成長を援助する」という育つ側の立場の見方です。ただ、どちらも「子ども自身の成長」をとらえた上での教育の必要性が主張されています。

社会状況によって子どもの保育が変わっていくことは、西洋の保育史でも見てきましたが、江戸時代も中期になると、度重なる飢饉、百姓一揆や打ち壊しなど、荒廃した状況で貧困の子どもや孤児が多くなりました。そうした中で、1797（寛政9）年に、儒学者の**大原左金吾**は貧しい子どものための養育施設「養育の館」の設立を提唱しました。彼は領主に「養育の館」を設置させ、そこに貧しい家庭の子どもたちを保護し、出産後間もない村人の妻に交代で乳母を務めさせることを考えました。その背景には、当時、脅威となっていたロシア勢力に対抗するための防備の必要性と、蝦夷地（現在の北海道）開拓による領土拡大がありました。「養育の館」で成長した子どもを、その防備・開拓の仕事にあたらせようと考えたのです。また、当時蔓延していた「間引き」を防止するという意図もありました。

間引き

生活が苦しく、養う家族を減らすために、親が子どもを殺す行為です。日本では、農村の荒廃とともに習慣化されていました。間引きは人口の減少につながり、経済基盤が揺らぐことから、領主たちは何度も禁止令を出しますが、なかなか効果が表れませんでした。

その大原の思想を発展させたのが**佐藤信淵**（のぶひろ）です。農政家であった佐藤は困窮した農民の実態、農村の疲弊と堕胎・間引きという現状に対して、貧民救済の措置として、無償の保育施設の必要性を提唱しました。そして、4～5歳までの子どもは「慈育館」で保育し、それ以後7歳までの子どもは「遊児廠（ゆうじしょう）」に集めて遊ばせ、8歳になると「教育所」で学ばせることを構想します。慈育館の保育で特徴的なことは、乳母による哺（ほ）育ではなく牛乳を用いた人工栄養を考え、乳児の集団保育を実践しようとしたことです。当時、粉ミルクはもちろんなく、牛乳を飲むこと自体が一般化されていませんでした。そして、もう一つ、佐藤の保育構想の注目すべき点は、慈育館や遊児廠などの施設を単なる救済事業ではなく、次頁の図表2-1のような国家構想の一端を担うものとして位置づけてい

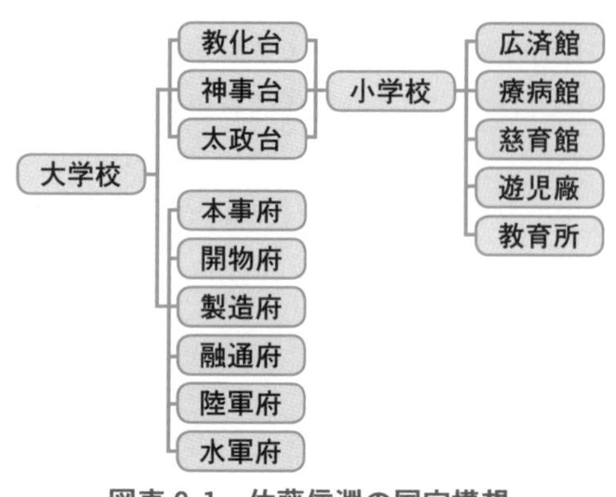

図表 2-1　佐藤信淵の国家構想
（湯川嘉津美『日本幼稚園成立史の研究』風間書房、2001、p.28）

たことです。江戸時代に、すでに保育施設が教育所・小学校・大学に続く教育体系のもっとも初期の基盤として考えられていたことは、2007（平成 19）年の「学校教育法」の改正により、これまで第１条で「この法律で、学校とは、小学校、中学校（中略）及び幼稚園とする」と最後に示されていた幼稚園が、「この法律で、学校とは、幼稚園、小学校、中学校（中略）とする」と、学校教育の最初に位置づけられた現在の幼稚園教育の動きを先取りする先駆的な構想といえるでしょう。しかし、残念ながら、先の大原の構想も佐藤の構想も実現には至りませんでした。

2．明治期 ── 西洋の保育思想の導入と受入

明治期（1868 ～ 1912）になり、日本全体で近代化を推し進めようとする国家政策の中で、幼児期の子どもの教育にも目が向けられるようになります。1872（明治５）年の「**学制**」の公布によって日本の近代的教育制度がはじまり、小学校を中心に全国民に対する教育が進められましたが、幼児教育については「幼稚小学」という名称が記されただけで具体的な設立・普及には至りませんでした。しかし、西洋への教育視察などを通して海外の幼児教育の進展やその効果を知り、幼児教育の必要性は伝えられていました。そして 1876（明治９）年、日本で最初の官立の幼稚園として**東京女子師範学校附属幼稚園**（現在のお茶の水女子大学附属幼稚園）が開設されたのです。フレーベルの幼稚園設立から 30 年以上経ったころのことです。監事（園長）は東京女子師範学校の英語教師であった関信三、主席保姆はドイツのフレーベル主義の教員養成で学んだ松野クララ、そして保姆として**豊田芙雄**、近藤濱ほか２名の助手によって、最初の新入園児 75 名が迎えられました。松野による直輸入のフレーベル主義の保育が行われるとともに、英語に堪能であった関によってフレーベルの幼児教育論も紹介されました。このように、日本で最初の幼稚園はフレーベル主義という西洋文化を日本に移設する形ではじめられたのです。翌年には附属幼稚園規則が定められ、その開設主旨は次のように示されました。

豊田芙雄
（個人所蔵、茨城県立歴史館寄託）

> 学齢未満ノ小児ヲシテ天賦ノ知覚ヲ開達シ固有ノ心思ヲ啓発シ身体ノ健全ヲ滋補シ交際ノ情誼（じょうぎ）ヲ暁知（ぎょうち）シ善良ノ言行ヲ慣熟セシムルニ在リ　（ルビ筆者）

これは、小学校に通う以前の子どもを対象として、天から与えられた知恵を伸ばし、

人が元来備えている心情を伸ばし、身体の健康を増進して、子ども同士のかかわりを通して善行を身につけさせるという意味です。

そして、満3歳以上の幼児を対象とし、1日4～5時間、30～40分の時間割ごとに設定された活動が行われました。そこではフレーベルの恩物の操作を中心に、唱歌や遊戯（遊嬉）、説話は外国のもので漢文調に訳されたものを子ども向けに変えるなどして保育が行われました。附属幼稚園のこうした保育内容・保育方法は、その後の日本の幼稚園のモデルとなり全国に広がっていきます。普及の仕方は地域によっても異なりますが、附属幼稚園の系列の保姆が派遣されて立ち上げた園もあれば、地元の小学校教員によって創設された園、就学時期に満たない子どもが多く、小学校に入学してくる状況を改善するためにつくられた園もありました。しかし、まだこのころ、幼稚園は学校として認められず日本の教育体系には位置づけられていませんでした。一方で、それまでの日本では、幼児の教育は家庭で母親の手によって行うものとされていたため、一般の人々にとって幼稚園で幼児の教育を行うことへの関心も要望も低く、幼稚園は上流階級の子どもたちの教育機関のように見られていました。当時の小学校の授業料が平均10銭程度であったのに対して、附属幼稚園の保育料が25銭であったことを考えれば、幼稚園が一部の人々の特別な場所ととらえられても仕方のない状況だったことがわかります。ただ、日本においてフレーベル主義の保育が、比較的すみやかに受け入れられたのは、子育てを植物栽培のようにたとえて考えていた日本の文化と、同じく植物栽培をモデルに考えられたフレーベルの幼稚園教育に対する考え方に大きな抵抗がなかったからではないかと考えられています。

保姆

明治初期から幼稚園の教員に幼稚園保姆という呼称が用いられていました。1947(昭和22)年の「学校教育法」の制定により幼稚園保姆は「幼稚園教諭」と改められました。一方、保育所や託児所などで保育にあたる人も慣用的に保姆と呼ばれていましたが、1947（昭和22）年の「児童福祉法」制定により保育所等の保姆は「保母」と規定されました。そして、1999（平成11）年の「男女雇用機会均等法」の改正に伴う、「児童福祉法施行令」施行により、現在の「保育士」に改称されました。

幼稚園二十遊嬉（明治12年ころ）
（お茶の水女子大学所蔵）

上流階級の家庭の子どもを主な対象とした幼稚園ですが、私立幼稚園の設立によって少しずつ一般に普及していきます。その中でも大きな存在感を示したのがキリスト教幼稚園でした。日本人の手によって設立された最初のキリスト教幼稚園は、1880（明治13）年に桜井ちかによって創設された桜井女学校附属幼稚園です。その後、石川・長野・静岡などにも設立されますが、日本のキリスト教幼稚園の基盤を確立すると同時に、日本の保育のあり方にも強い影響を与えたのが、頌栄幼稚園を創立した宣教師**ハウ**（Howe, Annie Lyon）です。ハウは、恩物の操

ハウ
（日本保育学会編『写真集 幼児保育百年の歩み』ぎょうせい、1981、p.45）

作を中心とする形骸化したフレーベル主義を行う日本の保育に対し、フレーベルが提唱した保育思想と保育理論の普及を目指して『保育学理論』等の出版を行うとともに、頌栄保姆伝習所を設立し、本来のフレーベル主義に基づく保姆養成を行い、すぐれた人材を各地に送り出しました。

明治30年代になると、附属幼稚園は主事（園長）の**中村五六**や**東基吉**によって保育改革が起こります。附属幼稚園では恩物の操作を中心とした保育の他に、当時の小学校教育の動きに合わせて、その予備的な内容として「読み書き」を取り入れるなどをしていました。しかし、中村はフレーベルの根本精神に立ち返って保育内容をとらえ直そうとしました。また、附属幼稚園に分室を設置し、都市下層の幼児を対象とした「簡易幼稚園」のモデルを示したりもしました。一方の東は、恩物主義の保育を批判し、児童中心主義の新しい保育へと目を向け、日本人によるはじめての体系的保育理論書『幼稚園保育法』を著しました。

check　**簡易幼稚園**

幼稚園が裕福な家庭の子どもたちを対象としているように見なされていた状況の中で、幼稚園を全国に普及させることを目指してつくられた幼稚園です。東京女子師範学校附属幼稚園の分室として設置され、保育料も徴収せず、労働者層の子どもの保育を行おうとしましたが、普及までには至りませんでした。それほど、一般の家庭においては、当時の幼稚園教育に対する意識が低かったということの表れでもあります。

check　**「遊嬉・唱歌・談話・手技」**

「遊嬉」とは体を動かす活動、「唱歌」とはみんなでうたう活動、「談話」とはお話や物語を聞く活動、「手技」とは指先を使って製作などを行う活動です。

このような活発な動きを受けて、1899（明治32）年、日本ではじめての幼稚園に関する基準となる「**幼稚園保育及設備規程**」が制定されました。ここでは、幼稚園の役割を家庭教育の補助と位置づけ、保育項目として「遊嬉・唱歌・談話・手技」が定められました。これによって、日本の幼稚園の制度が一つの形となったのです。ただ、この規程は、翌年に改正された「小学校令」に付随する「小学校令施行規則」の中に、ほとんどそのまま取り入れられます。日本ではじめての幼稚園の基準は残されたものの、それが小学校規則の中に位置づけられたということは、幼稚園教育が小学校教育と密接なかかわりの中で行われることを意図したといえるのです。

幼稚園が少しずつ普及する一方で、幼稚園では対応できない貧困層の子どもの保育が求められるようになったのは、明治期に入って日本でも産業革命が起こったころからです。子どもの生活環境の劣悪化、不十分な養育状況などを背景に、子どもの保護・養護と教育を担う施設として保育所が誕生しました。教育を目的とする幼稚園とは異なり、保育所は慈善・救済事業の一環として進められたのです。日本最初の保育所としては、1890（明治23）年に、**赤沢鍾美**（あつとみ）によって開設された「新潟静修学校」付設の託児所といわれています。中学に入れない子どものための学校として赤沢が自宅に開いた学校には、生徒が幼い妹や弟を背負ってきたため、その子どもを妻の仲子とともに別室で保育したことにはじまります。また、1900（明治33）年には華族女学校附属幼稚園の保姆として勤務していた**野口幽香**・森島峰（美根）が、通勤途中に見かける貧しい子どもにこそ幼児教育が必要と感じ、「**二葉幼稚園**」（後に二葉保育園と改称）を開園します。そこでは、貧困層の子どもの保護・養育を行うとともに、本来のフレーベルの精神に基づき遊戯（遊嬉）を主とした教育も行われました。キリスト教幼稚園は、他の幼稚園と同様に比較的経済状況の豊かな家庭の子どもを対象としていましたが、宗教的精神に根ざして福祉的な性格をもった幼稚園が設立されます。神戸の善隣幼稚園のように設立母体がキリスト教団体のものもあれば、大阪の愛染橋保育所のような日本人の手でつくられたものもありました。

二葉幼稚園開園時の園児たち
（二葉保育園『二葉保育園八十五年史』二葉保育園、1985、p. 1）

当時は、「幼稚園」「保育所」の名称の定義や統一性が決められていなかったため、名称はさまざまですが、養育・保護が不十分な状況の子どもを対象とするこれらの保育施設は、現在の保育所へつながる源流といえます。

column　東基吉らによる保育改革

東京女子師範学校附属幼稚園の開設当時の唱歌や遊戯や説話は、外国のものを漢文調に訳したものだったり、子どもとはかけ離れた文語調の歌だったり、子どもにとっては決して親しみのもてるものではありませんでした。そのような状況に対して、東は形骸化した恩物の使用方法を改善するとともに、遊戯を主体とした保育を提唱しました。遊戯の中の「ごっこ遊び」では推理力・記憶力・想像力・感覚力などが発達することを指摘し、歌を伴う遊戯については、当時使用されていたものが子どもに適さないとして、妻の東くめと滝廉太郎とともに、子どもにふさわしい口語の歌をつくりました。現在でも歌い継がれている「お正月」の歌など、東は、子どもの日常的な言葉を用いて、子どもの気持ちを素直に表現し、また遊びのリズムにも合った曲を保育教材として提供していきました。また、子どもがお話を好む理由を分析し、説教的な話ではなく「子どもが喜ぶ話」を基準に、「談話」の教材としてグリムやイソップといった西洋童話のほか、多くの日本の童話から保育教材を選択し、その談話方法を提唱しました。

3．大正期 ── 西洋の保育の融合と展開

45年続いた明治期に比べると大正期（1912～1926）は15年という短い期間ですが、江戸時代から続く日本の文化としての子育てと、西洋から取り入れられた近代的教育としての保育の考え方が、直輸入という形での移設を経て、少しずつ日本という土壌に根づき、やがて日本独自の展開を見せる開花期ともいえる時期です。そのような現象を生み出す原動力となったのが「進歩主義教育運動」と「大正デモクラシー」です。アメリカのデューイたちによる新教育運動の影響を受け、日本でも明治期の終わりころからフレーベルの恩物主義に対する批判が起こりました。そして、それと同時期に起こった大正デモクラシーによって、民主化を求める動きの中で、子どもという存在に目を向け、子どもに対してもその個性・発達・興味を重視する教育が目指されるようになります。その実践に大きな役割を果たしたのが**児童文化運動**です。児童文化運動は、

check　大正デモクラシー

1910年代から1920年代にかけての大正期を中心に起こったもので、民主主義社会の実現を求めた政治・社会・文化の各分野における自由主義的な運動、風潮、思潮の総称です。

その名のとおり「子どものため」の文化の誕生でした。この運動によって童話・童謡をはじめとする児童芸術という考え方が芽生えます。そして西洋の翻訳ものではなく、日本独自の子どものための物語（童話・児童文学）や歌（童謡）が創作され、当時発達した印刷技術の進歩を背景に創刊された多くの児童雑誌を通して、確実に急速に広がり、保育実践の場にも導入されていったのです。

この時代の児童文化運動の象徴ともいえる児童雑誌の中で、先駆的な役割を果たしたのが、1918（大正7）年に**鈴木三重吉**によって発行された**『赤い鳥』**です。子どもの美しい「純性」を育むためには、芸術性豊かな童話・童謡が必要という鈴木の考えから、『赤い鳥』には森鴎外・島崎藤村・芥川龍之介など、当時の一流作家が執筆する物語や、芸術性や音楽性の点からも唱歌とは大きく異なる、北原白秋や西条八十たちの童謡などが掲載され大評判となりました。その刺激を受けて『おとぎの世界』『金の船』『童話』などの類似雑誌が次々と出版され、童話童謡が流行するとともに、児童雑誌全盛の時代となります。一流の芸術家による物語や歌は児童文化のレベルを高め、日本独自の新たな保育教材にもなりました。ただ、この時代の子ども観は「童心主義」と呼ばれ、子どものもつ豊かな想像力や感受性、生命力を「無垢なもの」としてとらえるあまり、現実の子どもの姿とはかけ離れたものとなっていくという状況にもなっていきます。

こうした社会の動きは教育界にも影響を与えますが、連動していたというわけではありません。文部省（現在の文部科学省）を頂点とする教育体制の中で、新しい子どもの「歌」として童謡の人気が高まると、小学校教育などでは文部省検定済でないものを学校の唱歌で扱ってはならないという措置がとられました。幼稚園はまだその当時、学校体系の中に位置づけられていなかったため、そこまで厳しい締めつけではありませんでしたが、そのような制限された状況の中で子どものための先進的な実践が重ねられていきました。そして、1926（大正15）年、「**幼稚園令**」が公布されます。これまで幼稚園の規程は小学校に関する法令に含まれていましたが、「幼稚園令」は幼稚園教育について単独で取り扱われた最初の勅令であり、戦後1947（昭和22）年の「学校教育法」が制定されるまでの長い期間、日本の幼稚園制度の基本となったものです。そこには、幼稚園の目的は「幼児ヲ保育シテ其ノ心身ヲ健全ニ発達セシメ善良ナル性情ヲ涵養シ家庭教育ヲ補フ」と記されています。「幼稚園保育及設備規程」と比べると「善良ナル習慣」が「善良ナル性情」となり、より広い人間性の基礎を培われることが意図されています。そして、保育項目についても「自然及人事ニ属スル観察ヲナサシムルコト」を目指して「観察」が加えられたのですが、これは第一次世界大戦（大正3～大正7）を経験し、科学の重要性を認識した国の教育の方向性に基づいて、小学校において理科教育を重要視した動きとつながるものです。さらに保育項目には、保育内容の自由度をあげて、小学校と異なる幼稚園独自の教育が可能となるように「等」がつけられ、「遊戯・唱歌・観察・談話・手技等」と定められました。

この時期、豊かな芸術性を背景に、小学校教育とは異なる幼稚園教育の独自性と日本の保育の新しい方向性を示すために先進的な活動に取り組んだのが和田實と倉橋惣三です。

(1) 和田實（みのる） ── 1876（明治 9）～1954（昭和 29）

和田は神奈川の師範学校を卒業後、小学校教員を経て、前述の東基吉の赴任から５年後となる 1906（明治 39）年から東京女子師範学校の教員となり、附属幼稚園にも勤務しました。当時の保育は、東らの努力により、それ以前の恩物主義が改善され、「幼稚園保育及設備規程」の制定において「遊嬉・唱歌・談話・手技」が定められ、全国の幼稚園ではこの保育４項目が盛んに行われていました。しかし、和田は、その４項目が学校教育の教科目のように見なされ取り扱われていると感じ、もう一度原点に戻り、子どもの生活を見て、その中の遊びを幼児教育として体系づけて理論化しようと試みました。そして 1908（明治 41）年、中村五六との共著で『幼児教育法』を出版し、遊戯（遊嬉）を重視し、その中で子どもを誘導するという保育方法を主張しました。しかし、彼の理論はあまりにも理論的過ぎて実践的ではないといわれ、十分な評価は得られませんでした。そこで、1915（大正４）年に目白幼稚園を設立し、自らの考える幼児教育の実践に取り組んだのです。日本ではじめての幼稚園教育に関する規程「幼稚園保育及設備規程」で定められた保育４項目を自らの視点で見直し、改めて理論化を図るとともに、自ら実践も行った和田は、幼児教育界の先駆者として評価される人物です。和田は、後年 1930（昭和５）年に目白幼稚園保母養成所（現在の東京教育専門学校）を創設し、よりよい保育を実践できる人材養成にも取り組みました。

(2) 倉橋惣三 ── 1882（明治 15）～1955（昭和 30）

倉橋惣三
（日本保育学会編『写真集 幼児保育百年の歩み』ぎょうせい、1981、p.123）

「西洋のフレーベル、日本の倉橋」と並び称され、「日本のフレーベル」と呼ばれる倉橋は、日本の保育界に大きな足跡を残し、現在の保育の礎を築いた人です。静岡で生まれた倉橋は、第一高等学校（現在の東京大学教養学部）を経て、東京帝国大学（現在の東京大学）を卒業し、1910（明治 43）年に東京女子高等師範学校に着任します。1917（大正６）年に同校の教授と同時に附属幼稚園の主事（園長）となり、それから 1949（昭和 24）年に同校を退官するまでに附属幼稚園主事を３回務め、日本の保育界の指導者として活躍しました。大学卒業後に勤務先との関係で子どもや保育と出会い仕事をする中で、保育に関心をもつようになった前述の東や和田と異なり、倉橋はもともと子ども好きで、第一高等学校時代のころから附属幼稚園や、前述の二葉幼稚園へも出かけていました。学問の対象として子どもを見る以前に、子どもの中に溶け込み、子どものそばで一緒に過ごしていたのです。

当時の社会では、保育者は単なる子どもの遊び相手のように見られていました。また、実際の保育現場では恩物に代表されるように、本来、子どもに寄り添って考えられた保育方法がいつしか子どもの姿から離れ、大人の自分勝手な解釈によって形骸化し、マニュアル化していました。学生時代から子どもとともに過ごしてきた倉橋は、自らが附属幼稚園主事となり、子どもの保育に直接深くかかわるようになります。彼はペスタロッチ、フレーベル、モンテッソーリなど西洋の保育思想に対する基本研究を行い、深く理解していましたが、それらに偏ることはありませんでした。長い時間をかけて、じっくりと目の前の子どもたちの姿から出発し、その保育実践を踏まえて、子どもを中心においた、正に児童中心主義保育を考えていったのです。

倉橋の保育理念の特徴は「**生活を　生活で　生活へ**」という言葉に象徴されています。倉橋は、子どもの生活の中心は「遊び」であると定義づけた上で、その言葉の意味を、次のように解説しています。

> 私はいつもよく、生活を生活で生活へ、という何だか呪文のようなことを言っていますが、この生活を生活で生活へという言葉には、その間に教育ということを寄せつけていないように聞えますが、もちろん目的の方からいえば、どこまでも教育でありますけれども、ただその教育としてもっている目的を、対象にはその生活のままをさせておいて、そこへもちかけていきたい心を呪文にし唱えているに外ならないのです。教育へ生活を持って来るのはラクなことであります。それは然るべき教育仕組をこしらえておいて、それへ子供を入れればよいでしょうが、しかし、子供が真にそのさながらで生きて動いているところの生活をそのままにして、それへ幼稚園を順応させていくことは、なかなか容易ではないかもしれない。しかしそれがほんとうではありますまいか。[4)]

このように子どもの生きている生活をまず保障し、その生活を通して子ども自身が自らの居場所としての自己充実できる生活の場をつくれるような保育をするということを主張しています。そのための具体的な保育方法として「**誘導保育論**」を提唱しました。それについて、彼は次のように説明しています。

> 幼稚園というところは、生活の自由感がゆるされ、設備が用意され、懇切、周到、微妙なる指導心を持っている先生が、充実指導をして下さると共に、それ以上に、さらに子供の興味に即した主題をもって、子供たちの生活を誘導して下さるところでなければなりません。[5)]

そして、倉橋は、その指導展開を図表 2-2 のように考えました。

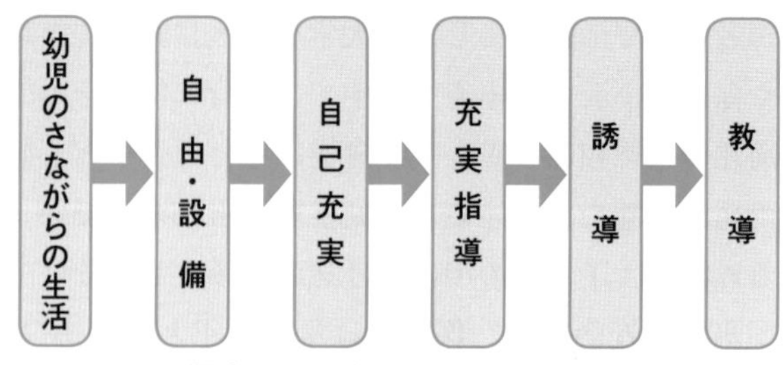

図表 2-2　倉橋惣三の指導展開
（倉橋惣三「幼稚園真諦」『倉橋惣三選集』第１巻、フレーベル館 1965、p.57）

倉橋は、「充実指導」までは家庭でもいくらかはできるが、「誘導」は一般家庭ではできないため、「誘導」は幼稚園教育の存在価値の一つであると述べています。そして、その後の「教導」は小学校教育の主な仕事であり、幼稚園としては「ちょっと付け加えてやりたい」というところに行われるものと述べており、幼稚園教育と小学校教育の違いと、その関連についても考えていたことがわかります。倉橋は、保育実践にとどまらず、関東のフレーベル会（後に日本幼稚園協会に改称）や関西の京阪神三市連合保育会などの研修会の場において、保育関係者との深い交流がありました。また、当時の保育者の間で読まれていた『婦人と子ども』（後に、『幼児教育』『幼児の教育』に改題）や『児童研究』などにも、積極的に自らの主張を発表しました。このような幅広いつながりによって、倉橋は全国の幼稚園の動向を把握するとともに、自らの実践に基づいた子ども観や保育理論を全国に普及させていきます。大正期、日本の保育界にその存在を知らしめた倉橋は、その後の激動の昭和期においても中心的役割を果たし、日本を児童中心主義保育へと導いていったのです。

このように見てくると大正期は、子どもにとって、保育にとって華やかな発展期のように感じられるかもしれません。しかし、明治末から社会全体が不況となり、第一次世界大戦後には米価が高騰し、人々の生活はますます苦しくなっていました。そのため、国は新たな専門部署を設置し、託児所をはじめとする児童保護に対して組織的に対応することにしたのです。つまり、明治期の貧困層の子どものための保育施設は、主に篤志家による慈善事業として行われていましたが、ここにきて公的な政策として進められるようになったのです。大阪、東京、京都に公立の託児所が設置され、そのための保育規程も定められました。そこには、保育内容は幼稚園と同じく「遊嬉・唱歌・談話・手技」と示されましたが、幼稚園が保姆の資格を必要としたのに対し、これらの託児所では特別な資格は必要とされませんでした。

このような児童保護という流れは、幼稚園にも表れています。1926（大正 15）年に定められた「幼稚園令」では、幼稚園入園年齢を３歳以上小学校就学前までを原則としながらも、特別の事情がある場合には３歳未満の入園も認め、また保育時間も定めていません。つまり、幼稚園に託児所的機能をもたせることを可能としたのです。

4．昭和期 ── 保育の方向性の混迷と成長

64 年にわたる昭和期（1926 ～ 1989）は社会が激しく変化し、特に第二次世界大戦を境に教育も大きく変革しました。ここでは、その戦前・戦後に分けて見ていきます。

(1) 戦前

昭和期に入り、世界恐慌という大規模な不況に加え、日本は 1931（昭和６）年の満州事変を契機に、日中戦争（昭和 12 年）、太平洋戦争（昭和 16 年）そして第二次世界大戦へと、少しずつ戦時色が濃くなっていくと、児童保護の必要性が強くなり、託児所も急増していきました。そうした託児所を幼稚園とは区別するべきという意見が強くなり、国の会議では「家庭で適当な保育・保護を受けられない生後６か月から就学までの子どもを、早朝から夕方まで保育する」という提案も出されました。一方の幼稚園は、国民幼稚園の実現や幼稚園の義務制、幼稚園と託児所の一元化を要求しましたが、太平洋戦争が勃発すると、こうした声はかき消されてしまいます。1944（昭和 19）年、東京で

は「幼稚園廃止令」が出されるとともに「戦時託児所基準」が定められました。戦争が激化する中で女性は重要な人的資源であり、彼女たちの働きを確保するための託児所が重要視され、幼稚園における教育は実質的には困難な状況となっていったのです。

このような社会の混迷期に、新しい保育のあり方を模索したのが**城戸幡太郎**です。心理学者・教育学者の城戸は、1936（昭和11）年に**保育問題研究会**を結成し、研究者と保育者が共同で実証的研究を進めました。城戸は、家庭と幼稚園・保育所の保育は目的が異なると考え、幼児教育の本質は家庭にあると主張する倉橋を批判しました。また、子どもをその子どもの生きている社会とのかかわりからとらえ、子どもが本性のままに生活するだけでは不十分であり、保育は社会生活を学習する場であると主張し、倉橋の児童中心主義を批判して「**社会中心主義**」を唱えたのです。さらには、就学前の保育の必要性と、そのための幼稚園と保育所（託児所）の一元化を訴え、それらを「国民幼稚園要綱思案」として保育問題研究会で公表しました。

(2) 戦後

1945（昭和20）年8月15日、日本の戦争の時期は終わります。それ以前の戦時中の価値観とはまったく異なる平和国家の建設が目指され、その新しい社会を担う人材育成を行う教育制度も改革されます。その中心的役割を果たした教育刷新委員会には、前述の倉橋惣三や城戸幡太郎も入り、新しい教育の方向性が検討されました。そして、1947（昭和22）年に制定された「教育基本法」の方針に基づいて、同年「学校教育法」が公布されます。そこでは幼稚園を学校体系の一つと位置づけ、その目的を「義務教育及びその後の教育の基礎を培うものとして、幼児を保育し、幼児の健やかな成長のために適当な環境を与えて、その心身の発達を助長する」と定めました。これによって、それまで幼稚園に課せられてきた「家庭教育を補う」という役割はなくなり、幼稚園は家庭とは異なる独自の役割があり、すべての子どもが幼稚園教育を受けることが望まれるようになったのです。一方、保育所については、「学校教育法」と同じ年に制定された「児童福祉法」によって、児童福祉施設として位置づけられました。つまり、戦前に見られた幼保一元化への動きは、戦後になっても実を結ぶことができなかったのです。ただ、1948（昭和23）年に幼稚園教育の基準として刊行された「**保育要領――幼児教育の手びき**」は幼稚園だけではなく、保育所や託児所の保母、家庭の母親に向けた手引きとなっていて、幼稚園と保育所の保育内容の共通性を意識してつくられており、その保育内容は、「見学、リズム、休息、自由遊び、音楽、お話、絵画、製作、自然観察、ごっこ遊び・劇遊び・人形芝居、健康保育、年中行事」の12項目を定めています。この「保育要領」作成の中心人物が倉橋惣三です。彼は「保育要領」刊行の同じ年に日本保育学会を創設し、その初代会長として戦後の日本の保育においても力を尽くしていきます。

その後、幼稚園は「保育要領」を改訂し、1956（昭和31）年に「幼稚園教育要領」がつくられました。ここでは幼稚園教育の目的を「幼児を保育し、適当な環境を与えて、その心身の発達を助長すること」とし、保育内容として「健康・社会・自然・言語・音楽リズム・絵画製作」の６領域が示されました。また、保育所は「保育指針」(昭和 27) を経て、1965 (昭和 40) 年に日本で最初の「保育所保育指針」がつくられます。その編纂に深くかかわったのが幼児心理学者の**山下俊郎**です。幼稚園園長も務めた山下は、倉橋惣三の教えを受けて児童中心主義を継承し、心理学の立場から「乳幼児期を単なる準備段階ではなく、固有の重要性をもった時期とし、「実際的」な立場から子どもをとらえよう」[6] としました。彼は倉橋の後、日本保育学会の２代目会長を務めました。

ところで、戦後の昭和期の子どもの数は、第一次 (昭和 22 ～ 24 年) と第二次 (昭和 46 ～ 49 年) のベビーブームの影響もあって増加傾向となり、それとともに幼稚園・保育所の数も増えていきました。一方で高度経済成長によって社会が大きく変わり、子どもを取り巻く環境も変化しました。都市化が進み、核家族化が進み、子どもの生活する環境、人間関係の環境も変わりました。また、学歴重視の社会風潮が強くなり、塾に通う子どもも多く見られる中、幼児期の子どもにも早期教育という考え方が広がりました。このような変化は子どもの発達にも影響を与えることになり、幼稚園や保育所などの保育においては、変化する社会状況や子どもの姿に対応する保育を模索し、実践していくことが求められるようになっていったのです。

5．平成期から現在 ── 未来に向けた転換と再構築

第一次ベビーブームの合計特殊出生率は 4.32、第二次では 2.14 となり、その後「1.57 ショック」といわれた平成元年以降、子どもの数は減少傾向にあります。昭和後期からの社会状況の変化も踏まえて、幼稚園・保育所の役割や保育内容を改めて考えなくてはならなくなりました。そこで 1989 (平成元) 年に「幼稚園教育要領」、翌年には「保育所保育指針」が改訂されます。この改訂では６領域が「健康・人間関係・環境・言葉・表現」の５領域になります。その後も、そのときの社会や子どもの姿を見据えながら、検討し改訂され、生きる力の基礎を培うことや子育て支援の役割の明確化、また規範意識や思考力・表現力の重点化といった新たな保育の方向性が示されてきました。そして明治期の「家庭教育を補う保育」から、現在では「家庭とともに子どもの育ちをサポートする保育」「地域の子育ての拠点としての保育」へと変わってきたといえるでしょう。

> **check　合計特殊出生率**
>
> 一人の女性が一生のうちに平均して生む子どもの数のことです。この数が「2」であれば、人口は横ばいとなり、これを上回れば自然増、下回れば自然減となります。1989 (平成元) 年に「1.57」となり過去最低を記録したため「1.57 ショック」と呼ばれました(本書 p.151 ～ 152 参照)。

昭和期に確立した幼稚園・保育所の保育の枠組みをもとに、平成期・令和期はその充実を図ってきました。その中でも特に重要な動きとして「小学校教育との連携・接続」と「幼保一元化」について見ていきたいと思います。

(1) 小学校教育との連携・接続

子どもにとって、幼稚園の次のステージとなる小学校との連携・接続の必要性は、戦前の倉橋惣三も主張し、戦後の教育刷新委員会でも議論されています。倉橋は、幼稚園

教育を義務化して小学校の一部として設置することまで考えていたのですが、なかなか実現には至りませんでした。その理由の一つに、小学校教育と幼稚園教育の子どもの数の差がありました。小学校は義務教育なのでほぼすべての子どもが入学しますが、幼稚園は任意なので就園率も、平成期に入るまで高くはありませんでした。すべての子どもが幼稚園教育を受けてから小学校教育に入るわけではない状況では、ほぼすべての子どもがそろう小学校を教育のスタートと考えることは仕方のないことだったのです。

しかし、2017（平成29）年の「保育所保育指針」の改定によって、初めて保育所が幼児教育施設として認められ、また同年に改訂された「幼稚園教育要領」「幼保連携型認定こども園教育・保育要領」によって、**保育所・幼稚園・認定こども園における教育は同じ方向性と内容を共有することとなり、小学校就学前の幼児教育が一体となりました。**こうした改訂には、本書の第１章でも解説したような大きな教育構造の変化があり、幼児教育から小・中・高を通して伸びていく「**知識及び技能**」「**思考力、判断力、表現力等**」「**学びに向かう力、人間性等**」の３つの柱が、日本の教育において「**育みたい資質・能力**」として示されたという動きと関連しています。幼児期の教育においては、この３つの柱の「基礎」を培うこととなり、その具体的なイメージは「**幼児期の終わりまでに育ってほしい姿**」として提示されました。これは、年長児から小学校にかけて成長していく子どもの様子のイメージを示したもので、これによって、保育所・幼稚園・認定こども園において、幼児期の終わりの子どもの姿を同一のイメージをもって教育を行うとともに、そのイメージを共有して、小学校とカリキュラムの接続が図られるようになったのです。

そして、2022（令和４）年には文部科学省より「幼保小の架け橋プログラム」が示されています（本書p.97参照）。これはこれまで進められてきた保幼小の連携の取り組みを見直し、接続の質の改善を目指すものです。

(2) 幼保一元化

幼保一元化の構想は、戦前の城戸幡太郎だけでなく倉橋も考えていたことで、教育刷新会議にも提案されました。幼稚園と保育所の保育内容は、「幼稚園教育要領」とそれに準じた「保育所保育指針」によって教育の整合性が図られてきました。しかし、幼稚園が文部科学省、保育所が厚生労働省（現在はこども家庭庁）という管轄の違いがあり、それ以上に、もともとの成り立ちも歴史も異なる幼保を一元化することはとても困難なことだったのです。しかし、核家族化や女性の社会進出が進む中で、保育所のニーズが高まり、待機児童の問題が年々大きくなる一方で、少子化の影響を受けて幼稚園への入園児数は減少傾向にあります。このような状況に対応し、就学前のすべての子どもに必要な養護と教育を行うための新たな選択肢として、内閣府が主導して「認定こども園」が創設されたのです。認定こども園の保育

check　**「幼保連携型認定こども園教育・保育要領」**

国が保育内容の基準を定めた告示として、保育所には「保育所保育指針」が、幼稚園には「幼稚園教育要領」があるように、管轄の内閣府から幼保連携型認定こども園の保育内容の基準を示す告示が「幼保連携型認定こども園教育・保育要領」です。

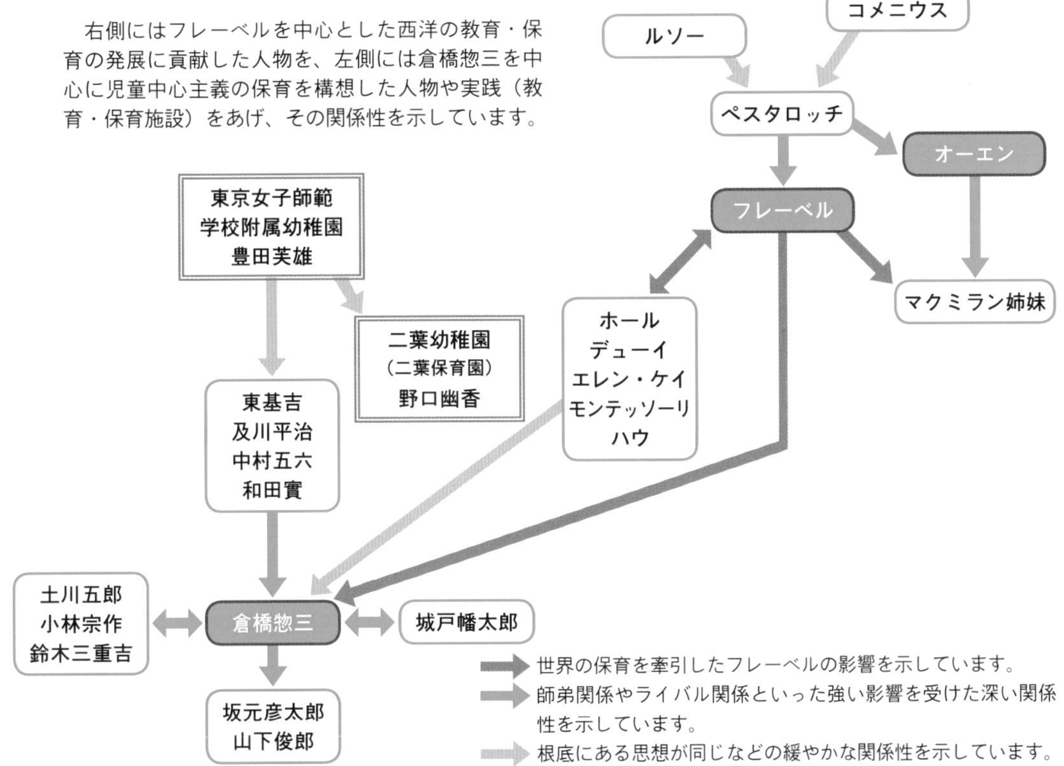

図表 2-3　保育の歴史に関する人物相関マップ

（佐伯一弥企画・金瑛珠編『改訂２版 Work で学ぶ保育原理』わかば社、2023、p.92 ～ 93 を一部引用、著者了解のもと筆者により改変）

については、2014（平成 26）年に「幼保連携型認定こども園教育・保育要領」が定められました。それから現在に至るまで、認定こども園は少しずつ、そして確実に広がり、保育所・幼稚園と同様に、日本の保育を担う存在となっています。

2017（平成 29）年の「保育所保育指針」「幼稚園教育要領」「幼保連携型認定こども園教育・保育要領」の改定・改訂によって、保育所・幼稚園・認定こども園の教育の内容は同一のものとなりました。幼保一元化という日本の保育における長年の課題は、こども園の創設を経ていまだ移行期・過渡期にありますが、少なくとも小学校就学前の教育において、その内容と方向性は統一化され一定の保育の質が保障されたのです。

このような新しい日本の保育は少しずつ形づくられていますが、保育現場における実践は、令和期に入ってもなお試行錯誤の取り組みが続けられています。今、そしてこれからの時代・社会を生きていく子どもの保育・教育をどのように行っていくのか、今後もさまざまな思想と実践を重ねながら追及していかなくてはならないのです。

なお、この章で取り上げた人物は、図表 2-3 のような関係図で表すことができます。つまり、すべてつながっており、多くの先人たちが築いてきた保育の歴史をしっかり受け継いだ上で、未来の保育を構築していくことが、その時代・社会に生きる子どものための「よりよい保育」となっていくのです。

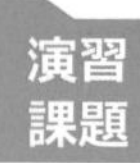

1 p.51 の図表 2-3「保育の歴史に関する人物相関マップ」の中の人物で、本章で取り上げなかった人物について調べてまとめてみましょう。

2 西洋・日本の保育の歴史の中で受け継がれてきた「児童中心主義保育」とは、どのような保育ですか。自分なりの言葉でまとめてみましょう。

3 興味のある海外の保育を一つ取り上げ、その実践内容について調べてまとめてみましょう。

4 これまでの保育の歴史を踏まえた上で、自分はどのような保育を目指したいと考えていますか。現在の自分の「保育観」をまとめてみましょう。

この章での学びの確認

「小さな大人」と見られていた子どもは、コメニウスやオーエン、ルソーたちによって「子ども」としての存在意義とその独自性を見出され、そこに養護・保護と教育の必要性が認められるようになりました。特に、世界で最初の「幼稚園」を設立したドイツのフレーベルの思想と実践は世界中の保育に影響を与え、彼の考案した「恩物」を中心に普及していきました。しかしその過程において、彼の意図したことが十分伝わらず、恩物の操作重視というような形骸化した状況が広がっていきます。しかし、マクミラン姉妹やデューイ、モンテッソーリは、本来のフレーベル思想に立ち返った上で独自の保育を確立していきました。こうした思想と実践を積み重ね、現在、海外ではさまざまな特徴的な保育が行われています。

一方、日本では、明治期に最初の東京女子師範学校附属幼稚園でフレーベル主義の保育が実践され、1899（明治32）年には「幼稚園保育及設備規程」が出されました。一方で、貧困層の子どもの保育が求められるようになり、それらは保育所・託児所で行われました。大正期に入ると、倉橋惣三が子どもの生活と遊びを重視した児童中心主義保育を展開していきました。1926（大正15）年に「幼稚園令」が出されましたが、昭和期に入り、戦争が激しくなると託児所が求められ、幼稚園教育は困難な状況となります。戦後も幼稚園と保育所は別に存在し、「幼稚園教育要領」「保育所保育指針」に保育の基準が示され、社会の変化に応じて改訂されました。そして、平成期に入り、就学前のすべての子どもの教育・保育を行うための新たな選択肢として「認定こども園」が誕生したのです。

このように長い保育の歴史を踏まえた上で、今の時代、今の社会に生きる子どものための保育を考え実践していくことが求められています。

参考文献　reference

『幼稚園真諦』倉橋惣三文庫1　倉橋惣三、津守真・森上史朗編、フレーベル館、2008

日本のフレーベルといわれた倉橋惣三の幼稚園における教育の目的、子どもの生活を中心においた保育のあり方などについて、とても読みやすく書かれています。倉橋の提唱した児童中心主義保育とはどのようなものか理解でき、また、それが現在の保育につながっていることも感じることができます。

『光　ほのかなれども ― 二葉保育園と徳永恕』　上笙一郎・山崎朋子、社会思想社、1995

『日本の幼稚園』　上笙一郎・山崎朋子、筑摩書房、1994

同じ著者による、日本の幼稚園・保育所の歴史に関する書籍です。実際の幼稚園・保育所を取り上げ、そこで行われた保育の実践内容についても書かれています。当時の具体的な保育についての写真や資料、実際に導入された保育教材にも触れられており、当時の保育実践をリアルに感じることができます。

『幼児教育史研究の新地平 上巻 近世・近代の子育てと幼児教育』

『幼児教育史研究の新地平 下巻 幼児教育の現代史』幼児教育史学会監修、萌文書林、2021・2022

「過去から現在」と「日本と世界」という２つの視点からとらえた、現在の幼児教育史に関する最新の研究成果がまとめられています。少しむずかしいかもしれませんが、歴史的な視点と海外の幼児教育とのかかわりの視点から、今の日本の保育を考えるにあたっての俯瞰的な見方・考え方を示唆してくれる、読み応えのある論考集です。

保育の基本

この章で学ぶこと

保育所や幼稚園、認定こども園等で行われる「保育」と、家庭で行われる「育児」や「子育て」は何が異なるのでしょうか。それは、保育所や幼稚園、認定こども園等で行われる「保育」は原則、「国や地方公共団体という行政が認可した施設」で、「法律に則って行う」こと、そして「専門職（保育士・幼稚園教諭等）として資格をもった人が行う」という点で大きく異なっています。

それでは、保育所や幼稚園、認定こども園等はどのような法律が基盤にあり、保育者はどのような知識や技術が必要なのでしょうか。本章ではこれらの基本的な事項について確認していきます。

§1 保育の基盤と養護の意味

1．保育の基盤にあるもの

人間が子どもに特別な感情をもつことは本能的なものです。自分の子どもには特にそのような感情が起こりやすいでしょう。たとえば赤ちゃんをかわいいと感じるのは、大人にはない顔つきや体型（ベビーシェマ：鼻と口が小さく頬が膨らんでいる、体がふっくらして手足が短くずんぐりしているなど）をもっているからです[1)]。そのような中、特に母親においては、特別な指導を受けなくても親としての「応答性」や「相互性」などを発揮し、子どもとの愛着関係を構築しながら子育てを行うことが知られています（マザリング）[2)]。なお、近代以前においては、7歳までの子どもは「神からの預かりもの」とされ、存在そのものが非常に不安定である（病気などで死亡する確率が高い）ことから、さまざまな通過儀礼とともに、大切に育てられました[3)]。しかし、一方では貧困や家系を継ぐという問題から、子どもの堕胎、捨子、貰子などがあったことも伝えられています[4)]。

このような時代を経て近代以降になると、子どもの人権が尊ばれ、子ども自身が「一人の人間」として認められるようになりました。この根本には1947（昭和22）年から施行されている「日本国憲法」の理念があります。「日本国憲法」には、すべての人間が「法の下に平等」（第14条）であり、「健康で文化的な最低限度の生活を営む権利」（第25条）があることが保障されました。その後、この考えを子どもにも当てはめて具現化した法律ができました。1947（昭和22）年に公布された「児童福祉法」です。しかし、当時は第二次世界大戦の影響が色濃く残り、多くの戦災孤児を抱えるなどの混乱期の中であり、子どもに対する福祉もままならない状況にありました。そのような状況の中で、子どもに対する福祉の重要性を喚起し、国民の再認識を促したものが、1951（昭和26）年に制定された「**児童憲章**」でした。「児童憲章」は終戦間もない混乱期の社会の中で、“子どもの最善の利益"の保障を具現化しようとしたものでした。

なお、このような“子どもの最善の利益"を国際的に認めたものが、本書第1章で説明した「子どもの権利条約」（本書p.15参照）となります。そして2022（令和4）年6月には「こども基本法」が制定され、2023（令和5）年に施行されました（本書p.16参照）。「こども基本法」は、日本国憲法および子どもの権利条約の精神に則り、子どもを権利の主体として位置づけ、その権利を国が保障する総合的で包括的な法律です。目的は、すべての子どもが、将来にわたって幸福な生活を送ることができる社会の実現です。このため、こども施策の基本理念を定めたことはもちろん、こども大綱の策定やこども等の意見反映の保障などを含めた法律になっています。

2．保育の意味と「養護」・「教育」

「保育」と聞くと、保育所で行われるものととらえられることがあります。それは、「保育所」という名称が関係しているのかもしれません。しかし、家庭で行われる育児を「家庭保育」と表す場合もあります。また、幼稚園は「学校教育法」第22条において、「幼稚園は、（中略）幼児を保育し、幼児の健やかな成長のために（後略）」とあります（傍点筆者）。「学校教育法」でも「保育」という用語が用いられた理由は、"「保育」とは「保護」と「教育」の略で、外からの保護と内からの発達を助けることを一体と考えることが幼児期の特徴であるから[5]"とされています。このように現在用いられている「保育」という用語は、「保護」や「教育」そして「養護」をも含んだ多様な概念となっています。そのため「保育の場」も、家庭で行われる「育児」から児童館などで行われる「子育て支援活動」などを含んだ多様な場を指

check　「保育」という用語

1947（昭和22）年に「学校教育法」の旧法の草案を作成した坂元彦太郎は、保育とは"保護・教育"の略であると述べています（坂元彦太郎編『保育の探求』フレーベル館、1981）。

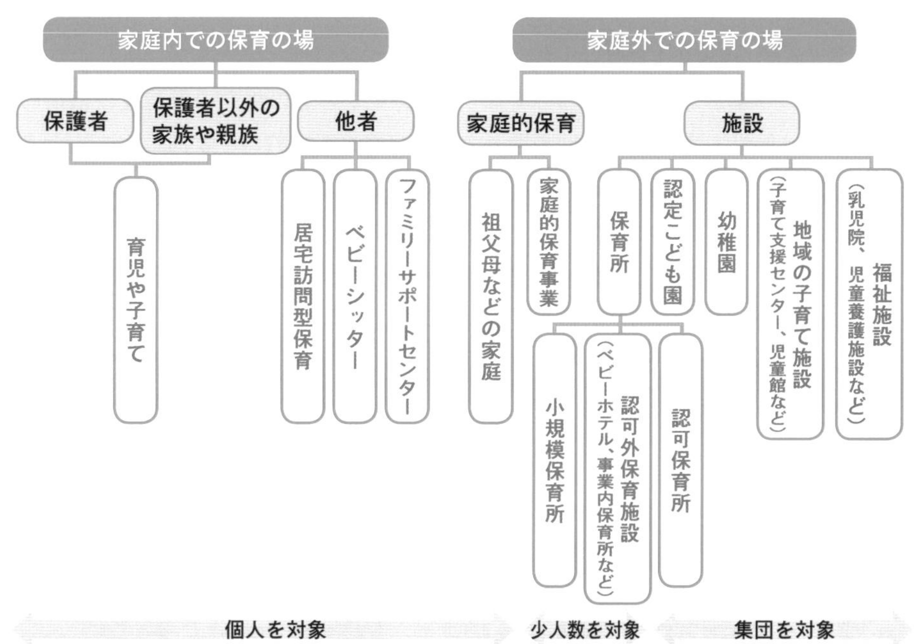

図表 3-1　さまざまな保育の場（著者作成、参考：三宅茂夫『新・保育原理』みらい、2012、p.41）

check　ファミリーサポートセンター

地域において育児や介護の援助を受けたい人と行いたい人が会員となり、育児や介護について助け合う会員組織です。設立運営は市区町村です。たとえば、仕事が残業になった、休日出勤になった、急な葬儀があるなどのときに、保護者の代わりに、登録している会員が保育所に迎えに行く、家庭で代替の保育を行うなどの支援を行います。

check　家庭的保育事業

両親の就労等のため保育を必要とし、かつ保育所に入所できない主として3歳未満の乳幼児を対象とした小規模の保育のことをいいます。この乳幼児を保育士などの資格をもつ人が5人未満の乳幼児を居宅等で保育する方法を取る自治体があります。この家庭的保育事業、または保育者は通称して「保育ママ」とも呼ばれています。

小規模保育所

2015（平成27）年4月からはじまった子ども・子育て支援新制度の中で、市町村の認可事業（地域型保育事業）の一つとして新たにつくられた事業が「小規模保育事業」です。これまで国の認可がされなかった小規模の園が認可されるようになりました。主とした目的は「待機児童」の解消であり、小スペースでの開園が可能となったため、新たな園も開園しやすくなりました。0～2歳児を対象とした、定員6～19人（A型・B型）、定員6～10人（C型）の3つの型がある小型保育施設であり、規模の特性を生かしたきめ細かな保育を特色としています。しかし、一方では乳児一人あたりの実際の面積が狭いことが多い、ただ「預かる」だけの保育になっている（質の低下）、3歳になったときの転園の問題なども課題としてあげられています。

	考え方	子どもとのかかわり	備考
養護	子どもが安定した生活を送るために必要な基礎的事項（生命の保持及び情緒の安定に関わる事項）を得させること	子どもが安定した生活と充実した活動ができるようにするために、子どもの状況に応じて保育士が適切に行う	・保育士からの働きかけが中心。 ・生活が主体。
教育	生涯にわたる人間形成の基礎づくりへ向けて、生きる力やライフスキルを指向しながら、健全な心身の発達を助長すること	子どもが身につけることが望まれる心情、意欲、態度について、5領域（健康、人間関係、環境、言葉、表現）のねらいを達成するために、子どもの自発的、主体的な活動を保育士が援助	・子どもの自発性、自主性による行動が中心。 ・学習することが基盤。

図表3-2　保育所における「養護」と「教育」の関係

（厚生労働省、児童部会審議会資料「「養護」と「教育」の一体的提供について」2007、筆者が加筆、下線は原文による）

しています（前頁、図表3-1参照）。

なお、保育の一環として行われる「養護」とは、「子どもの生命の保持及び情緒の安定を図るために保育士等が行う援助や関わり」（「保育所保育指針」「第1章 総則」）とされています。保育士は保育所が乳幼児にとって安心して過ごせる生活の場になるように適切な援助やかかわりを行わなければなりません。そのためには信頼関係を構築することが必要です。子どもたちはこの信頼関係を基盤に身近な環境に興味・関心を示す中で、乳幼児期に必要な「心情・意欲・態度」を形成していきます。このように、「養護」という言葉は、「生活の場」としての意味合いが強いことから、主に「保育所（などの施設）」で用いられています。なお、保育所では「養護」と「教育」を図表3-2のように区別しています。

§2 保育所・幼稚園・認定こども園

1．保育所とは

保育所は「児童福祉法」に定められた児童福祉施設の一つであり、「児童福祉法」の施行について定めた「児童福祉法施行令」、「児童福祉法施行規則」および「児童福祉施設の設備及び運営に関する基準」によって規定されています。管轄はこども家庭庁です。

保育所の目的は、「児童福祉法」第39条に規定されています。

「児童福祉法」第39条

保育所は、保育を必要とする乳児・幼児を日々保護者の下から通わせて保育を行うことを目的とする施設（利用定員が20人以上であるものに限り、幼保連携型認定こども園を除く。）とする。

2　保育所は、前項の規定にかかわらず、特に必要があるときは、保育を必要とするその他の児童を日々保護者の下から通わせて保育することができる。

保育所は児童福祉施設ですので、誰でも入所できるわけではありません。保護者が何らかの事情で「保育ができない」状態となったために、子どもが「保育を必要としている」状態であると市町村が認定したときに入所することができます。それでは、どのような子どもが「保育を必要としている」と認定されるのでしょうか。それは、子どもを養護している保護者が、以下のような状態になっている場合を指します（「子ども・子育て支援法施行規則」第1条の5）。

check　**「保育を必要としている」状態の認定**

この「保育を必要としている」状態の認定の基準は、「児童福祉法施行令第27条」に記されていましたが、2015（平成27）年に施行された「子ども・子育て関連3法」（①子ども・子育て支援法・②就学前の子どもに関する教育、保育等の総合的な提供の推進に関する法律の一部を改正する法律・③子ども・子育て支援法及び就学前の子どもに関する教育、保育等の総合的な提供の推進に関する法律の一部を改正する法律の施行に伴う関係法律の整備等に関する法律）の実施に伴い、改正されました。

① 就労（フルタイムのほか、パートタイム、夜間、居宅内の労働など）
② 妊娠、出産
③ 保護者の疾病、障害
④ 同居又は長期入院等をしている親族の介護・看護
⑤ 災害復旧
⑥ 求職活動（起業準備を含む）
⑦ 就学（職業訓練校等における職業訓練を含む）
⑧ 虐待やDVのおそれがあること
⑨ 育児休業取得中に、既に保育を利用している子どもがいて継続利用が必要であること
⑩ その他、上記に類する状態として市町村が認める場合　（下線筆者）

2015（平成27）年の改正で、下線で示した部分が新たに追加されました。これまでは「実際に仕事や介護などで育児ができない状態である」ことが保育所に子どもを預けることができる要件でした。今回の改正では、仕事を探している、（仕事に就くために）大学や専門学校などで学んでいる、などの状態も認定されるようになりました。また、虐待が疑われる場合も含めているなど、よりいっそう手厚い保育と保護者を含めた支援が目指されるようになりました。

なお、保育所や認定こども園への入所および幼稚園への入園を希望する子どもは、認定の手続きを踏むことになりました。子どもは、図表 3-3 の流れに沿って、１号認定、２号認定、そして３号認定という３つに分けて区分されます。区分の詳細は図表 3-4 のとおりです。

厚生労働省が 2022（令和４）年８月に発表したとりまとめによると[6]、2022 年４月現在の保育所等の数は 39,244 施設、保育所等利用定員は 3,044,399 人（前年比 2.7 万人の増加)、保育所等を利用する児童の数は 2,729,899 万人（前年比 1.2 万人の減少）で定員充足率は 89.7% となっています（令和３年度は 90.9%、令和２年度は 92.2% で減少)。待機児童数は 2,944 人で前年比 2,690 人の減少、となっています。待機児童の減少は、国が 2021 ～ 2024（令和３～６）年度までの４か年計画で行っている「新子育て安心プラン」による保育の受け皿増加や地方自治体への支援（保育士確保、待機児童減少）の影響が大きいと思われます。しかし、保育の利用率は年々増加しています（次頁、図表 3-5)。特に保護者が育児休業後の１～２歳児は大幅に利用希望者が増えることから、引き続き、受け皿を確保していく必要があります。

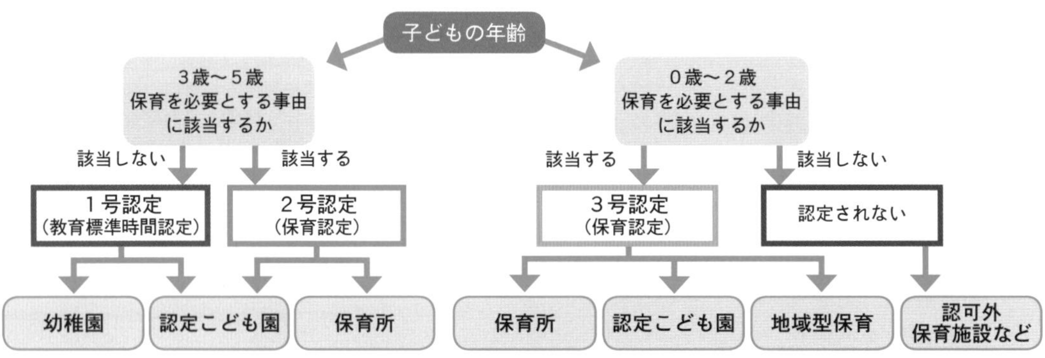

図表 3-3　子どもの施設利用認定のフローチャート

※保育所等は、幼保連携型認定こども園、保育所型認定こども園および保育所である。

認定	区分	給付の内容	利用定員を設定し、給付を受けることとなる施設・事業
1号認定子ども	満３歳以上の小学校就学前の子どもであって、２号認定子ども以外のもの（「子ども・子育て支援法」第 19 条第１項第１号）	教育標準時間 ※教育標準時間外の利用については、一時預かり事業（幼稚園型）等の対象となる	幼稚園 認定こども園
2号認定子ども	満３歳以上の小学校就学前の子どもであって、保護者の労働又は疾病その他の内閣府令で定める事由により家庭において必要な保育を受けることが困難であるもの（「子ども・子育て支援法」第 19 条第１項第２号）	保育短時間 保育標準時間	保育所 認定こども園
3号認定子ども	満３歳未満の小学校就学前の子どもであって、保護者の労働又は疾病その他の内閣府令で定める事由により家庭において必要な保育を受けることが困難であるもの（「子ども・子育て支援法」第 19 条第１項第３号）	保育短時間 保育標準時間	保育所 認定こども園 小規模保育等

図表 3-4　施設型給付費等の支給を受ける子どもの認定区分の詳細

（内閣府「子ども・子育て支援新制度について」2015）

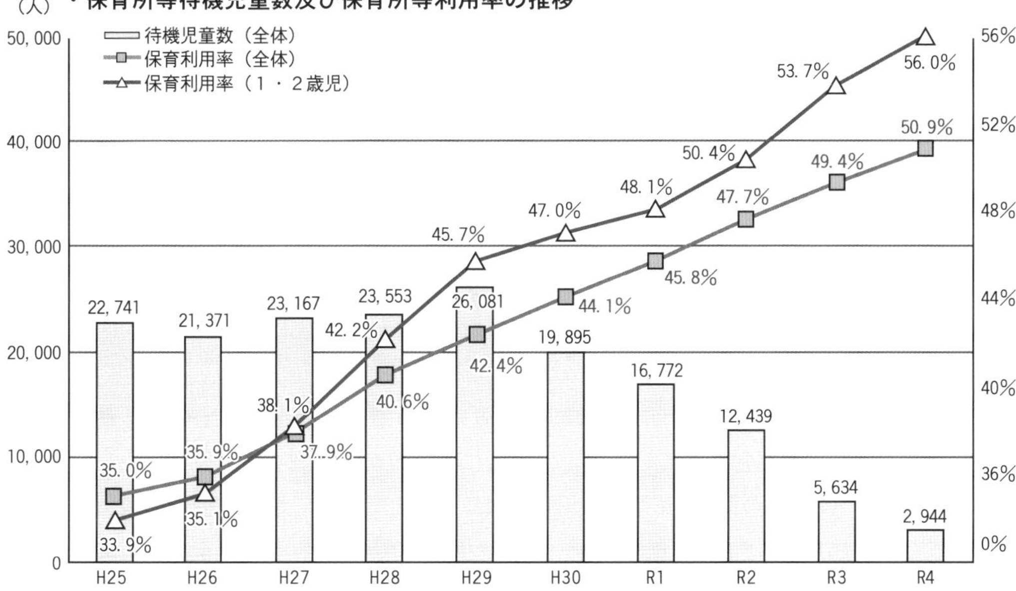

・年齢区分別の就学前児童数に占める保育所等利用児童数の割合（保育所等利用率）

	令和４年４月	令和３年４月
３歳未満児（０～２歳）	1,100,925 人（43.4%）	1,105,335 人（42.1%）
うち０歳児	144,835 人（17.5%）	146,361 人（17.5%）
うち１・２歳児	956,090 人（56.0%）	958,974 人（53.7%）
３歳以上児	1,628,974 人（57.5%）	1,636,736 人（56.0%）
全年齢児計	2,729,899 人（50.9%）	2,742,071 人（49.4%）

（保育所等利用率：当該年齢の保育所等利用児童数 ÷ 当該年齢の就学前児童数）

図表 3-5　保育所等の状況の推移

（厚生労働省「保育所等関連状況取りまとめ（令和４年４月１日）」2022）

なお、「子ども・子育て支援法」では、「子どもを保育する」ことと共に、「保護者（親）への支援」が重要な柱となっています。保育者（保育士）は、“子どもを理解し支援する”とともに“保護者（親）を理解し支援すること”に対する知識技術（専門性）をより深く身につけることが求められています。

2．幼稚園とは

幼稚園は「学校教育法」第１条に定められた「学校」です。管轄は文部科学省になります。幼稚園の目的は、「学校教育法」の第 22 条に明記されています。

「学校教育法」第 22 条

幼稚園は、義務教育及びその後の教育の基礎を培うものとして、幼児を保育し、幼児の健やかな成長のために適当な環境を与えて、その心身の発達を助長することを目的とする。

幼稚園は、「学校教育法」とともに、その施行の詳細を定めた「学校教育法施行令」

移行の有無	運営形態	運営費
新制度に移行なし	従来型の幼稚園	利用者負担（保育料）は設置者が設定 私学助成（経常費補助など）＋保育料（含む実費徴収分）＋自治体単独補助
新制度に移行あり	従来型の幼稚園	利用者負担は応能負担 ＊一定の要件の下で上乗せ徴収可 施設型給付費＋利用者負担額＋私学助成（特別補助）＋一時預かり保育（幼稚園型）＋実費徴収分＋自治体単独補助
	幼稚園型認定こども園	
	幼保連携型認定こども園	

図表 3-6　現在の幼稚園の運営形態一覧

（内閣府「令和元年度私立幼稚園の子ども・子育て支援新制度への移行状況等調査の結果」2019、チャイルドグループ「私立幼稚園における私学助成から新制度への移行状況について」2022）

「学校教育法施行規則」、そして幼稚園の設置に関しての詳細を定めている「幼稚園設置基準」に則って運営されています。保育所には行政からの認可を受けていない「認可外保育施設（無認可の保育所やベビーホテルなど）」や国ではなく地方自治体の設置基準に則った保育施設（東京都の認証保育所や横浜市の横浜保育室など）もありますが、幼稚園は国の認可を得られなければ運営をすることができません。なお、幼稚園の標準教育時間は4時間です。また、小学校や中学校のように長期の休み（夏休みや冬休みなど）もあります。このように一昔前の幼稚園はその目的として、「小学校に就学する前のプレスクール」の意味合いももっていました。しかし、現在の幼稚園には学校としての教育的な要素の他に保育所的な機能も求められるようになりました。なぜならば、待機児童の解消として、標準教育時間外での幼児の受け入れを求められたからです。このため、幼稚園は、標準教育時間外の時間は、「預かり保育」として子どもを受け入れるようになりました。なお、2019（令和元）年10月から実施されている3歳以上児に対する「幼児教育・保育の無償化」は、幼稚園にも大きな過渡期となりました。

現在の都市化や少子化は、幼稚園に通う子どもの保護者にも育児不安を生み出しています。また、働いていない状態であっても、ときには「育児」の時間から離れて自分自身をリフレッシュさせる時間が必要な場合もあるでしょう。幼稚園においてもこのような「預かり保育」や「子育て支援活動」などの需要は今後もますます求められていくと考えられます。

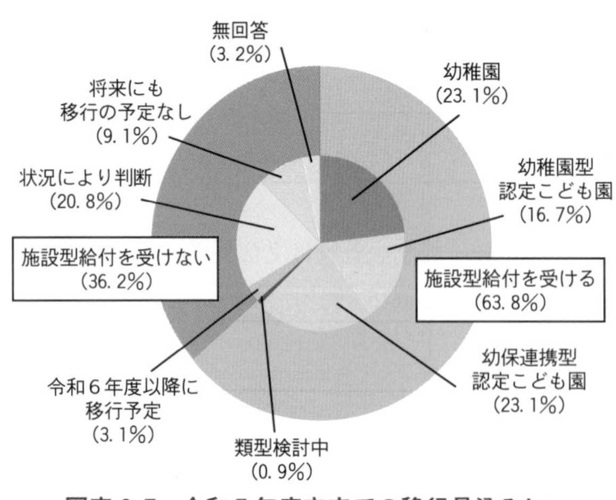

図表 3-7　令和５年度末までの移行見込みにおける割合（見込み）

（内閣府「令和４年度私立幼稚園の子ども・子育て支援新制度への移行状況等調査の結果」2022）

現在の幼稚園は、図表 3-6のように4つの型に分類できます。大別すると「新制度に移行をしていない」幼稚園と、「新制度に移行した」形で幼稚園やこども園を行っている園です。新制度とは「子ども・子育て支援新制度」を指しています。移行した園は、国や地方自治体で定められた「施設型給付金」を受け取ることができます。一方、移行していない園は、設置者が設定した保育料などを利用者から徴収することができます。新制度に移行しているかどうかの状況は前頁の図表3-7のようになっています。「職員の処遇改善を図ることができた」や「職員配置を増加させることができた」などのメリットもあるものの、「新制度への移行に伴う事務の変更や増大等に不安がある」や「建学の精神に基づいた独自の教育を継続できるか」などの理由により、移行をためらう園もあるようです[7)]。

3．認定こども園とは

認定こども園は、①就学前の子どもに対する教育および保育を一体的に提供する、②保護者に対する子育て支援を行う、という2点を主な目的としています。2006（平成18）年10月に「就学前の子どもに関する教育、保育などの総合的な提供の推進に関する法律」の公布とともに制度化されました。認定こども園は、こども家庭庁の管轄です。

認定こども園の策定は、「幼保一元化」をめぐる議論からはじまりました。前述したように、1947（昭和22）年から「保育所」は「児童福祉法」を、「幼稚園」は「学校教育法」を基幹法律として設置されています。しかし、設置当初は2つの施設は明確な区別はされていませんでした。それがだんだんと区別されるようになったのです。まず、1951（昭和26）年の「児童福祉法」の改正で保育所に入所する児童について、「保育に欠ける」という文言が入りました。その後、1963（昭和38）年には、「幼稚園と保育所の関係について」（文部省初等中等局長・厚生省児童局長連盟：通知）が出されました。この中で、保育所は「保育に欠ける児童の保育を行う」ことが明記され、幼保の二元化が促進されていくことになりました。しかし、このように「保育」が2つに分断されているという状態に対しては、危惧する声もありました。中央教育審議会や中央児童福祉審議会などではたびたび審議として取り上げられています。しかし、決着には至らず、先送りの問題とされました。その後、1980年後半になると、「合計特殊出生率の低下」（本書p.49、p.151参照）、「待機児童問題」などが社会問題として大きく取り上げられるようになりました。これらの問題を踏まえ、政府も本格的に子どもに対する問題を検討しなければならなくなったのです。その結果、「エンゼルプラン」などの政策が策定され、「多様なニーズにこたえる」ことが目標とされたのです。しかし、政府の予算を大幅に取ることはできません。結果、2001（平成13）年に示された「待機児童ゼロ作戦」では、保育所の入所定員の弾力化、公設民営方式の

エンゼルプラン

1989（平成元）年の「1.57ショック」（本書p.151参照）を契機に、出生率の低下と子どもの数が減少傾向にあることを「問題」として認識し、仕事と子育ての両立支援など、子どもを生み育てやすい環境づくりに向けての対策の検討をはじめました。その後1994（平成6）年12月には、今後の10年間に取り組むべき基本的方向と重点施策を定めた「今後の子育て支援のための施策の基本的方向について」（エンゼルプラン）が文部、厚生、労働、建設の4大臣合意で策定されました。また、エンゼルプランを実施するため、保育の量的拡大や低年齢児（0～2歳児）保育、延長保育等の多様な保育の充実、地域子育て支援センターの整備等を図るための「緊急保育対策等5か年事業」（大蔵、厚生、自治の3大臣合意）が策定され、1999（平成11）年度を目標年次として、整備が進められました。

	保育所	幼稚園	認定こども園
所管	こども家庭庁 ※実施主体は市町村	文部科学省 ・国立幼稚園―文部科学省 ・公立幼稚園―教育委員会 ・私立幼稚園―都道府県	こども家庭庁 ※実施主体は市町村
根拠法令	「児童福祉法」（に基づく児童福祉施設）	「学校教育法」（に基づく学校）	「就学前の子どもに関する教育、保育等の総合的な提供の推進に関する法律」（以下「認定こども園法」）
目的	・保育所は、保育を必要とする乳児・幼児を日々保護者の下から通わせて保育を行うことを目的とする施設（利用定員が 20 人以上であるものに限り、幼保連携型認定こども園を除く。）とする。（「児童福祉法」第 39 条） ・保育所は、前項の規定にかかわらず、特に必要があるときは、保育を必要とするその他の児童を日々保護者の下から通わせて保育することができる。（「児童福祉法」第 39 条 2）	幼稚園は、義務教育及びその後の教育の基礎を培うものとして、幼児を保育し、幼児の健やかな成長のために適当な環境を与えて、その心身の発達を助長することを目的とする。（「学校教育法」第 22 条）	幼稚園および保育所等における小学校就学前の子どもに対する教育および保育ならびに保護者に対する子育て支援を総合的に提供。
設置者・型	・地方公共団体、社会福祉法人等（宗教法人、学校法人、NPO 法人、そのほか法人企業）（「児童福祉法」第 35 条）。 ・設置に当たっては都道府県知事の許可が必要（「児童福祉法」第 35 条）。	・国、地方公共団体、学校法人等（「学校教育法」第２条、附則第６条）。 ・設置に当たっては、市町村立幼稚園の場合は都道府県教育委員会、私立幼稚園の場合は知事の許可が各々必要（「学校教育法」第４条）。 ※従来より 102 条（附則第６条）による例外規定に則り、個人立も認められていた。現在ではさらに多様化し企業、社会福祉法人等が設置することも認められるようになっている。	・幼稚園型および保育所型は幼稚園および保育所に準ずる。 ・幼保連携型は、国、地方公共団体、学校法人及び社会福祉法人のみが設置することができる（「認定こども園法」第 12 条）。 ・国公立幼保連携型は、国及び市町村。 ・私立幼保連携型は、学校法人又は社会福祉法人（原則）。 ・宗教法人等のその他の法人および個人が認められる場合は、以下のとおり。 ①認定こども園法一部改正法（※）附則第３条により、旧幼保連携型認定こども園がみなし設置認可を受けた場合 ②認定こども園法一部改正法附則第４条の特例により、幼稚園を廃止して新幼保連携型認定こども園を設置する場合 （型）１．幼保連携型（認可保育所と認可幼稚園が連携して運営する）、２．幼稚園型（認可幼稚園が長時間保育・子育て支援等の保育所の機能も備える）、３．保育所型（認可保育所が保育に欠ける子ども以外の子どもも受け入れる）、４．地方裁量型（上記以外）
設置・運営の基準	「児童福祉施設の設備及び運営に関する基準」（省令）「児童福祉法」第 45 条による。	「幼稚園設置基準」（省令）「学校教育法」第３条による。	「幼保連携型認定こども園の学級の編制、職員、設備及び運営に関する基準」（省令）「認定こども園法」第 13 条による。
対象	保育を必要とする乳児・幼児・児童 ※「児童福祉法」では、対象となる子どもは 18 歳未満である。しかし、保育所では０歳～５歳の乳児、幼児が対象となっている。なお、一部の施設では、放課後の小学生等を受け入れている保育所もある。	満３歳から小学校就学の始期に達するまでの幼児（「学校教育法」第26条）。 ※従来は小学校等の入学年齢と同様に４月１日に満３歳に達していることを条件とされていた。しかし、近年一部の幼稚園で満３歳の誕生日の前日から入園できるようになった（満３歳児クラス）。また、子育て支援として、２歳児の保育を実施している幼稚園もある（未満児クラス）。	保護者が働いているいないにかかわらず、すべての子どもを受け入れ、教育・保育を一体的に行う。また、すべての子育て家庭を対象に子育て不安に対応した相談等を提供する。

図表 3-8　保育所・幼稚園・認定こども園の比較一覧

（筆者作成、参考：森上史朗他『最新保育資料集 2015』ミネルヴァ書房、2015）

	保育所	幼稚園	認定こども園
入所（園）の申込	市町村は、この法律及び子ども・子育て支援法の定めるところにより、保護者の労働又は疾病その他の事由により、その監護すべき乳児、幼児その他の児童について保育を必要とする場合において、次項に定めるところによるほか、当該児童を保育所において保育しなければならない。（「児童福祉法」第24条）。 ※以前は自治体に申込み、自治体が子どもが入園する保育所を割り振っていた。現在では保護者が直接、入園を希望する保育所に申し込むことができるようになり、入所の基準も緩和傾向が見られる。	直接、入園を希望する幼稚園に申し込む。園長が入園を決定するが、希望者が定員を上回る場合等は抽選等の方法をとる場合もある。	原則として、設置者と保護者との直接契約。ただし、保育所型および幼保連携型の認定こども園においては、保育が必要な子どもの認定について、当該保育所から市町村に申込書が送付され、市町村から施設宛に保育が必要な子どもの通知を行う。
教育・保育内容の基準	保育所保育指針による。	幼稚園教育要領による。	保育所保育指針、幼稚園教育要領に準じる。 幼保連携型認定こども園教育･保育要領による。
1日の教育・保育時間	8時間（原則）。 ※時間外保育として早朝保育や延長保育を行っている園がほとんどである。また、夜間や休日の保育を実施する園もある。	4時間（標準）。 ※現在ではこの基準どおり運営されている幼稚園は少数であり、多くの私立幼稚園では預かり保育が実施されている。	4時間利用および8時間利用のパターンがあるが、状況に応じて契約の時間以外にも「預かり保育」を行う。
年間の教育・保育日数	規程なし。 ※設置の目的から長期の休みは設けず、日曜、祝祭日以外の休みは原則としてない。	39週以上。 ※おおむね夏休み・冬休み等の長期の休みがあるが、その期間中も預かり保育等として保育をする幼稚園もある。	入所児童に応じて施設で決定する。
教員等の資格	保育士資格証明書	幼稚園教諭1種免許状 幼稚園教諭2種免許状 幼稚園教諭専修免許状 ※上記3種をまとめて「普通免許状」という。	保育教諭（保育士資格および幼稚園教諭の普通免許状の両資格取得者に名称付与）。 ※なお、0歳から2歳児は保育士資格、3歳から5歳児は両資格併有が望ましいとされている。ただし、2024（令和6）年度末まで移行措置がとられており、それまではどちらか一方で可。
保育料等	保護者の課税状況に応じて市町村長が決定。保育料は市町村に納付。	各幼稚園の設置者（学校法人、自治体等）が決定。保育料は幼稚園に納付。 ※設置者によりその金額はさまざまで、私立幼稚園の在園児の保護者には就園奨励費等の補助金が支給される制度がほとんどの自治体に設けられている。	利用時間をふまえ、設置者が決定。
一学級当たりの幼児数および一教員（保育士）当たりの幼児数	一学級当たり乳幼児数／学級編制基準なし。 ※一保育士当たりの乳幼児数は「児童福祉施設の設備及び運営に関する基準」によると乳児3人、1歳以上3歳未満児6人、3歳以上4歳未満児20人、4歳以上児30人。	一学級当たり幼児数／設置基準35人以下（原則）。 ※実際には3歳児等は20人以下の場合が多い。複数担任を実施している幼稚園もある。	0歳から2歳児に対しては保育所と同様の配置が望ましい。3歳から5歳児はおおむね子ども20～35人に1人。
給食設備	給食設備が必要	給食設備が不要	給食設備が必要
認可外施設	最低基準を満たさない等の理由の他に休日・夜間保育等、保護者のさまざまなニーズに対応するために意図的に認可を受けていない施設もある。	幼稚園という名称は設置基準を満たし認可を受けた施設以外は使うことができない。	認定施設以外は「認定こども園」と表示することを禁じられている。
メリット	・保護者の就労等、長時間の保育を必要とする場合に、その子どもの生活のリズムに添った保育が受けられる。 ・0歳児から預けることができる。 ・夜間や休日の保育を実施するところもあり、土曜日も保育があるところが多く（多くは午前中）、原則として夏休み等の長期の休みもない。	・施設での教育と家庭での子育てをバランスよく行うことができる。	・保護者の就労の有無にかかわらず、同じ施設に子どもを預けることができる。 ・保育所型でも「学校教育法」に基づく教育が受けられ、幼稚園型でも長時間保育が受けられるため、施設の選択肢が増える。 ・子どもが通園していない家庭でも育児相談等の子育て支援が受けられる。

タイプ	機能の特徴
幼保連携型	幼稚園的機能と保育所的機能の両方の機能をあわせもつ単一の施設として、認定こども園としての機能を果たすタイプ。
幼稚園型	認可幼稚園が、保育が必要な子どものための保育時間を確保するなど、保育所的な機能を備えて認定こども園としての機能を果たすタイプ。
保育所型	認可保育所が、保育が必要な子ども以外の子どもも受け入れるなど、幼稚園的な機能を備えることで認定こども園としての機能を果たすタイプ。
地方裁量型	幼稚園・保育所いずれの認可もない地域の教育・保育施設が、認定こども園として必要な機能を果たすタイプ。

図表 3-9　認定こども園のタイプと機能の特徴

（文部科学省・厚生労働省 幼保連携推進室「認定こども園」ホームページより、2015）

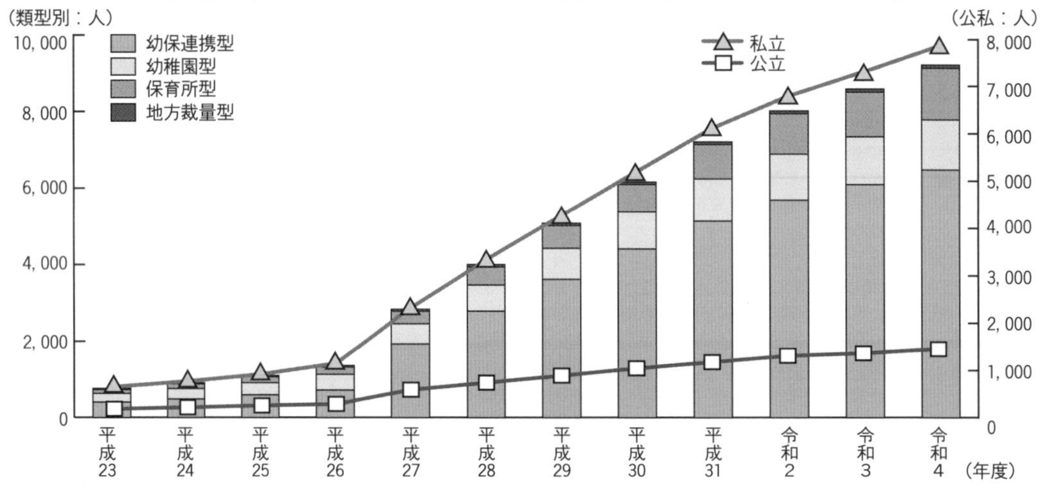

図表 3-10　認定こども園数の推移

（内閣府　子ども・子育て本部「認定こども園に関する状況について（令和４年４月１日現在）」2023 より筆者作成）

column　グリーフサポートと保育者

グリーフ（Grief）とは喪失に伴うさまざまな感情を指します。たとえば、悲嘆、呆然自失、怒り、自責感、絶望、苦悩、心痛、体の不調、精神的危機、経済不安などです。なお、グリーフは、一般には「死別」に伴う感情とされましたが、近年では離別、暴力被害（安心感の喪失）、紛争や自然災害による被災（住まいや地域とのつながり、経済的な生活手段の喪失）、失業や就職難（希望の喪失）、貧困（人間らしい生活を営む権利の喪失）、いじめ、年齢、性、民族、宗教、障がいなども含まれるようになりました。阪神淡路や東日本、そして熊本を代表する大震災、いじめやDV、ハラスメントが問題となっている昨今においては、非常に重要な問題なのです。このような感情を支援する体制（グリーフサポート）は、今後の保育者の専門性の一つとして重要な役割になると考えます。

子どもたちは「これから自分はどうやって生きていったらいいの？」「なぜこんなことが起こったの？」「将来のことが考えられない」などの気持ちをもちます。一部では不安のあまり、そのような気持ちすら封印しようとする子どもたちもいます。そのような気持ちに寄り添い支える力が必要なのです。適切な支援があれば、よりよい成長があることも知られるようになりました（PTG：心的外傷後成長）。適切な支援と対応について学んでいきましょう。

check　PTG（心的外傷後成長）

心に大きな傷を負っても、それを乗り越えて以前にもまして、前向きになるなどの人的成長を遂げることをPTG（Post Traumatic Growth）と呼びます。健康教育学・心理学者の近藤卓は、PTGを以下の４つの側面でとらえています。

①他者を信頼し、その関係がより緊密になる、②新たな可能性を信じるようになる、③人間としての強さを感じるようになる、④人生に対する感謝の気持ちが強くなる（近藤卓『子どもの自尊感情をどう育てるか』ほんの森出版、2013、p.27）。

導入などの規制緩和が打ち出されるとともに、幼稚園にも「預かり保育」を行うことが要求されました。つまり、新しく保育所をつくる財政支出を控え、幼稚園にも保育所の機能の一部を代替することが考え出されたのです。

認定子ども園には４つの類型があります（前頁、図表3-9）。保育内容は、幼稚園型であれば「幼稚園教育要領」、保育所型であれば「保育所保育指針」、そして幼保連携型であれば「幼保連携型認定こども園教育・保育要領」に沿って行われます。近年の認定こども園数の推移は前頁の図表3-10のようになっています。全体的には幼保連携型が多く、全体の７割を占めています。

なお、保育所、幼稚園および認定こども園の比較を一覧にしたものが本書p.64 ～ 65の図表3-8になります。

§3　保育者に求められる専門性

1．保育の基本にあるもの

現在、「保育所保育指針」、「幼稚園教育要領」および「幼保連携型認定こども園教育・保育要領」では、「子どもの主体的な活動を通して総合的に行う保育」が保育の基本とされています。しかし、子どもが“やりたいことを自由に行う”だけでは好ましい成長発達は促されません。乳幼児期の子どもは、この世に生を受けてまだ０～５年です。つまり、絶対的に経験知が少ないのです。その中で“やりたいこと”や“興味があるもの”は限られています。また、心身も発達途上のため、“できること”も年齢や月齢によって大きく異なります。よって保育者は、①一人一人の発達の状態を把握し、②子どもが興味・関心をもつような環境を設定すること、が必要となるのです。

2．現在の園で求められている生活や遊びとは

戦後、1956（昭和31）年に「幼稚園教育要領」が制定され、「第Ⅱ章　幼稚園教育の内容」で「幼児の発達の特性を考え、適切な経験を選択する必要性」が明示されまし

た。同時に「幼稚園設置基準」も制定され、幼稚園に多くの固定遊具が設置されるようになりました。当時の遊びがまだ「遊具」に依存していたことがうかがわれます。このような「遊具中心」の考えを大きく変化させたのが、1989（平成元）年の「幼稚園教育要領」の改定でした。当時の『幼稚園教育要領解説』では、「子どもの遊び」は以下のように示されました。

1．環境への興味や関心に基づく行動である
2．環境に主体的、意欲的に関わる活動である
3．自発的な活動である
4．葛藤、挫折感、充実感、達成感を味わう活動である
5．様々な体験を重ねて心身の調和のとれた発達の基礎となる　（筆者要約）

その後の2008（平成20）年の「幼稚園教育要領」の改訂で、『幼稚園教育要領解説』に、以下のように示されました。

1．遊びの本質は周囲の事物や人たちとのかかわりそのものを楽しむことである
2．遊びは遊ぶこと自体が目的である
3．成果を生み出すことが目的ではない
4．自発的な活動である
5．達成感、満足感、挫折感、葛藤等を味わう
6．幼児の心身の調和的発達の基礎である　（筆者要約および下線）

子どもは日々の生活の中でさまざまな対象（自然や素材など）に出会い、それらを実際に自分の身体で感じることにより五感を発達させていきます。このような直接的な体験が物事の理解を深めていくのです。自分の力で“できたこと”を通して達成感や満足感を、“できなかったこと”があることで悔しい思いや挫折感を感じていきます。そのような体験の積み重ねの中で、身体的、知的、精神的な発達が促されていきます。

幼児期の終わりまでに育ってほしい姿	遊びの視点から見る子どもの姿の一例
ア　健康な心と体	遊びによる身体的・知的な発達
イ　自立心	自分で好きな遊びを見つけ工夫して遊ぶ
ウ　協同性	子ども同士で共同して一緒に遊びを楽しむ。相手のまねをしたり､目的を共有する。
エ　道徳性・規範意識の芽生え	ルールを守る、安全に配慮する、友達と折り合いをつけながら楽しく遊ぶ。
オ　社会生活との関わり	家庭の遊びの発展や、小学生、高齢者などとのかかわりから生まれる遊び。
カ　思考力の芽生え	身近にある環境（自然、遊具など）に興味をもったり、最大限に活用しながらおもしろい遊びを見つけ出す。遊びの中から“なぜ？”という考えを引き出す。
キ　自然との関わり・生命尊重	小動物を飼う、野菜などを育てる中で、遊びのイメージやバリエーションを豊かにする。雑草や花などの自然物を活用して遊ぶ。
ク　数量や図形、標識や文字などへの関心・感覚	ごっこ遊びやイメージのある遊びの中で、文字や数字などを活用して遊ぶ。
ケ　言葉による伝え合い	何を遊びたいか、どのように遊びたいかなどを友達と意見交換する、絵本や図鑑なども活用する。
コ　豊かな感性と表現	自然物や遊具、楽器などを自由に活用し、自分なりのイメージを喜ぶ。

図表3-11　遊びの視点から見る幼児期の終わりまでに育ってほしい姿の一例

2017（平成 29）年の改訂では、遊びも第 1 章で解説した「幼児期の終わりまでに育ってほしい姿」（本書 p.10 ～ 11 参照）と照らし合わせて考えていく必要があることが打ち出されています。たとえば、前頁の図表 3-11 のような姿を育成することが考えられます。

子どもはこのような友達とのかかわりの中で自分の意見を表現していきます。その中では、達成感、充実感、満足感、そしてときには挫折感や葛藤などを味わっていきます。そして今回、特に遊びの中心として位置づけられたものが「主体性（自発的な活動）」と「対話」といえます。子どもが自ら意欲をもって活動し、多くの人とのかかわりの中でさまざまな体験を行うこと、そのような経験知が将来の学びにつながっていくのです。

3．子ども理解

(1) 子どもの発達や成長の状態を把握する

発達は、原則的には同じ過程をたどります。しかし、同じ年齢や月齢でも発達の状態には個人差があります。緩やかな発達過程をたどる子どももいれば、特徴をもった過程をたどる子どももいます。

保育者は一人一人の子どもがどのような発達の状態であるかを日ごろの観察や家庭での様子などから総合的に判断していく必要があります。なお、発達の詳細については、本書第 4 章（p.78 ～ 85）を参照してください。

発達と成長

一般に発達とは「個人の行動特性が変化する行為」を指します。たとえば、「這う」→「歩く」などの行為の変化です。一方、成長とは「他者を含む環境との相互作用を加えた継続的事象行為の変化」です。たとえば、上記のような「歩く」という行為には母親の“こっちにおいで”という言葉かけや“身振り”などの行為、“表情”などが非常に関係しています。成長とはこれら周囲との相互作用を含んだものととらえられています（足立（副島）里美「近代のわが国における「子どもの成長観」の変遷とその背景」「保育の実践と研究」第 19 巻 1 号、2014、p.49 ～ 63）。

(2) 子どもの興味・関心を生み出し、発展できるような援助を行う

同じ年齢や発達の状態であっても、子どもの興味・関心は一人一人異なります。では、子どもはどのようなときに物事に興味・関心を抱くのでしょうか。

図鑑などで興味があるものを発見したとき、友達が楽しそうに遊んでいるのを見たとき、年上の子どもが上手に何かをしているのを見たとき、など、「もの」や「友達」を通して“おもしろい”、“楽しそうだ”、“自分もできるようになりたい”などの感覚をもち、“見てみたい”、“やってみたい”、などの意欲をもつようになることが多いと考えられます。保育者はこのような子どもの意欲を生み出す工夫をすることが大切です。まずは、“この子は今このような発達の段階なので、多分このようなものや遊びに興味を示すのではないか？”と保育者が考え、環境を設定してみましょう。つまり、いろいろなものや素材、遊びを準備してみるのです。結果、子どもが興味をもつものがあるかもしれません。あるいは、まったく興味を示さないかもしれません。興味をもったものがあれば、その興味を展開するためには、今後どのような素材（遊具、教材や材料、自然物など）が必要なのかを判断し、新たな環境を考えていきます。準備した環境のどれにも

興味を示さないのであれば、“準備したもの”“準備した空間”、そして“準備した時間”などをもう一度考え、環境を再構成していくことが必要となるでしょう。このような作業はとても地道です。せっかく準備した環境も子どもたちに受け入れられないこともあるかもしれません。しかし、このような保育者の努力が、子どもたちの成長につながることに誇りをもち職務をこなしていきましょう。

保育者にはこのような“環境を構成する”という大切な役割があります。しかし、子ども一人ではものや遊びの楽しさを気づかない場合もあります。そのようなときは、保育者が率先して遊びを行ったり、言葉で伝えるなど、遊びの援助者としての役割を担うことも大切です。

(3) 保育計画や指導計画を作成する

このような保育実践を行うにあたり、自分が今どのようなねらいや目的をもって保育を行いたいのか、そして今後どのように展開していくことが考えられるか、などの見通しを明らかにするために、保育の計画や指導計画を立案します。なお、保育の計画については、本書第５章（p.117 ～ 123）で確認しましょう。

(4) 子どもの“意欲”を尊重し、“夢中になる”機会をつくる

子どもは遊びになぜ“夢中になる”ことができるのでしょうか。それは遊びは、“自由で決まりがなく”、“自由に表現できる”からです。たとえば「鬼ごっこ」のようにルールがある遊びであっても、“走ることが楽しい”という子どももいれば、“鬼につかまるのが楽しい”という子どももいます。また“鬼になって追いかけるのが好き”と感じる子どももいれば、“見つからないところを探すのが好き”と思う子どももいるでしょう。

このように子どもはその子なりの“楽しみ”や“感覚”をもって遊びます。保育者はその感覚を理解し、共感していくことが必要です。決して保育者（大人）の感覚（価値観）で遊びをとらえてはいけません。子どもが砂遊びをしているときにも、いろいろな遊びの発展が見られます。最初はスコップで砂を掘っているだけだったものが、山をつくり、トンネルをつくり、道をつくり、橋をつくり、そこに水を流し……と“こうしたい”という意欲がどんどん膨らんでいきます。これが“遊び込む”という経験です。子どもはこのような遊び込む経験の中で想像力などの“考える力”を育んでいきます。この“考える力”は、将来の“知的な能力”につながっていくと考えられています。

(5) 子どもの人間関係を育む

子どもが夢中になって遊ぶとき、“私もやりたい”とともに遊びに加わったり、“私もそんな風にできるようになりたい”とあこがれの気持ちをもつ場合があります。あるいは、ともに遊ぶ中で意見の食い違いが起こる場合もあります。

しかし、そのような葛藤が子どもの人間関係をさらに深いものにしていくことも少なくありません。保育者は状況に応じて、見守る、共感する、アドバイスを行うなどの適切な援助や支援を行うことが必要です。

4．生活の中での援助・支援

保育は毎日の継続した「生活」の中で営まれていきます。保育者は、健康や安全に配慮した環境を準備し、子どもたちの生理的、心理的な欲求に応えていくという援助や支援が求められます。つまり食事や午睡、排泄や清潔などに対する援助や支援です。このような援助や支援は子どもの生命に直結するものです。そして子どもの欲求に十分に応えていることができていれば、意欲を高め、満足感を与えるものとなります。たとえば十分な睡眠を子どもが取っていれば、生活や遊びに対しても“○○をしたい”という考えがクリアになり、意欲的に活動に取り組むことができます。また、保育者はこのように満ち足りた子どもの姿を見て、自分自身の満足感につなげていくことが多いと考えられます。たとえば「子どもが楽しそうに遊んでいる姿を見ていると自分（保育者自身）もうれしくなる」などという体験は、みなさんも感じたことがあるのではないでしょうか。

このような考えは「ケアリング」の考えと共通したものがあります。「ケアリング論」の先駆者であるメイヤロフは、著書の中で「私は、他者の発展が自分の幸福感と結びついていると感じつつ考える（中略）私は他者の成長が持つ方向に導かれて、肯定的に、そして他者の必要に応じて専心的に応答する」[8]と述べています。つまり、ケアをする対象者を肯定的にとらえてケアを行ったときにその人の成長が見られると、自分も幸福を感じる、としているのです。

保育者は、「遊びに対するかかわり」と同様に「日常生活のケア」においても、子どもの自主性を尊重する中で、子ども自身が表現した考えを尊重し、応答的にかかわっていくことが必要です。そのようなかかわりの中から信頼関係が構築され、子どもは安心して園生活を送ることができるのです。そして、子どもの成長とともに保育者自身も成長していくのです。

check　ケアリング

ケアリング（caring）は、世話、介護、注意、気づかい、関心、配慮、心配などと訳されるケア（care）の派生語であり、看護、福祉、教育などの対人援助職分野において重要視されている概念です。この先駆となった考えがメイヤロフの理論であるとされています。彼女は「ケアをすること」は〈相手の成長を援助する〉としています。そしてこの考えは看護や教育などの対人援助だけではなく、芸術的な概念や「自己」も対象としています。また、「人間はケアをする存在」として位置づけています。（西田絵美「メイヤロフのケアリング論の構造と本質」佛教大学大学院紀要、教育学研究科篇、第43号、2015、p.35 ～ 51）

5．子どもを丸ごと受け止め、存在を認める

子どもは人間としてまだまだ未熟な存在です。生活や遊びの中で失敗を繰り返し、新しい知識を発見する中で成長していきます。保育者はそのような子どもを丸ごと受け止め、共感し、認めていくことが必要です。そうすることで、子どもは「自分は必要な存在である」ことを認識していきます。このような感覚は、やがて「自分はこのままでいいんだ」という基本的自尊感情となっていきます。基本的自尊感情をもつ子どもは、自分が認められていることと同じように他者を認めていくことができるようになるのです。

近年、このような“自分が認められたという自覚によって高まる能力”や“物事を行

check　**自尊感情**

自尊感情は「自分を大切に思う」ことです。この感情は「基本的自尊感情」と「社会的自尊感情」に分類されます。自尊感情はこの「基本的自尊感情」と「社会的自尊感情」がどちらが多いかによって、①基本的自尊感情大・社会的自尊感情小、②基本的自尊感情小・社会的自尊感情大、③どちらも同じ量でちょうどよい配分、④どちらも少ないの4つのパターンに分類されます。一番理想的なパターンは③になります。「社会的自尊感情」は“褒める”“認める”などにより形成されます。一方「基本的自尊感情」は身近な人との日常の共有体験の中で培われるとされています。人間は、この「基本的自尊感情」を基盤として、「社会的自尊感情」が適切に配分された精神をもつことが必要とされています（近藤卓『自尊感情と共有体験の心理学』金子書房、2010）。

う際に工夫する能力”などの、目に見えない能力は「非認知能力」と呼ばれ、その重要性が叫ばれています。特に幼児期に自分が認められた経験やさまざまな葛藤を感じながらも我慢強く物事をやり遂げた経験がある子どもは、小学校になってからの学習能力も向上したという結果も報告されています[9)]。保育者は生活や遊びの中でこのような能力を育んでいくことも大切な役割です。

以上のことをまとめると、保育者は次頁の図表3-12のような役割をもつと考えられます。保育者の専門性とは、個々の**子どもを理解し→保育をつくり出し→子どもの最善で健全な成長を促す**ことなのです。

また、2015（平成27）年から施行されている「子ども・子育て支援法」により、保護者に対する支援の重要性が叫ばれています。これに関しては第7章を参照してください。

6．安全への配慮

子どもの主体性を考えるとき、“子どもがやりたい遊びを保障したい”という思いと“子どもの安全を守りたい”という思いが葛藤することがあります。子どもが遊具から落ちて大けがや死亡した、という事象があると、遊びを制限したほうがいいという考えも起こります。しかし、遊びとリスクについての研究者であるマリアナ・ブルッソーニ（Brussoni, M.）らは、「子どもの安全を守るために傷害予防は重要な役割を担っている。しかし、最近の研究では、子どもの屋外での危険な遊びを制限しすぎることは、子どもの発達の妨げになることが示唆されている」[10)]と述べています。確かに、“ちょっとドキドキする遊び（高さがある、速度がある、など）”のほうが子どもたちにも人気です。しかし、そのような遊びは一見危なそうです。する、しないの選択を、まだ判断力が未熟な子どもたちに任せてよいのでしょうか。

ここで考えてほしいことは、「子どもたちは自分の力をよくわかっている」ということです。子どもたちは自分ではまだできないことを自ら進んで行おうとはしません。よって、保育者は以下の点に注意をする必要があります。

①子どもたちに無理強いをさせない（子どもがやりたくない気持ちのときには、無理強いしたりあおったり、手伝ったりしない）

②常に園（保育者）全員で子どもたちを守る意識をもつ（保守点検や環境整備をみんなで行う）

子ども主体の活動ができている（子どもがやりたいことができる）園は、子どもたちが無理をしないため、大きな事故は起こりにくいとされています。しかし、遊具や自然環

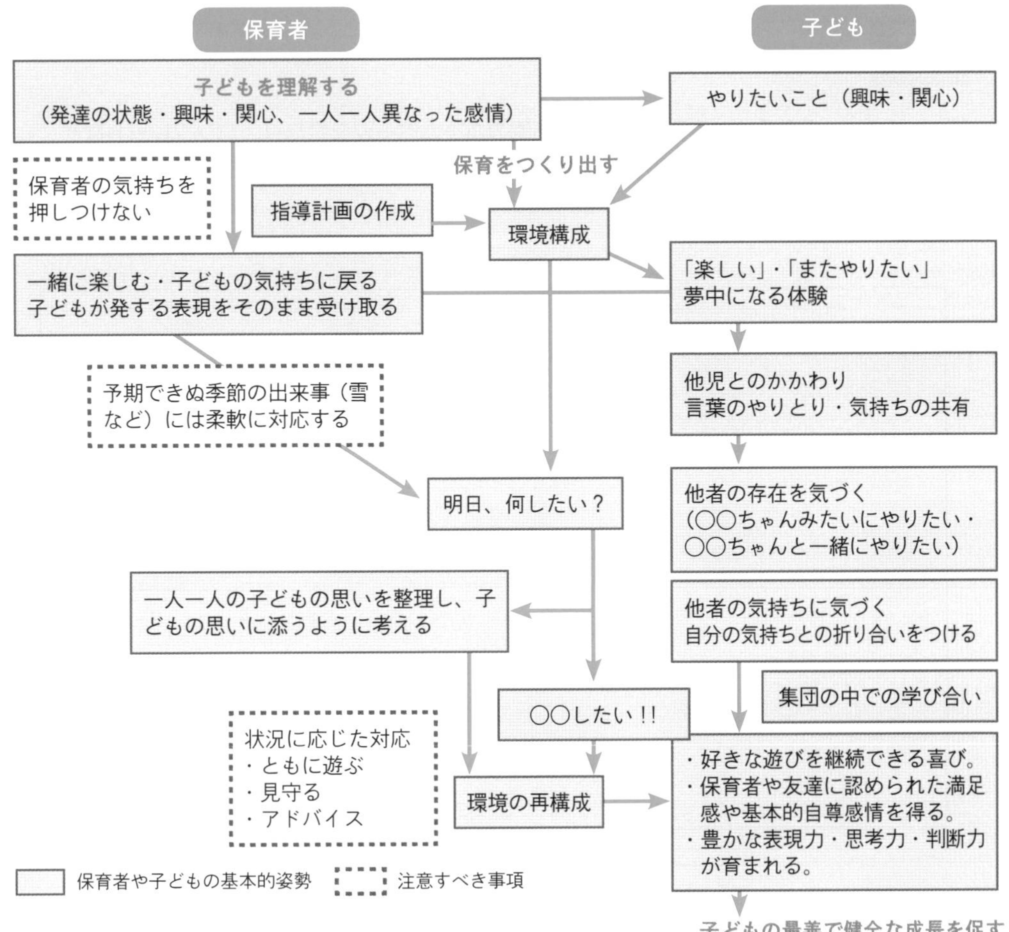

図表 3-12　保育の流れと専門性（筆者作成）

境が安全に欠けている状態だと事故につながってしまいます。子どもたちの遊びの保障にも保育者は大きな役割をもっているのです。

7．保育者としての専門性を向上させるために

保育者は常に日常の保育をよりよいものにしようと努力しています。しかし、ときとして計画どおりにいかないことも多くあるでしょう。そのようなとき、保育者は“どうしてうまくいかなかったのだろうか”と保育を振り返ることが必要です。また、ときには他の保育者の保育を見学したり、園内外での研究会や事例検討会などに参加することにより、自分の保育を改めて考える機会をつくることも必要でしょう。そのような中で、日ごろ自分では気づかない部分を再発見できることもあるのです。

日本の「幼児教育の父」と称されている津守真も、保育者としてのライフステージに焦点を当て“省察の必要性、省察における修練の必要性、長年を経た後での気づきの大切さ”などを述べています[11)]。保育者の専門性とは一朝一夕に得られるものではありません。長い歳月をかけて自分のものにしていくことを自覚しておく必要があるでしょう。

演習課題

1 保育所や幼稚園、認定こども園のホームページを見たり、パンフレットなどを集め、どのような特徴があるのか、どのような点が異なっているのか、などを整理してみましょう。

2 自分は乳幼児の子どもに対し、どのような事柄で「成長」や「発達」を感じるかを書き出してみましょう。

3 実習を体験した場合は、実習中に「理解できなかった子どもの事例」、実習を体験していない場合は、「保育所や幼稚園の時代に保育者に理解してもらえなかった事例」をまとめ、グループで意見を出し合ってみましょう。

4 「保育者の専門性」とは何かについてまとめてみましょう。

この章での学びの確認

子どもは「小さな大人」ではありません。まだまだ成長過程の未熟な存在として、その生命を保障され、安心して生活を送ることができる権利を有します。それらの権利は日本においては「児童憲章」によって明確化され、国際的には「子どもの権利条約」（日本は1994（平成6）年に批准）、日本においては「こども基本法」（2023（令和5）年施行）で保障されています。なお、養護され教育を受ける権利を実践する場として「保育所」や「幼稚園」そして「認定こども園」などの施設があります。これらの施設はそれぞれ基幹となる法律があり、管轄している省も異なっています。しかし、基盤となる考えは、「子どもの最善の利益を保障する」という考えで統一されています。

保育者はこの考えを実践するスペシャリストです。つまり、「生活や遊びを通しての総合的な指導」を行うために、知識技術を駆使し、①子ども理解、②環境の構成、③計画の立案、④人間関係の構築、⑤安全の保障、などの子どもに対する支援を行っていかなければなりません。

保育者の専門性は今日学んで、明日から実践できるほど簡単なものではありません。専門性を高めていくためには、高い向上心と振り返りの機会をもつことが必要です。毎日の経験の積み重ねと研鑽の中で専門性は培われていくことを念頭におき、学習の機会を保障された中で保育を行っていくことが大切です。

参考文献　reference

『幼児教育の経済学』　ジェームズ・J・ヘックマン、古草 秀子訳、東洋経済新報社、2015

幼児期に大切な事柄がわかりやすく解説してあります。特に「非認知能力」の重要性について述べられています。保育を志す人にぜひ参考にしてほしい内容です。

『男の子の乗りこえる力を育てるワンパク体験　就学前にさせたい10のこと』
カツヤマケイコ、メディアファクトリー、2013

羽根木プレーパークなどで行われている「本物の遊び」を題材に、“なぜ子どもには遊びが必要なのか”がわかる内容になっています。書名は「男の子」ですが、男女を問わず必要であろう内容です。

『「対話」から生まれる乳幼児の学びの物語　子ども主体の保育の実践と環境』
大豆生田啓友、Gakken、2016

園での遊びの発展の事例が年齢別、時期別に紹介されています。乳幼児の興味・関心の理解、保育室の環境構成のヒントになります。子ども主体の協同的な遊び環境づくりを目指す方にお勧めします。

第4章

保育の内容

この章で学ぶこと

本章でみなさんに学んでほしいことは3つあります。1つ目は子どもの発達です。一番成長が著しい乳児期、心身の発達や人とのかかわりが広がる幼児期の発達的特徴をしっかりとらえることです。そして実習時などに子どもの発達に即したかかわりができるようにしてほしいと思います。

2つ目は乳児の3つの視点や1～2歳児および3歳以上児の領域です。本章の§2では領域の変遷を踏まえ、保育所の場合、養護と教育から保育は成り立っていること、そして3つの視点や5つの領域は乳幼児の活動において単体では成り立つことはなく、さまざまな領域が絡み合っていることをしっかり理解しましょう。

そして最後の3つ目は保幼小の連携です。いつごろ、どのような背景でこのような取り組みがはじまったのか確認していきましょう。そして、どのようなことを問題視しているのか、また新たな取り組みが保育所や幼稚園、認定こども園、小学校で行われているのかを事例を通して学びを深めていきます。

§1 子どもの発達

1．子どもの発達とは

ここでいう「子ども」の対象は、新生児から小学校就学前を指します。乳幼児期の発達は一生で一番成長が著しく、大人の援助をもっとも必要とします。「保育所保育指針」等の改訂により「乳児」「1歳以上3歳未満児」「3歳以上児」に区分され保育にかかわるねらいと内容が示されました。これらには子どもの発達の様子が記されていますが、子どもの発達の姿だけをとらえるのではなく、一人一人の発達過程に沿って日常生活の援助をしていくことが大切です。

(1) 個々の子どもが通ると考えられる成長の道筋の理解を深める

発達には「子どもたちが通ると考えられる道筋」があります。たとえばハイハイができるようになって、高ばい、つかまり立ち、つたい歩きなどを経験して、歩行というような順序性のある道筋をたどります。しかし、新しく習得したことが、翌日には振り出しに戻ることもあります。また、子どもの成長はうまくいったりいかなかったりを何度も繰り返し、連続性をもつことによりさまざまなことを獲得していきます。

(2) 子どもの個人差を理解し、子どもの興味・関心を取り入れ保育をする

成長する道筋には「個人差（個別性）」があります。「保育所保育指針」では「発達過程」という言葉を用いており、これは子ども一人一人の育つ過程の全体を大切にするという考え方に基づくものです。『保育所保育指針解説』では、「子どもの育つ道筋やその特徴を踏まえ、発達の個人差に留意するとともに、一人一人の心身の状態や家庭生活の状況などを踏まえて、個別に丁寧に対応していくことが重要である」[1)] と示されており、発達の個人差や子ども一人一人への対応が大事であることが述べられています。

	2024年4月の時点では		2025年3月の時点では	
年齢別クラス	4月生まれの子ども	3月生まれの子ども	4月生まれの子ども	3月生まれの子ども
0歳児クラス	1歳	3か月※	1歳11か月	1歳
1歳児クラス	2歳	1歳1か月	2歳11か月	2歳
2歳児クラス	3歳	2歳1か月	3歳11か月	3歳
3歳児クラス	4歳	3歳1か月	4歳11か月	4歳
4歳児クラス	5歳	4歳1か月	5歳11か月	5歳
5歳児クラス	6歳	5歳1か月	6歳11か月	6歳

※0歳児の場合は生後57日以降の入所と考え、4月から保育所入所を前提とした場合、生後3か月は1月生まれの子どもを示している。

図表 4-1　クラスごとの月齢について

また、図表4-1は、各クラスに在籍する子どもの月齢を示したものです。同じクラスの子どもでも年齢や月齢が異なりますので、その時点での子どもの年齢や月齢を考えて保育にあたる必要があります。**保育者は子ども個人の発達過程を理解し、安心して生活できる保育環境を整え、子どもの興味・**

関心を把握した上で保育活動を行う能力が求められるのです。ここでは、0歳前半、0歳後半、1～6歳までの発達の道筋と保育の中で大切にしたいことを現行の「保育所保育指針」および2008（平成20）年の「保育所保育指針」「第2章　子どもの発達」の内容を参考に確認していくことにします。

2．0歳前半ころの子どもの姿と保育の内容

(1) 0歳前半ころの子どもの姿

特にこの時期は発達が著しく、首がすわり、手足の動きが活発になり、次第に寝返り、腹ばいなどの全身の動きも活発になっていきます。また、生後直後から**原始反射**がはじまり、生後6か月くらいにはだいたいの原始反射が消えます。この時期、子どもにガラガラをもたせると、少し握っては落とす姿から、少しずつ長い時間もてるようになり、口に入れるようになります。口に入れるのは、形や硬さなどを確かめているのであって、子どもにとっては大切な遊びなのです。

言葉の発達は生後2～3か月くらいになると**喃語**を発するようになり、保育者にも徐々に喃語で自分の欲求を伝えようとします。

また、感情に関係なくほほえむといった**生理的微笑**から、快の気持ちにより笑顔を見せるように変化していきます。そして「オムツが濡れている」「眠い」「お腹が空いた」などの不快な感情を泣いて表現します。興味のあるものを目で追い、この追視できる角度は徐々に広がっていくようになります。

check　原始反射

新生児期に現れる反射行動を原始反射、または新生児反射ともいいます。子どもの手のひらの中心を指で刺激すると反応してつかもうとします。これを把握反射といいます。その他にもモロー反射、吸てつ反射などがあげられますが、いずれも6か月ころまでになくなります。その一方で、一生続く反射を生理的反射といいます。くしゃみ、まばたき、あくびなどがあげられます。

check　喃語

生後0～2か月ころに「アー」「ウー」というクーイングと呼ばれる発声がはじまり、次第に「ブー、バブバブ」など母音や子音を伴う喃語がはじまります。子どもは、喃語で自分の欲求を伝えたり、また発声すること自体を楽しんだりします。

check　生理的微笑

新生児微笑ともいいます。これは新生児の気分や感情とは関係なく無意識にほほえむことをいいます。生後5～6か月になると生理的微笑は消え、知っている人には笑い、知らない人には笑わないといった姿が見られるようになります。

(2) 0歳前半ころの保育で大切にしたいこと

保育者にミルクを飲ませてもらう、オムツ替えや抱っこ、寝るときに肌が触れ合うことなどにより安心し、愛着関係が深まっていきます。**この時期は子どもの欲求に応えるといった応答的なかかわりが中心になります。**保育者はやさしい口調でゆっくりと、喃語の意味が理解できなくても、「こう思っているのかな？」と感じていることを言葉にしてみましょう。子どもは言葉で「イヤ」とはいえないので不快な感情を泣いて表現します。声の大きさやトーンに耳を傾け何がいやなのか心の声を聞くようにしましょう。

3か月ころには保育者があやすと笑い、足をばたつかせる反応も見られるようになってきます。情緒豊かに次の運動機能の習得につなげられるように、**子どもの欲求に保育者がしっかり応えることで、安心感をもって信頼関係を築いていくきっかけになります。**

まずは一対一の関係を大切にしていきます。子どもが玩具をなめることは遊びですので無理に取り上げようとせず、毎日玩具を拭いて衛生面に配慮しましょう。

3.　0歳後半ころの子どもの姿と保育の内容

(1) 0歳後半ころの子どもの姿

お座りができるようになり、ずりばいやハイハイで移動できるようになります。高ばい、つかまり立ち、伝い歩きができ次第に一人で立つようになります。そのため、この時期の子どもの視線は徐々に下から上に上がっていきます。また、手先が器用になり、親指と人差し指でものをつまめるようになると、離乳食や給食時も手づかみで意欲的に食べるようになります。玩具をつかもうとしたり、両手に積み木をもって音を鳴らすなどの遊びを楽しみます。

生後6か月を過ぎたころになると個人差はありますが、母体免疫がなくなり、感染症にかかりやすくなる時期でもあります。

言葉の発達では、自分の欲求をアーアーなど声や身振りで伝えようとしたり、アッアッといいながら指さしをするようになります。少しずつ相手のいうことがわかるようになり、保育者が「ちょうだい」というともっている玩具を渡してくれる姿が見られるようになります。「いないいないばぁ」をすると喜び、1歳近くになると一語文（本書 p.82 参照）がはじまる子どももいます。

心の発達では人見知りが出てくる子どももいます。保育者にあやしてもらうと声を出して喜ぶ半面、目の前から姿がなくなると不安になり後追いしたり、泣いたりをする姿も見られるようになります。このような様子を分離不安といいます。

母体免疫

乳児は、胎児期に母親のお腹の中で胎盤から免疫をもらっており、これを母体免疫といいます。母体免疫には、ウイルスや感染症を予防する力があり、一般的に生後半年ほどでなくなります。

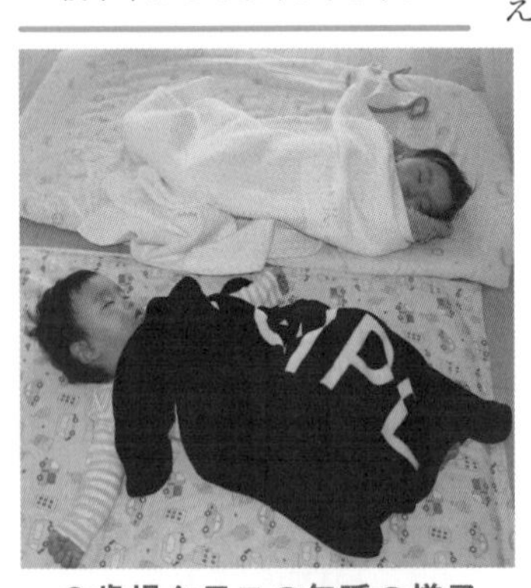

0歳児クラスの午睡の様子
（ひめゆり保育園）

(2) 0歳後半ころの保育で大切にしたいこと

喃語が盛んな時期です。学生が実習に行くと子どもにどのようにかかわっていいのかわからないという声を耳にします。「だーだー」といってきたら、言葉を返すことにより、子どもがさらに喃語を話すようになります。また、**コミュニケーション方法は「言葉」だけではありません。子どもの気持ちに寄り添いながら「何を伝えたいのかな」と表情やしぐさなどから内面をくみ取る**ようにします。保育者が「見てくれている」という安心から、少しずつ身のまわりの環境に興味を示すようになります。

この時期は行動範囲が広がるので、テーブルの角にクッションをつけたり、床に誤飲しそうなものが落ちていないか安全面だけではなく、衛生面においても配慮が必要です。また、室内に保育者の愛情がこもった手づくり玩具を用意しておくこともよいでしょう。

0歳児クラスは複数担任ですので、その子どもにとっての好きな保育者がいることはごく当たり前のことで、無理に振り向かせるものではありません。0歳児クラスでは、安心して生活できる環境で**ゆったり焦らず子どもとの関係を築いていくことが大切**なのです。

事例 4-1　「どうして私をいやがるのかな？」

保育者になって３年目のＣ保育者は、はじめて０歳児の担任を任されました。生後８か月を迎えたＳ太くんは、なぜかＣ保育者が抱っこをすると泣き出します。「Ｓ太くんの担任なのに、どうして私をいやがるのかな？　なんで泣くのかな？」と思い、Ｃ保育者はさらにＳ太くんとのかかわりをもとうとしていました。

そんなある日、その姿を見ていた先輩保育者から「少しＳ太くんと距離をおきながら、かかわってみてはどうかな」と助言をもらいました。それからＣ保育者は直接かかわることを控え、Ｓ太くんの後ろで他の子どもに絵本を読んだり、手遊びをしたり、外遊びでもＳ太くんが花壇にいるときに、他の子どもを抱っこして一緒に花を見るようにしていました。そうしてＳ太くんの様子をよく見ていると、Ｓ太くんはＢ保育者がお気に入りで、自分が無理にかかわろうとしすぎてしまっていたことに気づきました。それから１か月ほど経ったころには、Ｓ太くんは友達と一緒に絵本を読んだりする際、自然とＣ保育者の膝の上に乗るようになっていました。

4.　１歳ころの子どもの姿と保育の内容

(1) １歳ころの子どもの姿

歩行ができるようになり、子どもの行動範囲は広がります。また、手の指でつまむ、開けるなどができるようになり、１歳の後半ころになるとなぐり描きやぐるぐる円を描くことを楽しみます。おやつや給食時にはスプーンやフォークを使って食べる姿が見られるようになります。また、保育者のいうことが理解できるようになり、自ら手を使って表現しようとするので、手遊びをすると部分的にまねするようになります。

１歳になると人やものとのかかわりが増え、１歳後半ころには玩具を見立てて遊ぶ姿や友達に関心を示すようになります。この時期の特徴は**何でも自分でやりたがり、欲求を表に出すようになります。**その欲求が伝わらないイライラから噛みつきが見られることや「ちょうだい」「イヤ」などの欲求を言葉で伝えられるようになります。

１歳児クラスの絵本の読み聞かせ
（ひめゆり保育園）

(2) １歳ころの保育で大切にしたいこと

今まで応答的なかかわりをしてきた子どもが自発的に環境に働きかけようとします。自分でできることが増えてくると「自分でやってみたい」という欲求から「自分で」「イヤ」など意思表示をするようになります。**自我の芽生えと歩行がこの時期の特徴**といえるでしょう。保育者は子どもの欲求にイライラせず、「こんなことができるように

二語文

1歳児になると、たとえば「マンマ」など一語でいろいろな言葉を伝えてきます。これを一語文、または一語発話といいます。1歳半をすぎると「マンマ、タベル」など2つの言葉を使った表現をするようになり、これを二語文、または二語発話といいます。

なったんだ」という成長を喜び、ゆったりとした気持ちで見守りたいものです。この時期は全員ではありませんが、噛みつく子どもがいます。それは自分の気持ちを言葉で言い表すことができないはがゆさから行為に及ぶことが主な理由ですので、保育者同士が話し合い、対応策を考えておきましょう。

また、**運動面の発達が目覚ましい時期ですのでより安全面にも配慮が必要**です。この時期は**二語文**が出てきますので**保育者とのかかわりを通して言葉を引き出す**ようにしていきたいものです。

5.　2歳ころの子どもの姿と保育の内容

(1) 2歳ころの子どもの姿

歩く、走る、ジャンプするなど、**体を自由に動かすことができる**ようになります。手先の機能が発達し、紙をちぎったりまるめる遊びなどを集中して楽しめるようになります。また、**基本的な生活習慣の排泄、着脱を一人で行おうとする**ようになります。

2歳児クラスのプール遊び
（てんじん保育園）

言葉の発音も明瞭になり、**自分の気持ちを言葉で伝えられる**ようになり、他児と言葉のやりとりを楽しむようになります。まわりに関心を示し、好奇心から「なんで？」という言葉が増えるようになる一方で、自己主張が強くなるため、自分の思いどおりにいかないと泣いて怒る姿などが見られることもあります。

象徴機能の発達により、見立て遊びから大人と簡単なごっこ遊びをするようになります。

(2) 2歳ころの保育で大切にしたいこと

言葉で自分の欲求を伝え、他児とのかかわりも増えるこの時期には、子どもの発達に合った見立てられるものを保育者が事前に準備し遊びの幅が広がるようにしたいものです。

生活面においては、自立と甘えが混在しているので、「自分で！」というときもあれば、甘えて「先生、やって」といってくるときもあります。自分でできるのだから一人でするようにするのではなく、「今日は半分お手伝いするね」と**甘えを受け止めることで、子どもは自分の意見を尊重してもらえたという安心感を得る**ことができます。

事例4-2　**子どもの見立てる力は無限大**

近くの林に散歩に行ったとき、2歳9か月のK也くんが倒れている丸太を見つけて、「電車だよ」と近くにいる友達に声をかけました。K也くんは電車が大好きで「これは〇〇線なんだよ、運転するよ」といって、2人の友達が後ろに腰かけ出発進行です。

事例 4-2 のようにこの時期の子どもの瞬時に見立てる力には驚かされます。この時期にしか味わえないこと、感動できないことを大切に保育を行っていきたいものです。

6．３歳ころの子どもの姿と保育の内容

(1) ３歳ころの子どもの姿

運動機能が伸び、生活にかかわる食事、着脱、排泄など日常の出来事はほとんどは自分でできるようになります。また、左右の手が違う行動を取れるようになり、左手に紙をもち、右手でハサミを使えるようになります。

語彙(ごい)も増え、自分が経験したことを言葉で伝え、「明日、水族館にいくんだ」と未来のことを予測して話すようになります。また、保育者が「～する？」の問いかけに、「しない」などの否定語や「そして」「だから」「それから」などの接続詞を使うようになります。

自分でできることが増えるにつれ自立心が芽生え、少しずつチャレンジしてみようという気持ちが強くなってきます。他児とかかわりながらごっこ遊びをするようになり、**平行遊び**も多く見られます。友達とのかかわりを通して、思いやりの気持ちが養われ、ものの貸し借りや順番を守る姿が見られるようになります。

check　**平行遊び**

数名の子どもが同じ場所で同じ遊びをしているように見えますが、お互いのかかわりはないことが特徴です。たとえば、３人の子どもが一つの机に座り、粘土遊びをしている際、口々に「お団子屋さんごっこしよう」といいますが、役を決めることもなく、全員がお団子をつくりながら「いらっしゃいませ」と店員になっています。お客さんがいなくても気にならず、一緒に遊んでいるように見えても、個人の作業をしている状況が平行遊びです。

(2) ３歳ころの保育で大切にしたいこと

３歳児クラスの製作活動
（てんじん保育園）

この時期は、洋服の裏表、前後を間違えてしまうことがあるので、家庭と連携を取りながらリボンやボタンなど、目印になるものをつけてもらい、子どもが「自分でできた」という達成感を味わえるようにしたいものです。友達とのかかわりも増え、自我を通したり、相手の気持ちを受容するようになりますが、その中でけんかをすることもあります。けんかの際には、**保育者は両方の話に耳を傾け、子どもが安心感がもてるようなかかわりをもち、信頼関係を築いていきたい**ものです。

また、細かい作業を楽しむようになりますので、手指の発達を正確にとらえ、その時期や子どもにあった素材を用意しましょう。

7．４歳ころの子どもの姿と保育の内容

(1) ４歳ころの子どもの姿

運動量も増え、片足跳びやスキップもできるようになり、遊びながら言葉をかけると

運動遊び（4歳）
（てんじん保育園）

いった異なる2つの行動を同時に行えるようになります。

大人とは不自由なく会話を交わせるようになり、過去にあったことなども話せるようになります。このころは、心が人だけではなく生物やものにも存在すると思っているので、花びらを取っている友達に「かわいそうだよ、花びらが痛いといっているよ」などと擬人化して話したりします（これをアニミズムといいます）。友達とのかかわりが増え、自分が他児よりできる、できないと優劣がわかるようになります。また、**自分の気持ちを通そうとする思いと、ときには自分の思ったとおりにいかないといった葛藤を体験します**。友達とのけんかが増えることも特徴です。このような子ども同士のかかわりの中で簡単なルールのある遊びを楽しめるようになります。

(2) 4歳ころの保育で大切にしたいこと

この時期は**子ども同士のかかわりが深まる一方でけんかも多くなります**。原因は友達同士の悪口の言い合い、遊具の取り合いや独り占め、順番を守らないなどがあげられます。保育者は相手がどう思っているのか気づけるような言葉をかけ、**子ども自らが相手の気持ちを理解できるよう援助**していきたいものです。また、人への思いやりが育っていく時期でもあるので、異年齢児とのかかわりを通して、人への感謝などの気持ちを育んでいきます。**簡単なルールのある遊びを少しずつ取り入れ、体を動かす体験をつくっていきましょう**。言葉の発達においては、間違って名称を覚えている子どももいます。たとえば「とうもろこし」を「とうもころし」といったりします。そのようなときは「“とうもころし” じゃないよ、“とうもろこし”」といい直すのではなく、「とうもろこしを食べたの？」と**正しい言葉で会話のやりとりを行う**ようにしましょう。他児よりできる、できないと子どもが比べるようなころには、糸引き絵やマーブリング等、優劣が出にくい製作をするなど、保育者が工夫しましょう。

8.　5歳ころの子どもの姿と保育の内容

(1) 5歳ころの子どもの姿

基本的な生活習慣が身につき、運動機能もさらに増し、逆上がりやのぼり棒、跳び箱など、ほとんどの運動遊びができるようになります。鬼ごっこなどルールのある遊びを楽しみ、けんかが起きると子どもたち同士で解決するようになります。また、考えて行動したり、相手を許したり、自分とは異なる思いや考えを認められるようになります。ごっこ遊びも役割分担ができ、遊びの中で友達同士がルールを理解し守るようになります。

大人や子ども同士の会話で相手の話を聞いてから答えるといった交互のやりとりがスムーズに行えるようになります。文字に関心を示し、ひらがなが読めるようになると、今度は書くことに興味をもつようになります。

また、人の役に立つことを喜び、積極的にお手伝いや当番活動をするようになり、仲間の重要性を感じる時期でもあります。

(2) 5歳ころの保育で大切にしたいこと

運動機能が目覚ましく発達し、うんてい、のぼり棒、大縄などができるようになります。友達とルールのある集団遊びを行いながら、**体を十分に使った遊びができるような活動を取り入れる**ようにしましょう。園生活においては、当番活動をする中で自分がまわりから必要とされていることや、相手が喜んでくれているといった経験が、子どもの自信へとつながります。表現活動では頭の中にイメージしたものを作品にすることで、製作の幅が広がります。保育者は子どもにはじめから完成品を見せるのではなく、**自分で考え表現することが楽しめる**ようにしたいものです。

9．6歳ころの子どもの姿と保育の内容

(1) 6歳ころの子どもの姿

全身の運動は巧みになり、遊びにおいてはごっこ遊びの役、もの、空間を使い、ストーリーのあるごっこ遊びも行うようになります。また仲間同士で勝ち負けのあるゲームを楽しみ、どうしたら勝てるのか作戦会議をする姿が見られるようになります。

また、長い絵本の読み聞かせや、素話の内容を頭の中でイメージしながら話を聞くようになります。読み書きができるようになり、日常生活で見かける文字や記号への関心が高まり、社会生活のモラルや決まりごともわかるようになってきます。

友達の主張に耳を傾け、共感したり意見を言い合うとともに、自分の主張を一歩譲って仲間と協調したり、意見を調整しながら、仲間同士での関係を築いていきます。心の中で思っていることを言葉に発していうこと、いわないことの区別ができるようになってきます。

(2) 6歳ころの保育で大切にしたいこと

ルールのある集団遊びや勝敗のある遊びを楽しむようになります。ルールがむずかしくなると仲間と協力したり作戦会議をしたりする一面、負けてしまうと相手を責めてしまうことがあります。このようなときには、保育者が子どもたちで解決できるよう状況に応じ見守ったり、他のアイディアを提案したり、臨機応変な対応をしていきましょう。5歳児クラスでは年明けの1月ころになると、ほとんどの子どもは6歳を迎え、小学校に入学することを楽しみにしています。小学校生活がスムーズに送れることを視野に入れながらも、園での活動を楽しめるようにすることが大切です。

以上、0歳ころから6歳ころまでの発達について説明しました。子どもはさまざまな経験を経て前進、後退を繰り返しながら少しずつ成長していきます。保育者は「発達の連続性」を意識した保育を行うことが大切です。

保育の内容と養護・３つの視点と５領域（教育）について

1．保育の内容の構造

「保育所保育指針」の「第１章　総則」には、「保育の目標」が示されており、この保育の目標を実現するために「ねらい及び内容」があります。それを示したのが図表４–2になります。

	保育の目標	ねらい及び内容			
ア	十分に養護の行き届いた環境の下に、くつろいだ雰囲気の中で子どもの様々な欲求を満たし、生命の保持及び情緒の安定を図ること。	養護に関わるねらい及び内容			生命の保持 情緒の安定
イ	健康、安全など生活に必要な基本的な習慣や態度を養い、心身の健康の基礎を培うこと	ねらい及び内容（３つの視点）	健やかに伸び伸びと育つ	ねらい及び内容（５領域）	健康
ウ	人との関わりの中で、人に対する愛情と信頼感、そして人権を大切にする心を育てるとともに、自主、自立及び協調の態度を養い、道徳性の芽生えを培うこと。				人間関係
エ	生命、自然及び社会の事象についての興味や関心を育て、それらに対する豊かな心情や思考力の芽生えを培うこと。		身近な人と気持ちが通じ合う		環境
オ	生活の中で、言葉への興味や関心を育て、話したり、聞いたり、相手の話を理解しようとするなど、言葉の豊かさを養うこと		身近なものと関わり感性が育つ		言葉
カ	様々な体験を通して、豊かな感性や表現力を育み、創造性の芽生えを培うこと。				表現

図表 4–2　「保育所保育指針」における保育の目標

図表 4–2 に示したとおり、「ねらい及び内容」は「第１章　総則」に示されている「養護に関わるねらい及び内容」と「第２章　保育の内容」に示されている主に「教育」にかかわる視点から示した各年齢（乳児、１歳以上３歳未満児、３歳以上児）の「ねらい及び内容」で構成されています。それぞれに示される「ねらい」は保育の目標をより具現化したものです。「保育所保育指針」では「乳児保育に関わるねらい及び内容」として３つの視点を示しており、「１歳以上３歳未満児の保育に関わるねらい及び内容」と「３歳以上児の保育に関するねらい及び内容」としてそれぞれ５つの領域として示しています。ここでは養護と保育のねらいと内容に示される教育（３つの視点と５領域）について、具体的に見ていきたいと思います。

2．養護

養護のはじまりは、本書の第２章でも取り上げた 1900（明治 33）年に開園した二葉幼稚園だといわれています（本書 p.42 参照）。不衛生な環境のもと生活をしていた子どもたちを、当時の保姆は教育よりも大切なことは、基本的な生活習慣を身につけることではないかという考えのもと、洗顔、自分の手拭きの使用、爪切り、入浴、午睡など月日を経て保育の中に取り入れられていったことがはじまりといえるでしょう。

給食の様子（てんじん保育園）

1990（平成２）年改訂の「保育所保育指針」で３～５歳児の保育内容に基礎事項として養護内容が記載され、現在の基礎となる「養護」が示されました。そして、2008（平成 20）年の改定で、「養護に関わるねらい及び内容」として、「養護」に関する項目が誕生しました。2017（平成 29）年の改定では「養護に関する基本的事項」として、「第１章　総則」に示され、「養護に関わるねらい及び内容」もその中に示されています。その理由として保育所において養護が保育の柱になっているからです。

「養護」の内容は「生命の保持」と「情緒の安定」で構成されています。「生命の保持」は子どもの疾病を含む健康状態の把握、事故防止等が含まれ、家庭との連絡を密にしながら保護者と保育者が子どもの情報を共有し理解することが大切です。そして、子どもの発達に応じて食事・排泄・睡眠・着脱など適切な時期に行うことが大切であり、生活習慣の習得を目指していきます。「情緒の安定」は子どもが園生活の中で主体的な取り組みができるよう、保育者は子どもの欲求を受け止め安心できるようなかかわりや保育環境にも配慮する必要があります。**子ども個人をしっかり見ながら、安心して園生活が送れるようにしていきます。**つまり、**養護とは健康、安全、食育とともに、安定的な園生活が送れるようにすること**といえるでしょう。

３．乳児の３つの視点

「保育所保育指針」の「第２章　保育の内容」には、「乳児保育に関わるねらい及び内容」として、３つの視点をあげています。同様に「１歳以上３歳未満児の保育に関わるねらい及び内容」が示されており、これらは「幼保連携型認定こども園教育・保育要領」も同様です。ここでいう乳児とは「児童福祉法」第４条１項で示している「生後１年未満」のことです。

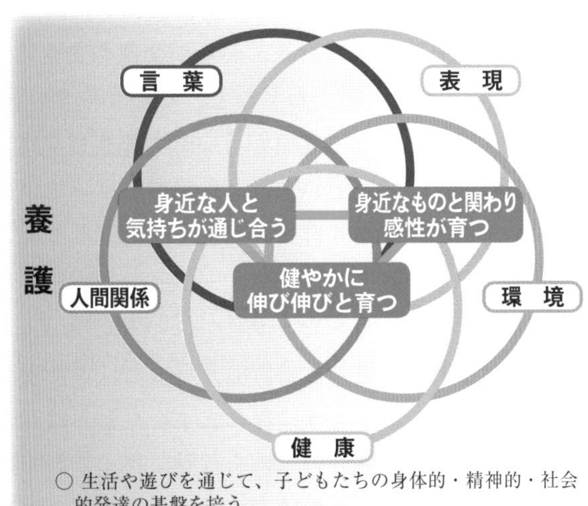

図表 4-3　乳児保育の内容

（社会保障審議会児童部会保育専門委員会（第 10 回）会議資料、2016）

2017（平成 29）年の改訂まで、３歳未満児に身につけたい保育のねらいは明確ではありませんでした。それは、３歳未満児と３歳以上児とでは子どもの姿や遊び、基本的生活習慣の自立などが異なり、すべてに共通にするということはむずかしいことが理由にあげられます。前回の改訂よりおよそ10年が経ち、共働きの家庭や３歳未満児の保育ニーズの増加など、時代背景も考慮し、保育の質を向上させるため、０・１・２歳の保育の重要性が示されたといえます。

では乳児保育の「３つの視点」を確認していきましょう。

(1) 健やかに伸び伸びと育つ

この時期の乳児の成長はもっとも著しい時期になります。保育者は子どもの表情や泣き方、体の動きなどを見ながら心の声を汲み取ることが大切です。乳児と保育者の一対一の関係を築いていくことで、心地よさや安心感につながり、まわりに興味を示すようになります。乳児が遊びを通し十分に体を動かし遊べる機会を設けるだけではなく安心して遊べるようなスペースを確保した環境づくりが大切です。乳児が保育者の愛情を受けながら自らやってみようと思える力を育めるような援助が大切です。個人を尊重しながら「よく遊び、よく眠り、よく食べる」という生活リズムが整えられるように配慮し、自ら健康で安心できる生活を切り開く基礎になっていきます。

後期食になりました

「しぇんしぇいどうぞ」

（てんじん保育園）

(2) 身近な人と気持ちが通じ合う

人として生きていくためには人とのかかわりが不可欠です。乳児においては保護者や保育者等、特定の大人との愛着関係が人間関係のはじまりといえます。そこで保育者が乳児の思いを汲み取り、おむつ交換のときには「さっぱりしたね」、離乳食のときには「ごっくん、上手だね」など、わかりやすい言葉で状況に応じた言葉をかけます。そのようにすることで乳児が「いつも先生は見ていてくれている」という安心感が得られ、認められているという自己肯定感が育っていきます。そして少しずつ相手のいうことがわかるようになり自分の欲求を伝えようとする意欲につながります。

(3) 身近なものと関わり感性が育つ

保育者が乳児の欲求に応えることにより安心感が得られると徐々に身近なまわりの環境に目を向けるようになります。たとえば音の鳴る玩具で遊んだり、離乳食のスプーンを握るなど、自分の思いを行動に移すことで興味・関心が高まります。保育者は乳児のやりたい気持ちを受け止め見守りながら主体性が育めるよう援助します。そして乳児からの生活がその後の成長に連続性をもてるようにしたいものです。乳児が何に興味・関心をもっているのか配慮し、適切な環境を準備し安全面も配慮しながら主体性の基礎を培えるようにすることが大切です。乳児の興味・関心が広がるよう、身近な大人が乳児の気持ちに共感するなど、大人の愛情を乳児にたっぷりと注ぎたいものです。

4．5領域

「保育所保育指針」および「幼保連携型認定こども園教育・保育要領」では1歳以上3歳未満児、「幼稚園教育要領」および「保育所保育指針」「幼保連携型認定こども園教育・保育要領」では共通して3歳以上児の保育内容として「健康・人間関係・環境・言葉・表現」のいわゆる「5領域」で構成されています。領域の変遷については図表 4-4に示しましたので、確認しておきましょう。後述しますが（本書 p.93 参照）、領域は**一つの領域から成り立つものではなく、すべての領域が絡み合っている**ことを押さえましょう。それでは、3歳以上児の保育の各領域を中心に確認していきます。

幼稚園教育要領		保育所保育指針		幼保連携型認定こども園教育・保育要領	
1956 （昭和31） 年 制定	（教育内容の領域の区分） 健康、社会、自然、言語、音楽リズム、絵画製作		—		—
1964 （昭和39） 年 改訂	（教育内容の領域の区分） 健康、社会、自然、言語、音楽リズム、絵画製作	1965 （昭和40） 年 制定	（望ましいおもな活動） 1歳3か月未満：生活・遊び 1歳3か月から2歳まで：生活・遊び 2歳：健康・社会・遊び 3歳：健康・社会・言語・遊び 4・5・6歳：健康・社会・言語・自然・音楽・造形		—
1989 （平成元） 年 改訂	（教育内容の領域の区分） 健康、人間関係、環境、言葉、表現	1990 （平成2） 年 改訂	（内容）年齢区分3歳児から6歳児まで 基礎的事項・健康・人間関係・環境・言葉・表現 ※年齢区分6か月未満児から2歳児までは上記（内容）を「一括して示してある」		—
1998 （平成10） 年 改訂	（教育内容の領域の区分） 健康、人間関係、環境、言葉、表現	1999 （平成11） 年 改訂	（内容）発達過程区分3歳児から6歳児まで 基礎的事項・健康・人間関係・環境・言葉・表現 ※発達過程区分6か月未満児から2歳児までは上記（内容）を「一括して示してある」		—
2008 （平成20） 年 改訂	（教育内容の領域の区分） 健康、人間関係、環境、言葉、表現	2008 （平成20） 年 改定	（保育の内容） 養護（基本的事項）：生命の保持・情緒の安定 教育：健康・人間関係・環境・言葉・表現	2014 （平成26） 年 制定	（内容） 健康、人間関係、環境、言葉、表現
2017 （平成29） 年 改訂	（教育内容の領域の区分） 健康、人間関係、環境、言葉、表現	2017 （平成29） 年 改定	（保育の内容） 乳児保育 基本的事項・内容 1歳以上3歳未満児 基本的事項・内容 健康・人間関係・環境・言葉・表現 3歳以上児 基本的事項・内容 健康・人間関係・環境・言葉・表現	2017 （平成29） 年 改訂	（内容） 乳児期の園児の保育の内容 基本的事項・内容 満1歳以上満3歳未満児の園児の保育の内容 基本的事項・内容 健康・人間関係・環境・言葉・表現 満3歳以上の園児の教育及び保育の内容 基本的事項・内容 健康・人間関係・環境・言葉・表現

図表 4-4　「保育の内容」の変遷

（民秋言編『幼稚園教育要領・保育所保育指針・幼保連携型認定こども園教育・保育要領の成立と変遷』萌文書林、2017、p.13）

(1) 健康

子どもが友達や保育者とのかかわりの中で体を動かし十分に遊びを楽しむことをねらいとしています。子どもが興味をもって遊びが展開できるような環境や安全面に保育者は配慮します。また、家庭と園が連絡を取りながら一緒に子どもの生活リズムを整え、自分の体と心の健康に関心を示すこともこの領域に含まれています。先に触れた**養護に近い領域が健康**であるといえます。

園での手洗いの様子

着脱の様子
（てんじん保育園）

① 子どもが体を十分に動かし遊ぶこと

子どもがいろいろな遊びを通して保育者、友達とのかかわりをもつことや、年齢に合った遊びを十分に行うこと、心と体の健康を育めるよう、戸外では一つの遊びに偏らないようにし、園生活を通してさまざまな体験をすることが重要です。そのために保育者は子どもたちが体を十分動かして遊ぶことができるような保育展開に工夫をする必要があります。

② 子どもが基本的な生活習慣の獲得をすること

園生活の中で手洗いやうがいなど、自分自身の健康への関心をもち、排泄や着脱、食事といった基本的な生活習慣の習得を目指すことや、身のまわりの衛生を意識し、安全面の理解を深めていきます。

(2) 人間関係

人間関係の領域は自分のまわりにいる友達、家族、保育者、地域の人々などのかかわりからお互いが支え合って生きていること、思いやる気持ちを育てていくことをねらいとしています。保育者は子ども一人一人を見ながら見守ったり援助したりする必要があります。

① 人とのかかわりの中で自分という存在を理解すること

人とのかかわりは、友達、保育者、祖父母を含む家族、高齢者や地域の人、外国籍の人すべてが対象となります。また、子どもには、いろいろな個性があり、発達の過程も個人差があります。子どもは友達同士のかかわりから、自分が認められる体験を通し、自信がもてるようになります。また、保育者から認められると、子どもはうれしいという気持ちからよりいっそう自信がついていきます。その自信が積極的に周囲に働きかけ、視野を広げ、自分が考え、行動する力の原動力になります。

② 友達とのかかわりの中でさまざまな体験をすること

幼児期になると少人数の子どもたちとのかかわりから、仲間とのかかわりに移行していきます。その間の発達過程の中で、自分の思いどおりにならない、悔しい思いをするといった葛藤を味わうことを経験します。そして、このような経験を通して、子ども同士が協力する信頼関係を築く基礎を習得していきます。つまり、**他児とかかわる中で子どもの主体的な活動は深まっていく**のです。

このような経験ができるよう保育者は子ども個人の発達過程や性格をとらえ、個々に対応していくことが大切です。子ども同士が何でも話し合いの中で解決できるかというと、そういうわけではありません。そこで大切なことは、保育者が子どもにどこまで援助するかの度合いは年齢や状況によって異なります。ですから、**子どもの様子をしっかり把握した上で、柔軟な対応を養う力**が求められます。人とかかわる経験を通し、人は支え合って生きていることの大切さを子どもたちに伝えていきたいものです。

(3) 環境

環境には、**物的環境**、**人的環境**、**時間**、**空間**などがあります。子どもは自ら好奇心や探究心をもつようになると積極的にさまざまな環境に働きかけるようになります。子どもが育っていくために、保育者はどのような保育を日々の中で行っていく必要があるのか考えてみると、以下の３つにまとめることができます。

① 生活を通して「環境」とかかわる力の発達

日々の保育の中で基本的な生活習慣の習得、四季を味わうこと、日常の中で学習としてではなく、数量や図形に触れること、生活環境には標識や文字があり興味をもつことなどがあげられます。また、保育者は室内に季節の花を飾ったり、**発達過程や四季に応じて保育環境を変え、子どもを刺激するような環境づくり**に努めていきましょう。

② 遊びを通して「環境」とかかわる力の発達

動植物に触れ、生命の尊さを知ることやさまざまな自然とかかわり「なぜ？」を大切にし、探究心をもち考えていくこと、ものや人たちに十分かかわることで遊ぶ楽しさや、ものをつくって創意工夫をすることなどがあげられます。子どもが遊びを十分楽しめるような環境を用意することは必要ですが、過剰すぎると工夫する、必要なものをつくるといった考える機会が減ってしまうので、**子どもの発達過程に合った環境を準備する**ことです。

絵本の読み聞かせ

③ 人との関係を通して「環境」とかかわる力の発達

「人との関係」とは、子どもとかかわるすべての人々です。たとえば、友達、保育者、地域の人たちです。保育の中では、友達とかかわる遊びを通して、さまざまな意見を出し合ったり考えたり、試行錯誤しながら、子どもの好奇心や探究心を育てていきたいものです。また、2017（平成29）年の「保育所保育指針」では、園内、園外の行事において国旗に親しむことなど新たな内容として加わりました。

落ち葉遊び
（てんじん保育園）

(4) 言葉

幼児期においては考えたことや感じたことを自分なりの言葉で伝えること、コミュニケーション手段として言葉での表現を味わいます。また、友達の話すことに耳を傾け、相互で会話のやりとりを楽しみ、心を通わせる経験を大切にしたいものです。

① 友達とのかかわりを通し、コミュニケーション力を養う

子どもは、自分の話を聞いてもらうことにより、人の話を聞こうとする気持ちが芽生えていきます。このような経験の積み重ねにより、日常生活に必要な言葉を習得していきます。保育の中で言葉が育つように、友達同士のコミュニケーションを豊かにしていくための環境づくりや、子どもの生活の中心である遊びからイメージしたことを言葉で伝える経験などが重要となってきます。

② 自分の思ったことを言葉で伝える力を育む

園生活であいさつをすることはもちろんのこと、遊びを通して「言葉のやりとり」を楽しめるような機会を多く設けていくようにしていきます。また子どもが日常生活にあった出来事や欲求、不満も含め、保育者に言葉で伝えられるようにしていきたいものです。そのためには、保育者が普段から子どもの話に耳を傾け、言葉が足りないようであれば、子どもの気持ちを察したり、補足したり、**子どもが安心して話せるような雰囲気づくりに努めていきましょう。**保育者は、子どもの発達に合ったかかわりをすることはもちろんですが、言葉が引き出せるよう「～よね」と断定する言葉かけではなく、「～はどうしたの？」、「どうする？」と子どもが自分の言葉で伝えられるような言葉かけを工夫していきましょう。

絵本を読む（てんじん保育園）

(5) 表現

ごっこ遊びをする、うたう、おどる、製作するといった保育活動が「表現」の領域です。子どもが日常生活での気づきや感じたことを自分の中で受け止め、そこから考えたことを行動に表すことで、感性を豊かにしていきます。子どもが得意なこと、苦手なことは個々により違いますので、保育者はその様子を見ながら、適切な援助を行っていきます。

① 子どもの感性や表現を養う

子どもの感性や表現は、日々の体験によって培われていきます。なぜなら、子どもは思いのままに感じたこと、経験したことを表現していくからです。保育者は日々の保育の中で子どもが表現する力や、感性を表出する機会を環境に取り入れていく必要があります。たとえば、子どもの感性が豊かに育めるよう、保育室にさまざまな素材や材料を準備し、子どもが選べる状態にしておくなどが考えられます。

「一人でできたよ」（てんじん保育園）

② 個性を受け止め、表現する力を育む

子どもは一人一人表現の仕方も感じ方も違います。つまりその子ども個人の**個性を受け止め、安心感をもって自由に表現できる経験の積み重ねが大切**です。そのような中で子どもたちは「**考えたことを表現する力**」**を習得していく**のです。そして表現活動を通して、**子どもが表現することの楽しさが味わえるような経験の連続性と、保育者が子どものあるがままを受け止め、さらに子どもが考える力を養えるように引き出していくことが大切**です。

以上、３歳以上の保育の各領域を中心に確認していきました。これらの領域には常に養護が根底にあり、そして保育活動全てにおいて領域は絡み合うということです。

５．遊びを通して総合的に展開される保育内容

雨上がりに２歳児クラスの子どもたちがお気に入りの長靴を履いて遊歩道へ散歩に行ったときのことです。通り道に大きな水たまりができていました。大人であれば足をとめることなく水たまりをよけますが、子どもたちは違います。水たまりのまわりに集まりしゃがみこみました。顔を近づけ鏡に見立てている子どもや近くから葉っぱをもってきて水たまりの上に置いてみたり、手を入れて「冷たいねぇ」と口にしたり、水たまりに足を入れると水がにごっていき「コーヒーになったよ」と興奮気味に保育者に伝えにきます。

このような子どもの一連の活動や遊びは一つの領域のみの活動ではなく、総合的に展開されており、子どもたちは多くのことを感じ取り学んでいます。

この散歩の活動は、体を動かすといった意味では、健康の領域と関連しますが、子どもたちはこの中で、葉っぱが水に浮かぶということを知ったり、水の色の変化を楽しんだりしています。そしてこれらの発見を友達同士で喜びを伝え合い共有しています。散歩という活動で、子どもたちは健康だけではなく、環境や表現、人間関係、言葉などのさまざまな保育内容も多く経験しているのです。このように**子どもの活動や遊びは一つの領域だけではなく、絡み合い総合的に展開されていく**ものなのです。

先にも触れたように、子どもが遊びを通して、新たな発見、気づきがあることでさらに興味が増し、意欲的な活動を送ることができるようになります。月齢の違いにも配慮しながら「**この時期にしか味わえない**」**という経験を、保育者はクラス全体と子ども個人の両方を把握しながら、準備していくことが大切**です。また、遊びの様子を見ながら臨機応変に対応していきたいものです。

§3 保幼小の連携

1．保幼小の連携のはじまりと内容

保育所や幼稚園、認定こども園において、保幼小（または幼保小）の連携の公的なはじまりは、2008（平成20）年の「幼稚園教育要領」「保育所保育指針」の改訂からになります。また、幼保連携型認定こども園は2015（平成27）年4月から「子ども・子育て支援新制度」がはじまり「幼保連携型認定こども園教育・保育要領」が策定されました。そして**保育所や幼稚園、認定こども園は小学校と連携することが義務化された**のです。その理由は**「子どもの発達の連続性」を大切にしようと考えた**からです。つまり保育所や幼稚園、認定こども園で子どもが身につけたさまざまなことを小学校が引き継ぎ、さらに発展していくといった保幼小の協力性を意味しています。

小学校においては、1989（平成元）年「小学校学習指導要領」の改訂から3年後の1992（平成4）年に1～2年生を対象に新しい教科として「生活科」が設置されました。その理由は自分のまわりで起きている出来事を受け入れることがむずかしい子どもが増えてきたからです。つまり子どもが社会や自然とのかかわり方や自分から主体的に活動し表現することを生活科の授業を通して身につけていくようにしたのです。

そして**2017（平成29）年の「幼稚園教育要領」および「保育所保育指針」「幼保連携型認定こども園教育・保育要領」では共通して「第1章　総則」に「幼児期の終わりまでに育ってほしい姿」**（本書 p. 10～11 参照）**として10の項目が示されました**。また「小学校学習指導要領」の小学校低学年の各教科等でも各園での子どもの育ちを踏まえ、「指導計画の作成の内容の取扱い」に「幼児期の終わりにまで育ってほしい姿」を考慮し指導計画を作成することが明示されています。**これらの姿は達成すべき到達目標ではなく、子どもの育ちの方向性を示した視点です**。これまでの5領域で示された保育内容で小学校側に子どもの育ちを伝えるだけではなく、小学校側も引き継いだ情報をもとに子どもの育ちが連続性をもつよう行うための取り組みともいえます。

それでは保幼小の連携で大切なことはどのようなことか具体的に見ていきましょう。

(1) 保育者と教員の相互理解ができるような話し合いの場を設ける

地域で定期的に連絡会を設け、保育者と小学校の教員が交流を通して、お互いの保育・教育理念を把握したり、意見交換を行い、情報を共有しています。

(2) 幼児と小学校の子どもたちのかかわりを多くもつ

保育所や幼稚園、認定こども園の子どもが小学校に足を運ぶことと並行して、小学生が授業の一環として、園に出向き異年齢の交流を行っていきます。異年齢のかかわりは人間関係を築くことの学びとなります。このことについては、本節の次項の実践で見ていきます（本書 p.97 ～ 99 参照）。

(3) 保育者と教員が情報交換を行い、協力しながら子どもを育てる

保育者と教員が話し合いの場を設けていくことはもちろんですが、小学校入学前に幼稚園は「**幼稚園幼児指導要録**」、保育所は「**保育所児童保育要録**」、認定こども園は「**幼保連携型認定こども園園児指導要録**」「**認定こども園こども要録**」の写しを小学校に持参または送付することにしています。保育所や幼稚園、認定こども園で子どもが育った記録を小学校の教員がしっかり目を通すことで、連続性のある小学校生活につなげていきます。

check　「幼稚園幼児指導要録」「保育所児童保育要録」「幼保連携型認定こども園園児指導要録」「認定こども園こども要録」

「幼稚園幼児指導要録」「保育所児童保育要録」「幼保連携型認定こども園園児指導要録」「認定こども園こども要録」（略して「要録」などと呼ぶ）とは、在園児の指導過程とその結果を記入し、次の担任や小学校へ引き継ぐための資料です。記入内容は「幼稚園教育要領」等のねらいおよび内容に示された５領域に留意しながら子どもの姿をしっかりとらえ、指導や援助の過程と結果をまとめ、次年度に適切な指導ができることを視野に入れながら記入していきます。入園してから日々の子どもの育ちを記入するなど、子どもがスムーズに新しい生活を送ることができるように、また次の担任が子どもの姿をしっかりとらえるために必要な書類です。また、要録を書くことで、自分が行っている保育を見つめ直し、次年度の保育につなげていきます。日常の保育を振り返ることで、次の目標や課題が見通せるようになります。

次に「幼稚園教育要領」「保育所保育指針」「幼保連携型認定こども園教育・保育要領」において保幼小の連携についてどのように記載されているのか確認していきます。

「幼稚園教育要領」

第１章　総則　第３　教育課程の役割と編成等

５　小学校教育との接続に当たっての留意事項

(1) 幼稚園においては、幼稚園教育が、小学校以降の生活や学習の基盤の育成につながることに配慮し、幼児期にふさわしい生活を通して、創造的な思考や主体的な生活態度などの基礎を培うようにするものとする。

(2) 幼稚園教育において育まれた資質・能力を踏まえ、小学校教育が円滑に行われるよう、小学校の教師との意見交換や合同の研究の機会などを設け、「幼児期の終わりまでに育ってほしい姿」を共有するなど連携を図り、幼稚園教育と小学校教育との円滑な接続を図るよう努めるものとする。

（下線筆者）

「保育所保育指針」

第２章　保育の内容　４　保育の実施に関して留意すべき事項

(2) 小学校との連携

ア　保育所においては、保育所保育が、小学校以降の生活や学習の基盤の育成につながることに配慮し、幼児期にふさわしい生活を通じて、創造的な思考や主体的な生活態度などの基礎を培うようにすること。

イ 保育所保育において育まれた資質・能力を踏まえ、小学校教育が円滑に行われるよう、小学校教師との意見交換や合同の研究の機会などを設け、第1章の4の (2) に示す「幼児期の終わりまでに育って欲しい姿」を共有するなど連携を図り、保育所保育と小学校教育との円滑な接続を図るよう努めること。

ウ 子どもに関する情報共有に関して、保育所に入所している子どもの就学に際し、市町村の支援の下に、子どもの育ちを支えるための資料が保育所から小学校へ送付されるようにすること。（下線筆者）

「幼保連携型認定こども園教育・保育要領」

第1章 総則 第2 教育及び保育の内容並びに子育ての支援等に関する全体的な計画等

1 教育及び保育の内容並びに子育ての支援等に関する全体的な計画の作成等

(5) 小学校教育との接続に当たっての留意事項

ア 幼保連携型認定こども園においては、その教育及び保育が、小学校以降の生活や学習の基盤の育成につながることに配慮し、乳幼児期にふさわしい生活を通して、創造的な思考や主体的な生活態度などの基礎を培うようにするものとする。

イ 幼保連携型認定こども園の教育及び保育において育まれた資質・能力を踏まえ、小学校教育が円滑に行われるよう、小学校の教師との意見交換や合同の研究の機会などを設け、「幼児期の終わりまでに育ってほしい姿」を共有するなど連携を図り、幼保連携型認定こども園における教育及び保育と小学校教育との円滑な接続を図るよう努めるものとする。（下線筆者）

以上のように「幼稚園教育要領」や「保育所保育指針」、「幼保連携型認定こども園教育・保育要領」のすべてにおいて「幼児期の終わりまでに育ってほしい姿」を共有するなど連携を図り」と小学校との連携が重要なキーワードであることが確認できたと思います。

それでは具体的な連携方法について見ていきます。

保育所や幼稚園、認定こども園では年長児になると時期を見ながら小学校生活が円滑にスタートできるようにする保育活動を行っています。この活動を**アプローチカリキュラム**といいます。そして、小学校では保育所や幼稚園、認定こども園の活動形態に近づけたカリキュラムを入学後に行うことにより「小学校に慣れること」を目的とした活動が**スタートカリキュラム**です。このスタートカリキュラムの内容は、地域や小学校により多少の違いはあるものの2週間を目安にしているようです。この時期は新しい環境に慣れるため、クラスごとの活動より、1年生合同で活動を行うことで保育所や幼稚園、認定こども園の友達が近くにいることにより安心感を得られるようにしています。小学校は45分授業ですので、たとえば15分×3コマに分割し、絵本の読み聞かせ、手遊び、ゲームなど、さまざまな活動を取り入れた工夫がされている小学校もあります。活動内容の例として、調理室から給食に出るそら豆をもらい、自分の椅子に座り皮むきをするなどの作業を通し、少しずつ座ることに慣れ授業が受けられる環境を整えていきます。このように保育所や幼稚園、認定こども園の年長児から行うアプローチカリキュラムから小学校で行うスタートカリキュラムまでの流れを総称して**接続期カリキュラム**といいます。また、文部科学省より、2022（令和４）年に「**幼保小の架け橋プログラム**」が示され、保幼小の連携のさらなる充実を目指しています。

check　幼保小の架け橋プログラム

義務教育開始前後の５歳児から小学校１年生の２年間を「架け橋期」と位置づけ、この時期の子どもにふさわしい主体的かつ対話的で深い学びの充実を図り、より細やかで具体的な保幼小の連携を目指すものです。また、全国的な架け橋期の教育の充実を目指すため、モデル地域で「幼保小の架け橋プログラム事業」を推進しています。

2．保幼小の連携の実際

ここでは、保幼小の連携の実際に行われているさまざまな実践から学んでいきましょう。

(1) 私立保育所の実践①

こちらの園では、個人に合ったかかわりを大切にする保育を重視しています。夏休みになると５歳児の保護者を対象に希望者のみ個人面談を行います。また年に１回、５歳児が小学校に行き、お世話をしてくれる１年生と体育館で遊んだり、土曜日に小学校の運動会があると散歩がてら訪問し、未就園児のかけっこに参加したりするそうです。秋になると６年生が授業時間を使い、園に来て異年齢の交流として折り紙や外遊びを楽しみます。やってくる小学生のほとんどがこの園の卒園児なので、保育者も楽しみにしているそうです。

10月くらいになると就学前健診があるので、少しずつ子どもの意識が小学校に向いていき、ランドセルや筆箱についての会話が聞かれるようになるそうです。年明けになると就学に向け、午睡がなくなるので、その時間を使い、学校の一日をテーマにした絵を子どもに見せ小学校入学への意識を高めていけるよう工夫しています。小学校や学童保育の教員も子どもの様子を見学に来ます。また、気になる子どもがいるようであれば、小学校の教員が園に出向き園長、主任、担任保育者を交え話し合いや子どもの様子を見ることがあるそうです。

check　学童保育

公設と民設があり保育を要する児童を保護者の迎え、または帰宅する時間まで安全に預かる保育事業です。園や学校の終了後に学童保育施設に出向き、宿題やおやつ、遊びを通し自主性、社会性を養う場所でもあります。学童保育に通う子どもたちとはおおむね10歳未満の児童を示します。また学童保育には統一された名称はなく、学童保育所、児童クラブなどの総称を学童保育といいます。

(2) 私立保育所の実践②

こちらの園では、春になると小学６年生が５歳児クラスに入り、子どもたちが発達上どのようなことが身についているのかを理解し、秋になると同じ児童が再び園にきて、朝の主な活動を自分が立案した指導案をもとに保育しています。また小学校の作品展に５歳児の作品を展示し、保育時間内に見学しに行きます。その際、朝の主な活動をしてくれた６年生と再会し、子どもたちのお世話をしてくれます。

５歳児の担任保育者は、地域の保幼小の研修会に参加しグループ懇談をします。１～２月になると小学校の教員が園に出向き、気になる子どもの聞き取りを行います。要録はクラス担任が１月を目安に下書きし、主任の添削が入り清書を行うとのことです。

次に5歳児クラスの取り組みですが、4つあるとのことでした。1つ目は入学する小学校の給食時間が20分ということから、夏くらいになると20分を目安に給食を食べ終わることを目標としています。2つ目は朝の会や行事に参加するときは、椅子を使用し、座ることに慣れていくことです。3つ目は年明けになると午睡がなくなります。その時間を利用し、ひらがな、数字、自分の名前を書く練習のワークをします。こちらの園では正しい鉛筆のもち方が身につけられるよう、4歳児クラスの1月くらいから線を書く、線つなぎ、迷路を線でたどるなどの作業を通し、筆圧が強くなることをねらいとして行っています。4つ目は就学前の子どもの保護者に向けて「自分の身支度をする」ことをねらいとし家庭でも協力してもらえるように話をしています。家庭と園で協力しながら子どもを育てていく体制をとっているとのことでした。

(3) 私立幼稚園の実践

こちらの幼稚園では年長児クラスが100名ほどおり、さまざまなエリアからきている子どもを園バスで送迎しています。卒園と同時に子どもは自宅から近い小学校に入学するので、子どもが通う予定の小学校すべての説明会に園長が参加することはむずかしいため、区分けされている説明会に参加するとのことでした。

こちらの園が就学に向けて行っている取り組みは主に2つありました。1つ目は小学校から展覧会の案内をいただき、年長児クラスが小学校に行き見学します。その際、1年生の児童が園児のお世話係をしてくれます。その後、1年生の教室に入り、椅子に座ってみます。このような1年生との交流や学校見学により、入学が楽しみになるそうです。2つ目はスムーズに小学校生活が送れるよう「生活力を身につけよう」をテーマにしたプリント(「スタンプカード」)を幼稚園側が園児に配布し、項目事項ができると保育者がスタンプを押しています。「スタンプカード」にあげられている内容は、「はしのもちかた」「えんぴつのもちかた」「ぞうきんしぼり」「おぼんはこび」「おたまですくう」「ロッカーのかたづけ」の6つです。これらの項目は小学校の教員との話し合いから、今のうちに育ててほしいことを選んだそうです。要録は入学式前に提出します。

スタンプカード

幼稚園と小学校の連携といっても、家庭で身につけてほしいことを幼稚園でするのはどうなのか、園児が小学校の生活にスムーズに馴染めるようには努めたいが、幼稚園生活の中で身につけたい、やっておきたいことがあるなど、園側の思いもあるようです。

(4) ある区の実践

区の教育委員会が中心となり、「幼保小連携推進協議会」を設け、保育所や幼稚園、認定こども園、小学校との連携を目的とした協議をしています。取り組みの内容については以下の７つのことを行っています。

①**校長、園長を対象にした研修会を開催**：この区は大学教員を講師として招き講演を行い、そのあと懇談も含め意見交換をしています。講演のテーマは「幼保小の連携」、「気になる子ども」等、現場で気にかけていることを中心に研修が行われています。

②**来年度就学予定の保護者にリーフレットを配布**：小学校入学に伴う保護者の不安軽減を目的とするもので、入学前の心構えや小学校での様子を記載した内容になっています。

③**地区別研修**：保育所や幼稚園、認定こども園の５歳児を担当している保育者および公立小学校の１年生を担当している教員が決められた地区に出向き、意見の交換を行っています。

④**区の幼保小連携だよりの配布**：区の幼保小連携担当係が発行しています。保育所や幼稚園、認定こども園、小学校で実践している連携、交流の事例を紹介しています。各保育所や幼稚園、小学校に配布し目を通すことで情報を共有する役割を果たしています。

⑤**幼保小連携名簿の作成**：小学校区域をもとに地区分けし、園名、学校名を表にし、配布しています。地区ごとに懇談会を設けたり子どもたちの交流をしたりしています。

⑥**区立小学校の行事一覧表を保育所や幼稚園、認定こども園に配布**：行事一覧表を配布するとともに保育所や幼稚園、認定こども園が小学校の行事を把握しやすくしています。実際に年長児が学校に出向き給食を食べることや、25 mプールを体験するといった試みがなされている保育所もあります。

⑦**保育所や幼稚園、認定こども園、小学校との連携に関する意識、実態調査を行い結果を配布**：幼児期から児童期へのさまざまな課題に向き合い工夫をしながら保育所や幼稚園、認定こども園、小学校の連携の取り組み等をまとめています。

以上、保幼小の連携と区の取り組みについて見ていきました。保幼小の保育者や教員の集まりや、小学生と教員が保育所や幼稚園、認定こども園に出向くこと、また園児が小学校に行き、交流を行っている様子もわかったことと思います。このような取り組みがはじまりましたが、職種間（幼稚園教諭・保育士・保育教諭・小学校教員）の考え方に違いがあり、固有の問題を抱えていることも現状としてあげられます。しかし、小学校就学に向け、子どもたちが学校生活をスムーズに送れるようになってほしいという願いは共通しています。今後、さらに保幼小の連携の取り組みの向上が期待されています。引き続きこのような取り組みを行い、就学前の子どもたちが小学校で生活が円滑に送れるような連携を取っていくことが大切です。

それでは保育現場に出る前のみなさんが保幼小の連携で、今、取り組めることはどのようなことがあるでしょうか。それは、**保育実習や教育実習を通して、実習園で保幼小の連携の取り組みについて質問などしてみること**です。そうすることにより、現場に出たときにこのような仕事をするのだという心構えが得られるだけではなく、**職務内容の一つとしてとらえられるようにしてほしい**と思っています。

演習課題

1　４歳児数名が「病院ごっこ」を行っている姿を想像してみましょう。その上で次のグループワークを行ってみましょう。

① このごっこ遊びで予想される子どもの姿を各自５つずつあげてみましょう。また、予想される子どもの姿がどの領域に関連するのか当てはめて確認してみましょう。

② 各自①であげた予想される子どもの姿と関連する領域について、グループで確認してみましょう。予想される子どもの姿がさまざまな領域が絡み合っていることを話し合ってみましょう。

2　７月ころの４歳児クラスの子どもたちに経験してほしい活動や遊びをあげてみましょう。季節や４歳児クラスで生活する子どもの年齢、発達過程を考慮し、なぜその活動を選んだのかもまとめましょう。まとめたことをグループで発表し話してみましょう。

3　自分の暮らしている地域の保幼小連携の取り組みについて、市町村やその地区の園のホームページなどを調べてどのような取り組みが行われているかをまとめてみましょう。調べた内容をもちよってグループで情報交換しましょう。

この章での学びの確認

この章では子どもの発達の姿を年齢ごとにとらえ、保育の中で大切にしたいことについて見ていきました。

発達にはある程度、順序性があること、そのときならではの特徴があります。また、援助方法に明確な正解はありませんし、最初から適切な援助やかかわりができるわけではありません。子どものかかわり方や言葉かけ等の多様なアプローチ方法を経て個々の子どもに保育生活を通し、どのように援助していくのかを学びました。

次に保育の内容については、養護と領域の現在までの流れを確認し、それぞれの視点や領域の内容について学びました。

そして保幼小の連携ではそのはじまりから現在に触れ、保育所や幼稚園、認定こども園、小学校、行政の実際の取り組みについて見ていきました。みなさんが住んでいる地域ではどのような保幼小の連携がなされているのでしょうか。実習に行ったときに質問してみるとよいでしょう。

保育を学ぶ姿勢として「なぜだろう」という疑問を常にもち、わからなければ調べることにより、いっそう学びは深まります。

参考文献　reference

『0歳～6歳子どもの発達と保育の本　第2版』　河原紀子監修、Gakken、2018

発達過程に沿って子どもの様子を8つに区分しています。生理的機能、社会性、言語遊び、発達に応じた保育のポイント、かかわり方が書かれています。実習前の予習にも使用できます。保育現場でも一冊あると便利な本です。

『保育用語辞典　第8版』　森上史朗・柏女霊峰編、ミネルヴァ書房、2015

名前のとおり、保育に関連する用語の意味を示した辞典です。保育における歴史上の人物、領域、子育て支援、預かり保育等、わからない用語を調べることでアウトラインを知ることができます。保育を勉強している学生から現場の保育者まで幅広く使える本です。

『改訂版 保育内容の基礎と演習』　柴崎正行編、わかば社、2018

さらに養護と5領域の歴史について学びたい学生におすすめしたい本です。明治時代から現在に至るまで養護と各領域の流れが写真や表を交え、読みやすく書かれています。新しい保育制度がはじまるきっかけに、時代背景がどのように関連しているのかわかりやすく書かれています。

保育の方法

この章で学ぶこと

みなさんは「保育」という言葉からどのような場面を思い浮かべるでしょうか。保育者が子どもたちと一緒に遊んでいる場面や見守っている場面、クラスの子どもたち全員の前で保育者が話している場面などさまざまな姿が浮かんでくることでしょう。また、子どもの連絡帳（連絡ノート）を書く、次の日の準備をするなど、子どもとかかわっている場面ではない保育者の姿を思い浮かべた人もいるでしょう。

このように、保育者はそれぞれの園の方針や子どもの姿に応じて、さまざまな方法で保育を行いますが、ただなんとなく日々の保育を行っているわけではありません。この章では第４章で学んだ保育内容を保育の場で実践していく際に、どのようなことが大切にされているのかという保育実践における原則や保育の方法について学んでいきたいと思います。

保育実践における原則

これまで学んできたように、乳幼児期は生涯にわたる人間形成にとって非常に重要であり、この時期の人との出会いや環境とのかかわりが人としての土台をつくっていきます。このような重要な時期を過ごす場である保育所や幼稚園、認定こども園での保育は、小学校以上で行われている授業や教科とは内容や方法が大きく異なっています。このことを踏まえて、乳幼児期の保育の方法について学んでいきましょう。

1．幼児教育施設としての保育所・幼稚園・認定こども園

まず、第１章でも学んだように 2017（平成 29）年に「保育所保育指針」「幼稚園教育要領」「幼保連携型認定こども園教育・保育要領」の３法令が同時に改訂され、保育所が幼稚園、幼保連携型認定こども園と同様にわが国の「幼児教育施設」として位置づけられました。そして、幼児教育を行う場として、子どもたちに育むことが期待される「資質・能力」の３つの柱の視点をもち、「幼児期の終わりまでに育ってほしい姿」という幼児期の目標像（本書 p.10 ～ 11 参照）を意識しながら保育を行っていくことになりました。これらの改訂により、幼児教育機関が共有すべき事項が明確になり、小学校への教育にスムーズにつないでいくことが強化されたことを前提として、本章では「保育所保育指針」の記述を中心に、乳幼児期の保育の方法について考えていきたいと思います。

2．「保育所保育指針」における保育の方法

「保育所保育指針」では、「第１章　総則」の「１　保育所保育に関する基本原則」に「（３）保育の方法」の留意事項として６つの項目が示されています（図表 5-1）。６つの

	留意事項
ア	一人一人の子どもの状況や家庭及び地域社会での生活の実態を把握するとともに、子どもが安心感と信頼感をもって活動できるよう、子どもの主体としての思いや願いを受け止めること。
イ	子どもの生活のリズムを大切にし、健康、安全で情緒の安定した生活ができる環境や、自己を十分に発揮できる環境を整えること。
ウ	子どもの発達について理解し、一人一人の発達過程に応じて保育すること。その際、子どもの個人差に十分配慮すること。
エ	子ども相互の関係づくりや互いに尊重する心を大切にし、集団における活動を効果あるものにするよう援助すること。
オ	子どもが自発的・意欲的に関われるような環境を構成し、子どもの主体的な活動や子ども相互の関わりを大切にすること。特に、乳幼児期にふさわしい体験が得られるように、生活や遊びを通して総合的に保育すること。
カ	一人一人の保護者の状況やその意向を理解、受容し、それぞれの親子関係や家庭生活等に配慮しながら、様々な機会をとらえ、適切に援助すること。

図表 5-1　「保育所保育指針」における保育の方法

うち、ア～オの５つが「子どもの保育」にかかわる事項であり、カは「保護者への援助」にかかわる事項になっています。それぞれの園で方針は異なりますが、**保育の方法を考えるとき、この６項目はどの保育所においても共通して大切にしてほしい原則である**といえるでしょう。ここではア～オの「子どもの保育」にかかわる留意事項を見ながら、保育を行う際の原則や方法について考えていきましょう。

3．子どもの「自発性」「主体性」の尊重

図表 5-1（前頁）に取り上げた保育の方法の留意事項には、アに「子どもの主体としての思いや願いを受け止めること（一部抜粋）」、オに「子どもが自発的、意欲的に関われるような環境を構成し、子どもの主体的な活動や子ども相互の関わりを大切にすること」と記されています。この２つの文から、保育の方法を考える際のキーワードとして**「主体」「主体性」**という言葉について考えていきたいと思います。

(1) 子どものとらえ方

保育を行う方法を考える際に、保育を行う対象である「子ども」をどのようにとらえていけばよいのでしょうか。歴史をさかのぼると、18 世紀にはじめて「子ども」が発見されたともいわれているように、**時代や地域により「子ども」のとらえ方はさまざま**であり、そのとらえ方も変化してきています。そのため、現在、保育の場で子どもがどのような存在としてとらえられているかを考えることは、保育の方法を考える上で必要なことだといえるでしょう。

保育の方法の留意事項のアにある「子どもの主体としての思いや願いを受け止めること」という一文からは、**現在、保育の場で子どもは「主体として思いや願いをもっている存在である」ととらえられている**ということがわかります。このような子ども観から保育を行う際には、保育者の思いや願いだけでなく、今、目の前にいる子どもが何を思い、どのようなことに興味・関心をもっているのかという子どもの思いや願いに目を向け、子どもを理解していくことが大切なのです。

check　子ども観

子どもをどのような存在としてとらえるのかという子どもの見方を、子ども観といいます。この子ども観は、歴史の中で変化してきましたが、大別すると、①子どもを「善」とみなす性善説、②子どもを「悪」とみなす性悪説、③子どもは白紙のように何の色もついていないと見る性白紙説などの立場があります。

(2) 子どもの自発性・主体性

次に、保育の方法の留意事項のオにある「子どもが自発的、意欲的に関われるような環境を構成し、**子どもの主体的な活動**や子ども相互の関わりを大切にすること」という項目について考えてみたいと思います。

あなた自身が好きなことや夢中になっていることを思い浮かべてみてください。そのことを思い浮かべるだけで、うきうきわくわくした気持ちになることでしょう。また、好きなことをしているときは、他人に指示をされなくても努力したり夢中になって続け

ている自分がいることに気づくでしょう。これは子どもにとっても同じです。子どもの主体としての思いや願いを大切にし、**子ども自身が自発的にやってみたいと思うことを主体的に選んで実践していくことができる環境を構成していく**ということが大切です。保育の場が、子どもにとって自分がやりたいと思うこととたくさん出会うことができ、そのやりたいことを夢中になってできる時間や環境があるということ、そのためにどのような保育の方法が適切なのかということを保育者が考えていく必要があるのです。

４．生活や遊びを通しての総合的な保育

では、子どもの主体としての思いを大切にした保育とは具体的にどのように展開していくのでしょうか。その方法を考える際に大切なこととして、本書第３章の保育の基本で確認したように、**保育は生活や遊びを通して総合的に展開されるものである**ということがあげられます。ここでは、保育の場における生活と遊びについて考えていきたいと思います。

(1) 子どもの生活の場であるということ

まず、乳幼児期の保育の場の特徴として、保育の場は**子どもの生活の場である**ということがあげられます。乳幼児期は心身ともに著しく発達していく時期であり、家庭や保育所での日々の生活の中で、基本的な生活習慣をはじめ、生きる力の基礎を身につけていきます。現在、保護者のニーズの多様化により長時間保育所で過ごす子どもも増えています。このような現状を考えると、保育所での生活のありようが、今後の子どもの生活に大きく影響してくるといっても過言ではないでしょう。そのため、保育の方法を考える際には、**一人一人の家庭の生活との連続性に配慮しながら、個々の生活リズムを大切にして保育を行っていく**ということが求められています。

(2) 遊びを中心にした保育

次に子どもの**生活の大部分を占める「遊び」の大切さ**について考えてみましょう。みなさんの子どものころのことを思い出してみてください。好きなことに夢中になり遊んだ時間は、記憶の中に深く残っているのではないでしょうか。『保育所保育指針解説』においても、子どもは遊ぶ中で「思考力や企画力、想像力等の諸能力を確実に伸ばしていくとともに、友達と協力することや環境への関わり方なども多面的に体得していく」[1)] と示されているように、**遊びには子どもの育ちを促すさまざまな要素が含まれており、乳幼児期に多様な環境とかかわりながら夢中になって遊ぶことにより、多くのことを学び成長していく**のです。

このように、乳幼児期の保育の方法を考えるとき、そこには子どもの「生活」があるということ、そして５領域の視点をもって体験に偏りが出ないよう配慮しながら「遊び」を中心とした総合的な保育を行っていくことが大切なのです。

5．意図的な営みとしての保育

保育の場では、生活や遊びを通して子どもの主体性を大切にした保育をしていくことが大切であるということがわかりました。では、保育とは子どもの思いを大切にし、子どもの思うままに遊ばせていればそれでよいのでしょうか。ここでは、保育における**意図性や計画性**について考えていきたいと思います。

(1) 保育における意図性・計画性

保育は子どもの主体としての思いを大切にしながら、**大人が意図をもって子どもにかかわる意図的な営み**です。前述したように、乳幼児期は生きる力の基礎を身につけていく大切な時期であり、心身の成長・発達が著しい時期でもあります。そのため、子どもたち一人一人が安全に健康で、情緒の安定した生活ができるように子どもの思いを理解し尊重するとともに、そこに保育者の思いや願いを込め、計画的に保育を実践していく必要があるのです。

(2) 個と集団のバランス

保育者は意図をもって子どもとかかわっていきますが、その際どのようなことを意識していく必要があるのでしょうか。まず、保育の方法の留意事項のウに「一人一人の発達過程に応じて保育すること。その際、子どもの個人差に十分配慮すること（一部抜粋）」（本書 p.104、図表 5-1 参照）とあるように、**対象である子ども一人一人の思いを大切にしながら、個人差に配慮し発達過程に応じた保育を行う**ということがあげられます。

子どもの発達については、第4章でも確認したように、ある一定の順序性や方向性はありますが、直線的に発達していくわけではなく、行きつ戻りつしながら日々の生活の中で発達していきます。そのため、保育の方法を考える際には、**子どもの発達を年齢で画一的にとらえるのではなく、個々の発達のプロセスや個人差をていねいにとらえながら、一人一人にかかわっていく**ということが大切なのです。

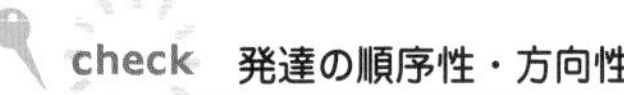

発達の順序性・方向性

子どもの発達は、年齢で画一的にとらえるのではなく、プロセスを大切にすることが重要ですが、発達には一定の順序性と方向性があるということを踏まえることも大切です。たとえば、身体の機能の発達は頭のほうから足のほうへ、体の中心から末梢へと発達していくことなどがあげられます。

一方で保育の場というのは、さまざまな子どもが一緒に生活を営んでおり、保育者は常にそれぞれの子どもと一対一でかかわることができるというわけではありません。そのため**個々に応じたかかわりや援助を行うと同時に、「集団の場」であるという特徴も生かしていくこと**が必要です。現在、子ども集団を地域の中で見かけなくなり、子どもが子どもの中で育ち合う環境が乏しくなったといわれています。集団の場で年齢や個性がさまざまな子ども同士が出会いかかわっていく中で、それぞれが違う個性をもっているということを知り、友達と遊ぶ楽しさを感じることは乳幼児期の発達にとっても欠かせない経験であるといえるでしょう。

また、年齢や月齢の違う子ども同士が過ごすことで、それぞれの興味・関心が異なったり、自分ができないことをできる子どもに出会うこともあるでしょう。その中で個々の興味が広がったり、自分もできるようになりたいという気持ちが芽生え、育ちのきっかけになったりもします。保育者は、このような**集団の場の特徴を生かし、子ども同士が育ち合うことができるよう計画や子どもへの援助をしていく**ということが必要なのです。

column　子どもにとっての遊びとは？

子どもについて語るときに、「遊び」という言葉は切り離せません。次のエピソードから「遊び」について考えてみましょう。

ある園の４歳児クラスでの出来事です。新しいクラスになってから、なかなかみんなの輪に入れず、いつも園庭の隅の木の下にいるＹちゃんが、担任保育者は気になっていました。ある日、クラスの何人かで鬼ごっこをしているのを、Ｙちゃんは園庭の落ち葉を拾いながら見ていました。担任保育者は、Ｙちゃんも鬼ごっこに興味があるのかと思い「Ｙちゃんも一緒にやろう」と誘いました。するとＹちゃんは、こくりとうなずいたあと「鬼ごっこが終わったら遊んでいいの？」といったのでした。

Ｙちゃんにとっては、落ち葉を拾うことも、実は「遊び」だったのです。大人から見た「遊び」と子どもの「遊び」が必ずしも同じではないということがこの事例からわかります。保育者は、一人一人の子どもにとって「“遊び” とは何か？」ということを、子どもの姿から考え続けていくことが必要なのです。

§2　環境を通した保育

乳幼児期の保育の方法について考えるとき大切な原則として、保育は環境を通して行うものであるということがあげられます。ここでは、環境を通した保育の意義について考えていきたいと思います。

１．保育における環境とは

乳幼児期の子どもは、身のまわりにある環境と主体的にかかわることを通して、さまざまな経験を積み重ねる中で発達していきます。この**環境を通した保育が乳幼児期の保育の方法の特徴の一つ**です。では、保育所や幼稚園、認定こども園などの保育の場で、子どもたちはどのような環境に出会っていくのでしょうか。「保育所保育指針」には、「第１章　総則」の「１　保育所保育に関する基本原則」「(４) 保育の環境」に「**保育の環境には、保育士等や子どもなどの人的環境、施設や遊具などの物的環境、更には自然や社会の事象などがある**」と記載されています。ここでは、保育の環境とはどのようなものがあるのかについて学んでいきたいと思います。

(1) 人

まず、保育の場で子どもの出会う環境として**保育者や友達などの「人」**があげられます。「保育所保育指針」の保育所における「保育の目標」の一つに「人との関わりの中で、人に対する愛情と信頼感、そして人権を大切にする心を育てるとともに、自主、自立及び協調の態度を養い、道徳性の芽生えを培うこと」(「第１章　総則」「１　保育所保育に関する基本原則」「(２) 保育の目標」)と示されているように、子どもたちは保育の場において保育者をはじめとするさまざまな「人」と出会い、かかわる中で人に対する愛情や信頼感を育んでいきます。**保育者は、子どもが保育の場ではじめて出会う大人である**ということを念頭におき、一人一人の子どもとのていねいなかかわりの中で信頼関係を育んでいくことが大切なのです。

また、保育の場で出会う人的環境として保育者の他に、さまざまな年齢の子どもとの出会いがあります。乳幼児期に多様な年齢の子どもが、ともに遊ぶ中で育っていくことができる場としての役割が保育の場に求められているのです。

(2) もの

次に、子どもが出会う環境として保育の場にある**「もの」**があげられます。日常の生活でも人はさまざまなものに囲まれて暮らしています。保育の場でも**椅子や机、それぞれの年齢や現在の姿に応じた多様な玩具や遊具、折り紙や段ボールなどの素材など**子どもはさまざまな「もの」に出会い、生活や遊びの中でかかわりを深めていきます。保育者はこのような**身のまわりにあるすべての「もの」が、子どものかかわる対象になるということ、そしてその「もの」のありようが、子どもの生活や遊びに大きく影響を与えるということを意識して環境を構成していくことが大切なのです。**

(3) 自然

子どもが出会う環境の３つ目に**「自然」**があげられます。現在、子どもが自然とかかわる機会が少なくなってきているといわれており、そのような機会を増やしていこうという活動が注目されています。「幼児期の終わりまでに育ってほしい姿」の一つに「自然との関わり・生命尊重」が入りましたが、保育の場では古くから自然とのかかわりが大切にされてきており、保育活動の中でも動物の飼育や植物の栽培、園外保育など活動が積み重ねられてきました。そのような活動や日々の保育の中で、**子どもが季節を感じたり、生き物や自然とのかかわりを広げていくことができるように、園内外の環境を含**

めて自然とのかかわりの可能性について考えていくということが大切です。

(4) 社会の事象

最後に、子どもが出会う環境として「**社会の事象**」があげられます。私たち人間は、それぞれがさまざまな「**社会**」に属しています。大きな社会としては、日本という国に属していますし、住んでいる地域や働いている職場、そして子どもが通っている幼稚園や保育所、認定こども園もまた一つの社会といってよいでしょう。私たちの生活は多かれ少なかれそれぞれが属している社会のありように影響を受けているのです。

また、それぞれの社会の歴史の中で培われてきた「**文化**」も子どもが出会う環境の一つです。保育の場でも絵本や紙芝居、童謡やわらべうたなど児童文化として受け継がれてきたものが根づいており、子どもたちに親しまれています。このように私たちの生活の中に古くから根づいてきた文化がある一方で、そのときどきの社会の情勢によりそれらの文化が変化したり、新しい文化が生まれたりしています。そのため、子どもが「環境」の一つとして、さまざまな「文化」とどのように出会っていくのかを考えていくことも大切でしょう。

2．環境を通した保育の意義

このように子どもは保育の場で人やもの、自然、社会の事象などさまざまな環境に出会いかかわっていきます。ここでは、保育の方法の特徴である環境を通して行う保育について考えていきたいと思います。

(1) 環境を通した保育とは

「保育所保育指針」「第１章　総則」で「保育所は、(中略) 保育所における環境を通して、養護及び教育を一体的に行うことを特性としている」と示されているように、**保育は環境を通して行うものである**ということがわかります。では、「環境を通した保育」とはどのような保育のことなのでしょうか。『保育所保育指針解説』に「保育士等は、子どもが環境との相互作用を通して成長・発達していくことを理解し、豊かで応答性のある環境にしていくことが重要である」[2)] と示されているように、乳幼児期は子どもが日々の生活の中で出会った環境と主体的にかかわり、さまざまな経験を積んでいく中で、心身の発達が促されていく時期なのです。そのため、**子どもからの働きかけや周囲の状況によってさまざまに変化するような豊かで応答性のある環境を構成し、環境とかかわることを通して発達を促していく「環境を通した保育」という方法が用いられている**のです。

この「環境を通した保育」は、一斉にテキストに沿って学んでいくという教科指導の方法とは異なり、共通の決まったテキストや玩具があるというわけではありません。それぞれの園の方針をもとに、目の前の子どもの姿を大切にしながら保育者の思いや願いを込め、環境を構成していきます。そして、子どもがその環境とかかわる中でさまざまな経験を積み重ねていくのです。そのため、子どもが日々の生活の中でどのような環境に出会いかかわっていくのかということが非常に重要となり、その環境づくりが保育者の大事な役割の一つになっているのです。

(2) 保育環境から見える園の方針や保育者の思い

環境を通して行うという保育の方法を考えると、それぞれの園の環境のありようが子どもの生活や経験を左右していくということがわかりました。しかし、実際の保育の場の環境はそれぞれの園により実にさまざまです。室内には保育室やホール、屋外には園庭がある園が多いという共通点はありますが、実際にどのような自然環境やもの（机や椅子、遊具、玩具、素材等）があるのか、それをどのように配置し、どのように使用しているのかは、園の方針や保育者の思い、子どもの姿や年齢、時期などによっても異なっています。

たとえば、同じ広さの園庭でも、集団で体を動かして遊ぶことができるような広いスペースを中心とした園庭づくりをしている園もあれば、子どもが遊びに使用できるようなたくさんの草花や実のなる樹木があり秘密基地のような空間づくりをしている園もあります。また、近年、園庭がない園も増えており、屋上を利用するなど環境を工夫したり、地域の公園を活用して保育を行っている園も多くなっています。**このように環境のありようにはそれぞれの園の方針や地域性、子どもの姿や保育者の思いなどが反映されているのです。**そのため、目の前の子どもの姿を見ながら園全体で環境について検討していくとともに、**それぞれの保育者がさまざまな場や空間で子どもがどのような生活や遊びを展開していくのかということを考えながら、その環境に思いを込めて日々の環境構成をしていくということが環境を通して保育を行う際に大切なのです。**

column　自然を感じることのできる室内環境

自然とのかかわりは園庭や園外が主になると考えがちですが、生活の中で子どもたちが自然を感じたり、自然と親しんでいくためには、室内環境も含めて環境構成を工夫していくということが大切になります。

たとえば右の写真のように、空き瓶などを利用して、子どもたちが園庭で摘んできた草花を昼食やおやつの際に飾っているという園もあります。また、自然物だけでなく、採集してきた虫などを子どもの見えるところに置いておき、子どもが自ら興味をもって虫を観察したり、虫の絵を書くことができる環境構成を行っている園もあります。

このような活動を通して、自然物とのかかわり方の一つに飾るという選択があるということを学んだり、虫を捕まえるという行為だけに終わらず、虫をじっくり観察して絵で表現するなど自然とのかかわりが深まっていくことでしょう。

（こどものもり）

§3 保育の過程

保育は子どもの主体性を大切にした意図的な営みであり、環境を通して行うものであるということがわかりました。ではこのような原則を踏まえ、保育を実践していく際にはどのようなプロセスがあるのでしょうか。ここでは、保育の過程（プロセス）について考えていきたいと思います。

1．子どもに応じた保育の方法や形態

本章の§1～2で保育の方法を考える際の原則を学んできましたが、実際の保育の場でその方法を見てみると、それぞれの園によって実にさまざまな保育の方法や形態があるということがわかります。一日自由に遊ぶことを中心にしている園もありますし、あらかじめ設定した内容の活動を行うことが多い園もあるでしょう。あるいは、**シュタイナー教育**や**モンテッソーリ保育**（本書p.37参照）のように、ある教育方針に基づいた方法で実践を行っているという園もあります。また、クラス編成も年齢別に分けている園もあれば、異年齢でクラスを編成しているという園もあるでしょう。

check　シュタイナー教育

20世紀のはじめにオーストリアやドイツで活躍した思想家、哲学者、教育者であるルドルフ・シュタイナー（Rudolf Steiner, 1861～1925）の提唱した教育思想・実践であるヴァルドルフ教育を日本で紹介する際につけられた名称です。

シュタイナー教育では、人間の成長の節目を7年ごとであるととらえ、0～7歳までの感覚を磨く時期には、季節の推移や行事を繰り返し体験することや保育者を手本として模倣活動をしていくという活動などを重視しています。

このようにさまざまな園がある中で保育の方法や形態について考える際に大切なこととして、**はじめから方法や形態などの形を決めてしまうのではなく、今目の前の子どもとの生活をどのようにつくっていくのかということを子どもの姿から考えていく**ということがあげられます。保育の場として共通の原則はありますが、それぞれの園により地域性も異なり、毎年入所している子どもも異なります。また、一年ごとにクラス編成が変わり構成メンバーや担任の保育者が変わる場合もあります。このように子どもの姿が異なれば、方法や形態は同じであったとしても、まったく同じ形で保育を行うわけにはいかないでしょう。そのため、子どもに「育みたい資質・能力」「幼児期の終わりまでに育ってほしい姿」の視点やこれまでに学んできた共通の原則を踏まえつつ、それぞれの園で子どもの実態を踏まえた保育の方法を考えていくことが大切なのです。

つまり、**保育をするための特定の決まった方法やマニュアルがあるというわけではなく、そのときそのときの子どもの姿を理解し、その姿に応じた適切な保育の方法や形態を考えていく必要がある**のです。

2．保育の過程

保育の方法を考えるとき、子どもの姿に応じた適切な保育の方法や形態を考えていくことが必要であるということがわかりました。では、子どもの姿に応じた適切な保育を行っていくためには、どのようなプロセスが必要なのでしょうか。**保育は保育者が意図をもって子どもにかかわっていく意図的な営みであるため、見通しをもって保育を組み立てていく必要があります。**そのため図表5-2のような**保育の過程（プロセス）**を意識して保育を行っていくことが必要です。具体的に保育の過程（プロセス）について見ていきましょう。

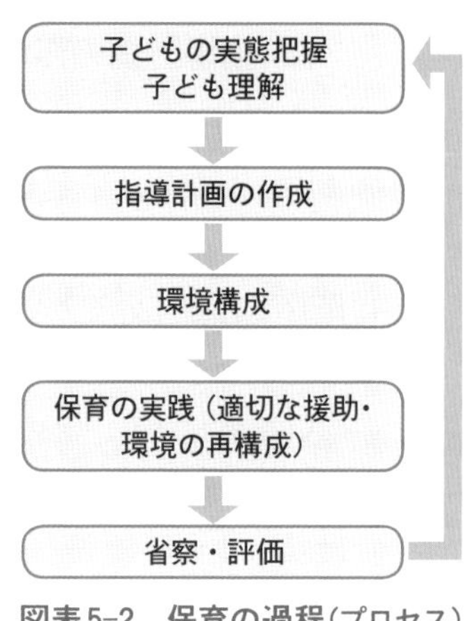

図表5-2　保育の過程（プロセス）

(1) 子どもの実態の把握・子ども理解

保育を実践する際には、まず保育の対象である**子どもの実態を把握し、子どもを理解するということからはじまります。**では、どのようなことをどのような方法で把握し理解していけばよいのでしょうか。

子どもの状況や生活の実態を把握する方法として、まず子どもについての記録や資料を読む、その子どもとかかわったことのある保育者などから話を聞くなどして、**一人一人の子どもの情報を収集する**ということがあげられます。担任としてこれから入園してくる子どもを受け入れる場合には、入園時に提出された調査書で現在の発達の状況や、家庭での生活リズム、食事・睡眠・着脱などの基本的な生活習慣、好きな遊びなどを把握できるでしょう。また、新たなクラスの担任として受けもつ場合には、昨年度の担任の保育者やかかわった保育者から子どもの情報を収集し把握していくこともできます。そして、それらの事前の情報をもとにはじまった保育の中で、子ども一人一人への理解をさらに深めていきます。

子どもと日々の生活をともにする中で、**一人一人がどのような発達の過程にあるのか、今のその子の興味や関心はどのようなことなのか、またつまずいていることは何なのか**ということを探っていきます。また、**子どもの表情やしぐさ、動き、言葉などから子どもの思いや、その行為の意味、子どもの内面などを理解してかかわっていくこと**で、一人一人の子どもへの理解が深まっていくでしょう。このように日々の生活の中で子どもへの理解を深めながら、子ども理解に基づいた保育を行っていくということが大切です。また、そのような**「個々への理解」を深める中で、その一人一人が集まった集団としてどのような特徴があるのかという「集団への理解」**も深めていきます。

(2) 指導計画の作成

保育実践を行う際には、まず対象である子どもの実態を把握し、子どもを理解していきます。しかし、子どもを理解することだけでは保育は実践できません。これまで学んできたように保育は意図的な営みであるため、把握した子どもの実態に基づいて計画的に保育を行っていくということが大切です。事前の情報や日々の生活の中で把握した子**どもの姿をもとに、保育者が子どもに経験してほしいことや身につけてほしいことなどの思いを盛り込み、具体的な計画（指導計画）を立てることにより、見通しをもって計画的に保育を実践していくことができるのです。**

計画についての考え方や具体的な種類は本章の§4で述べますが、保育者の思いとは、それぞれの保育者の独自の考えに基づいた思いではなく、「保育所保育指針」や「幼稚園教育要領」等の内容やそれぞれの園の全体的な計画（本書 p.120 ～ 121、図表 5-4 参照）や教育課程を踏まえ、一人一人の子どもの実態に基づいた計画を立てていくということが大切になります。また、**子どもが主体的に環境とかかわりさまざまな活動を展開していくためには、計画を立てる段階で可能な限りさまざまな子どもの姿を予想する**ということが大切です。子どもがどのように環境とかかわり活動を展開していくのかという子どものさまざまな姿を予想しておくことで、多様な活動やかかわりが広がる環境構成や子どもの姿に応じた適切な援助を行うことが可能になってくるのです。

(3) 環境構成

環境構成について、高山静子は「**保育者が、保育または保護者支援を目的として、人・自然・物・空間・時間等の環境を意図的に選択し構成する行為**」[3)] であると定義しています。この定義からもわかるように、保育者は保育の計画に基づき、そのねらいや内容を実践できるような方法や環境構成を考えながら**意図的に環境を構成**していくのです。

具体的には、指導計画のねらいや保育内容を実践していくために、子どもの過ごす場所や空間をどのように構成するのかを考え、机や椅子、棚、遊具や玩具、さまざまな素材などを配置していきます。同じものを配置する場合でも保育者の意図により配置の方法はさまざまです。

絵本の展示（川和保育園）

たとえば「絵本」を配置する場合にもさまざまな並べ方、おき方、見せ方があるでしょう。背表紙や表紙が見えるような配置方法だけではなく、左の写真のように絵本の中のあるページが見えるように配置し、絵本の内容や季節感が伝わるようなものと一緒に飾るなどの方法もあるでしょう。また、絵本は室内で読むものと考えがちですが、園庭の木の下のデッキでくつろぎながら絵本を読めるコーナーを設置するなど（右写真参照）、固定概念にとらわれずに環境構成を考えていくことも大切です。このようにその環境とかかわる子どもの姿を思い浮かべながら子どもが人やもの、自然などの環境とどのように出会い、かかわってほしいのかという、保育者の思いを込めて環境を構成していくということが大切なのです。

園庭の絵本コーナー（川和保育園）

また、保育を行う際には一人一人の発達過程に応じた保育を考えていくことが必要です。それぞれの発達に応じて、子どもが安心して遊び込める環境や主体的な活動が広がるようなものの置き方、遊びが発展するような環境についても保育者同士で考えていくことが大切でしょう。

(4) 保育の実践（適切な援助・環境の再構成）

(1)～(3) で見てきたように、保育者は子ども理解に基づき、「育みたい資質・能力」や「幼児期の終わりまでに育ってほしい姿」の視点をもち、保育の計画を立てていきます。そしてその計画に基づいて環境構成を行い、保育を実践していくことになります。計画を立てる際に子どもの姿を予想し、適切な援助の方法や配慮事項について考えておくことで、実際の保育場面でも子どもの興味や関心の広がりに応じて、遊びを方向づけたり、変化させたり、意味づけたり、見守ったりと適切な援助を行うことができます。このように、**保育者はさまざまな援助方法の中からそのときそのときの子どもの姿に応じた適切な援助を選び実践していきます**。また、集団として遊びがどのように発展していくのかということも視野に入れ、**集団への援助**についても考えていくということが必要です。

もう一つ、子どもの遊びが発展していくための保育者の役割として、**子どもの姿に応じて環境を再構成していく**ということがあげられます。指導計画を立てる際にはできる限りさまざまな子どもの姿を予想することで、その姿を思い浮かべながら環境を構成していくことができるということを (2) で述べました。しかし、実際に活動をしていくと、保育者の予想を超えた子どもの姿に出会う場合や、思いもよらない方向に活動が広がっていくという場合もあるでしょう。このような場合、設定していた空間の広さを変更する、素材やものを追加する、配置を変えるなど、子どもの姿に応じて環境を再構成していくことで、子どもの活動や遊びがより発展していくでしょう。このように、保育の環境は一度構成したらそこで終わりではなく、**子どもの姿に応じてその都度環境を再構成していくことで、主体的に子どもが環境とかかわっていくことができる**のです。

(5) 保育の省察・評価

(1)～(4) で保育がどのような過程（プロセス）で実践されていくのかということを見

てきましたが、保育の実践を行っているそのときは、子どもとともに生活をする者として保育者自身もまた当事者であるため、なかなかその実践について客観的に考えをめぐらせるということはできません。そのため、実践が終わり子どもと離れたところで**自らの実践を振り返り「省察」する、そして振り返った内容について「評価」する**ということが必要になってきます。具体的には、これまでの計画のねらいや内容、保育の方法、子どもへの援助など行った実践が個々の子どもと集団にとってどうだったのかということを振り返り評価していきます。さらに、実践している中で出会った**子どもの行為にはどのような意味があったのか、子ども同士の関係はどのように変化しているのか、また環境とのかかわりはどのように深まっているのかなどをていねいに振り返ることで、子どもへの理解がより深まる**とともに、振り返った内容を次の計画に生かしていくことができるでしょう。

このように、まずはそれぞれの保育者が自分の日々の実践を振り返っていくということが大切ですが、頭の中で個々が振り返りを行っているだけではその内容が明確にならず、次の実践に生かされていきません。振り返った内容を記録する、記録したものを共有する、保育者同士で意見や情報の交換をするなどの方法で、振り返った内容を明らかにし、共有していくことで日々の振り返りがより意義のあるものになるとともに、組織として見通しをもった保育を行うということにもつながっていくでしょう。

column　子どもの主体性と保育の計画

保育の計画について考えるとき、子どもの主体性を大切にするということと計画に基づいた実践をしていくということが一見矛盾しているように感じることがあるかもしれません。それは、保育者が事前に設定した活動を計画どおりに実施するために、指導計画を作成するというとらえ方があるためではないでしょうか。

保育の計画について秋田喜代美は「計画とは発達に必要な経験をするための活動を保証する地図を作ることである」[4)] と述べています。このように計画をとらえると保育者が予想した道に子どもが進むことだけが正解ではなく、そのねらいに基づいた道のり（子どもの姿や活動、遊びなど）はさまざまであるととらえることができます。つまり、地図をもたずに子どもの保育をするということは、目的地までどのような道があるのかを知らずに進むということになり、意図的な営みとはいえず、地図をもったとしても、子どもが進む道順を一つに決めてしまっては、子どもが他の道を進みたい場合、子どもの思いを尊重することができなくなってしまいます。さまざまな道を知り、道中に起こる出来事などを予想することができるということが、地図をもつ（計画を立てる）ということの意義であるといえるでしょう。

このように計画をとらえていくと、子どもの主体性を大切にした保育の活動を実践していくためには、計画を立てるということが、やはり大切なプロセスの一つであるということがわかります。

§4 保育の計画

これまで見てきたように保育は意図的な営みであり、計画性をもって保育を実践していくことが必要であるということがわかりました。ここでは、保育における計画について具体的に学んでいきたいと思います。

1．保育における計画の意義と変遷

『保育所保育指針解説』において、「保育の目標を達成するためには、子どもの発達を見通しながら、保育の方法及び環境に関する基本的な考え方に基づき、計画性のある保育を実践することが必要である」[5)]と示されているように、保育を実践する際には計画を立てることによって、見通しをもって保育を行うことが大切です。まずは、これまで保育の場においてどのように計画が位置づいてきたのかという変遷と計画の意義について考えていきましょう。

(1) 計画を立てる意義

これまで保育という営みは、子ども理解からはじまり、子ども自身が主体的にさまざまな環境とかかわる中で、発達していくことを支える意図的な営みであるということを学びました。しかし、このような原則を実際の保育の場で実践するということは、簡単なことではありません。保育者は、**「育みたい資質・能力」や「幼児期の終わりまでに育ってほしい姿」を念頭におき、日々子どもと過ごす中で、環境構成やさまざまな援助を行っていきます**。また、そのような日々の積み重ねの中で**子どもの発達を保障していかなければならない**のです。

つまり、それぞれの保育者の感覚や経験をもとに、その場その場で子どもとかかわっていけばよいというわけではなく、**さまざまな角度から子どもの育ちを保障していく専門的な営みが保育**なのです。そのため、子どもの実態を踏まえた上で、環境にかかわって、子どもがどのような活動や遊びを展開していくのかということを予想しながら、保育の計画を立て、見通しをもって保育を行っていくということが必要になるのです。

(2) 計画のとらえ方の変遷

子どもの育ちを保障していくために、計画を立てるということが必要ということがわかりましたが、保育の計画とはどのようなものなのでしょうか。そのことを考えるためにまず、わが国の保育の計画がどのように変遷してきたのかについて、簡単に見ていきましょう。

わが国の幼稚園での実践は、西欧の学校教育的な保育方法が導入され開始されたといわれています。そのため、当時は時間割のような計画表を作成し、それを保育者主導で時間ごとに実施するという形をとっており、小学校の教科別指導と同様に保育の計画が理解されていました。1956（昭和31）年の「幼稚園教育要領」、1965（昭和40）年の「保育所保育指針」では、保育の計画が公的に位置づけられましたが、保育者主導の領域別の指導や計画が主流でした。その後、さまざまな保育実践が展開され、多様な計画が立案されるようになったことや、子どもや保育についてのとらえ方が変化してきたことから、保育における計画の位置づけが見直されるようになり、現在に至っています。

このように、**保育の歴史における子ども観や保育観の変化に伴い、保育内容や計画が見直され、現在は子ども理解をもとに、子どもの主体性を大切にした保育を展開するための計画という形で保育の計画が位置づいている**のです。このことからも、保育実践において保育の計画を立てる際には、保育者が一方的に「させる」という意識ではなく、事前に予想したさまざまな子どもの姿と実際の子どもの姿を照らし合わせながら、状況に応じて柔軟に保育を展開していくことを意識していく必要があるのです。

2．保育における計画

(1) 全体的な計画・教育課程および指導計画とは

次に、現在の保育の計画について具体的に学んでいきたいと思います。2017（平成29）年に改訂された「保育所保育指針」「幼稚園教育要領」「幼保連携型認定こども園教育・保育要領」において、各園は「幼児期において育みたい資質・能力」の実現に向けて全体的な計画や教育課程を編成し、各種指導計画の計画、実施、評価、改善を組織的かつ計画的に行っていくこと（カリキュラム・マネジメント）の重要性が強調されました。「保育所保育指針」にはカリキュラム・マネジメントという言葉はありませんが、「全体的な計画」の作成に当たって同様の内容が示されています。各園ではこのカリキュラム・マネジメントの視点をもち、**園全体の計画である「全体的な計画」や「教育課程」を編成するとともに、それを具体的に実践していくための「指導計画」の作成をしていくことになります**。この「全体的な計画」および「教育課程」と「指導計画」の関係を図に示したものが次頁の図表5-3です。

まず、図表5-3にあるように「全体的な計画」や「教育課程」とはそれぞれの園が「保育所保育指針」「幼稚園教育要領」「幼保連携型認定こども園教育・保育要領」に基づき、その園の実態に合わせて作成した全保育期間の計画です（本書、図表5-4、p.120～121参照）。**園の理念や方針、目標などを示しながらそれぞれの園の子どもの育ちを見通すことができる園の指標になっています**。

全体的な計画

「保育所保育指針」および「幼保連携型認定こども園教育・保育要領」では、各園の保育目標実現のため、園生活においてどのような保育を展開するのかを示した「全体的な計画」の作成が示されています。また、「幼稚園教育要領」でも幼稚園の教育課程を中心に、教育時間外に行う預かり保育や学校保健計画、学校安全計画等を関連させ、一体的に教育活動が展開されるよう「全体的な計画」を作成することが示されています。

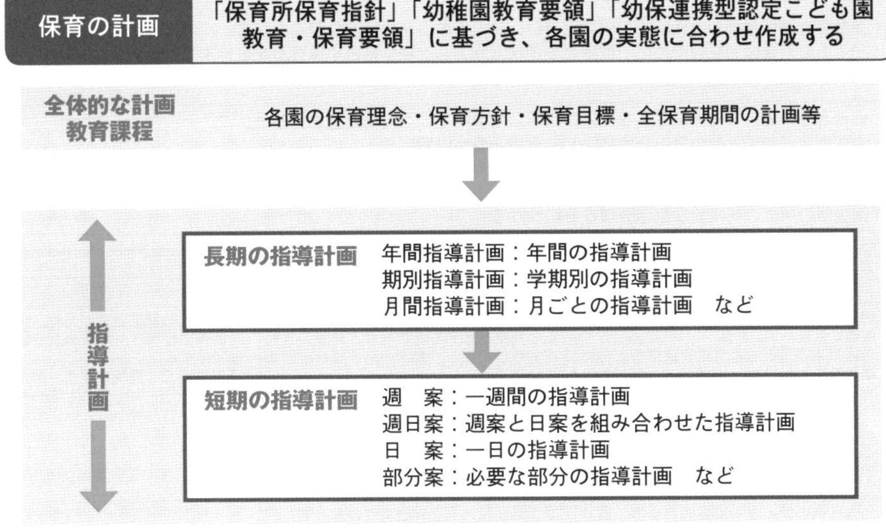

図表 5-3　保育の計画（筆者作成）

保育の場では0歳～就学前までの幅広い年齢の子どもたちが生活しています。また、現在、保護者のさまざまなニーズの広がりに応じて、延長保育、夜間保育、休日保育などを実施している園も増えています。それぞれの子どもが安心した生活を送ることができるよう発達過程を踏まえるとともに、子どもの生活全体をとらえた「全体的な計画」を編成していくことが大切です。また、「全体的な計画」は各園の保育の指標となり、保護者や社会などに対して園の保育内容を説明するための資料にもなります。そのため、それぞれの園の実態に応じて必要な項目を職員間で検討し、全職員で共通理解を図っていくことで保育者間の連携をスムーズにし、一貫性をもった保育を行っていくことができるのです。

次に**「指導計画」とは、各園の「全体的な計画」や「教育課程」に基づいた保育目標や保育方針を具現化するための実践計画**です。指導計画は、保育を実践する方向性を具体的に示すものであり、一人一人の子どもが乳幼児期に必要な経験が得られるように見通しをもって作成していくことが大切です。園での生活を送る子どもたちが、乳幼児期にふさわしい生活を送ることができるように、子どもの長期的な発達や生活を見通した**長期の指導計画**とそれをより具体的にした**短期の指導計画**があります。

指導計画の形式（書式）に関しては園により異なりますが、**「現在の子どもの姿」「ねらい」「内容」「環境構成」「予想される子どもの活動」「保育者の援助・配慮」**などで構成されているものが一般的です。「全体的な計画」や「教育課程」に基づき、長期の指導計画から短期の指導計画へとより具体的に作成していくことにより、子どもの生活や発達、遊びなどの見通しをもち、計画的に保育を行っていくことができるのです。

○○保育園　全体的な計画

保育理念	・児童福祉法に基づき、乳幼児の保育を行い、子どもの心身の健全な発達を図る。 ・子どもの最善の利益のために、保護者や地域と協力し地域に根ざす保育所を目指す。 ・一人一人の子どもを大切にし、他者への信頼感を構築し、主体性を形成する。
保育方法	・保育者を中心としたさまざまな人とのかかわりの中で人への信頼感を育てる。 ・主体としての子どもの思いを大切にし、自我を豊かに育てる。 ・まわりの人に対するやさしさと、仲間を大切にする気持ちを育む。 ・自然とのかかわりを大切にし、子どものセンス・オブ・ワンダーを育む。 ・園生活の中で、基本的な生活習慣を身につける。

		ねらい	保育内容	
			０歳児	１歳児
養護	生命の保持	・一人一人の子どもが健康で安全に快適に生活できるようにする。 ・一人一人の子どもの生理的欲求が十分に満たされるようにし、健康増進が積極的に図られるようにする。	・家庭との連絡を密にし、一人一人の子どもの健康状態や心身の発育、発達の状態を的確に把握し、異常のある場合は適切に対応する。 ・清潔で安全な環境を整え、一人一人の生活リズムを大切にしながら、生理的欲求が十分に満たされ心地よく生活できるようにする。	・一人一人の健康状態や発育、発達の状態を的確に把握し、異常のある場合は適切に対応する。 ・清潔で安全な環境を整え、個人差に配慮しながら、一人一人の生理的欲求が十分に満たされ気持ちのよい生活ができるようにする。
	情緒の安定	・一人一人の子どもが安定感をもち、自分の気持ちを安心して表すことができるようにする。 ・主体としての思いが受け止められる中で自分を肯定する気持ちが育まれていくようにする。 ・個々の心身の疲れが癒されるようにする。	・愛情豊かな大人との継続性のある応答的で豊かなかかわりの中で、一人一人の子どもの甘えや欲求を受け止め、気持ちのよい生活ができるようにする。	・一人一人の子どもの気持ちを理解し受容することにより、子どもとの信頼関係を深め、自分の気持ちを安心して表すことができるようにする。
教育	健康	・明るく伸び伸びと行動し、充実感を味わう。 ・自分の体を十分に動かし、進んで運動しようとする。 ・健康、安全な生活に必要な習慣や態度を身につける。	・保育士等とのかかわりの中で安定感をもって過ごす。 ・離乳食から幼児食へ移行する中で自分で食べることを楽しむ。 ・寝返り、はいはい、お座り、伝い歩き、立つ、歩くなどそれぞれの状態に合った活動を十分に行う。	・一人一人の生活リズムを大切にしながら、安心して午睡などの適切な休息ができるようにする。 ・登る、降りる、跳ぶ、くぐる、押す、引っ張るなどの運動を取り入れた遊びや、いじる、たたく、つまむ、転がすなど手や指を使う遊びを楽しむ。
	人間関係	・保育所生活を楽しみ、自分の力で行動することの充実感を味わう。 ・身近な人と親しみ、かかわりを深め、愛情や信頼感をもつ。 ・社会生活における望ましい習慣や態度を身につける。	・保育士等の愛情豊かな受容的かかわりや援助により身近な人への信頼感をもつ。 ・生活や遊びの中で身近な大人や友達のすることに興味をもったり、模倣したりすることを楽しむ。 ←	・身近な大人との信頼関係を深め、自分の気持ちを安心して表す。 ・友達や周囲の人への興味、関心をもち、模倣して遊んだり親しみをもって自らかかわろうとする。 ―異年齢でのかかわりや―
	環境	・身近な環境に親しみ、自然と触れ合う中でさまざまな事象に興味や関心をもつ。 ・身近な環境に自分からかかわり、発見を楽しんだり、考えたりし、それを生活に取り入れようとする。 ・身近な事物を見たり、考えたり、扱ったりする中で、ものの性質や数量、文字などに対する感覚を豊かにする。	・安心できる人的および物的環境のもとで聞く、見る、触れる、嗅ぐ、味わうなどの感覚の働きを豊かにする。 ・絵本や玩具、生活用品など身のまわりのものに興味や好奇心が芽生える。 ・身近な自然に保育士等と一緒に触れ興味をもつ。	・好きな玩具や遊具、絵本、自然物に自分からかかわり、それらを使った遊びを楽しむ。 ・身のまわりのさまざまなものを自由にいじって遊び、ものを媒介とした大人とのやりとりを楽しむ。
	言葉	・自分の気持ちを言葉で表現する楽しさを味わう。 ・人の言葉や話などをよく聞き、自分の経験したことや考えたことを話し、伝え、喜びを味わう。 ・日常生活に必要な言葉がわかるようになるとともに、絵本や物語などに親しみ、保育士や友達等と心を通わせる。	・保育士等の応答的なかかわりや話しかけにより、自ら言葉を使おうとする。 ・喃語や片言をやさしく受け止めてもらいながら、発語や大人とのやりとりを楽しむ。	・簡単な言葉を使って自分の気持ちを表そうとする。 ・大人の話しかけを喜び、自分から片言で話すことを楽しむ中で、一語文、二語文を獲得していく。 ・興味のある絵本を保育士等と一緒に見ながら、簡単な言葉の繰り返しを楽しむ。
	表現	・いろいろなものの美しさなどに対する豊かな感性をもつ。 ・感じたことや考えたことを自分なりに表現して楽しむ。 ・生活の中でイメージを豊かにし、さまざまな表現を楽しむ。	・身近な大人に対し、意思や欲求を表情や身振りで伝えようとする。 ・保育士等の歌を楽しんで聞いたり、歌やリズムに合わせて手足や体を動かして楽しむようにする。	・指さし、身振り、片言などで身近な大人に対して自分の意思や思いを伝えようとする。 ・保育士等と一緒にうたったり簡単な手遊びをしたり、体を動かしたりして遊ぶ。
食育		・意欲をもって食べることができる。 ・身近な大人や友達と食事を一緒にするということを楽しむ。 ・食べることの大切さについて知る。	・泣く、または喃語によってお腹がすいたことを安心して保育士等に表し、温かな雰囲気の中で、喜んで食事（授乳、離乳食）をする。 ・保護者や栄養士と連携しながら離乳を進め、食品の種類を少しずつ増やし味や舌触りに慣れる。	・楽しい雰囲気の中で、手づかみ、またはスプーンやフォークを使って自分で食べようとする。 ・食欲や好みの偏り、咀嚼の状況などを把握し、適切な援助を行うとともにみんなで食べる楽しさを伝えていく。

図表 5-4　全体的な計画の例

保育目標	・よく食べ、よく遊び、よく眠る健康な子ども ・自分を大切にし、思いやりのもてる子ども ・自分のことは自分でできる子ども		・主体的に生活する子ども ・自分の思いや感性を表現したり考えることができる子ども
社会的責任	・児童福祉施設として、入所する児童の最善の利益を考慮し家庭や地域への役割を果たす。 ①人権の尊重 ②保育内容の適切な説明 ③個人情報の保護 ④苦情解決	地域の実態に対応した事業	・乳児保育（産休明けより対応） ・一時保育　・特例保育 （早朝保育 7：00 ～延長保育～ 19：00） ・地域子育て支援事業 （相談、園庭開放、交流促進） ・障がい児保育

保育内容			
2歳児	3歳児	4歳児	5歳児
・一人一人の子どもの健康状態や発育、発達の状態を把握し、異常のある場合は適切に対応する。 ・生活環境を清潔な状態に保つとともに、身のまわりの清潔や安全の習慣が少しずつ身につくようにする。 ・食事や排泄について自分でやろうとする気持ちを大切にする。	・一人一人の子どもの平常の健康状態や発育、発達の状態を把握し、安全で快適に過ごすことができるようにする。また、異常のある場合は子ども自身が体調を意識できるように働きかけていく。 ・食事、排泄、衣類の着脱など自分でしようとする気持ちを受け止め、意欲的に行えるようにする。	・一人一人の子どもの平常の健康状態や発育、発達の状態を把握し、異常のある場合は子どもが自分から訴えることができるようにする。 ・生活に見通しをもち、基本的な生活習慣など、身のまわりのことを自分でする喜びを感じられるようにする。	・基本的な生活習慣が身につき、子ども自身が意識して健康的な生活をつくっていくことができるようにする。 ・快適で安全に生活するための約束事の必要性がわかり、自分たちで生活の場を整えながら見通しをもって生活する。
・一人一人の子どもの気持ちを理解し受容することにより信頼関係を深め、自分の気持ちを安心して表すことができるようにする。 ・自己主張が強くなり、子ども同士のぶつかり合いが増えるが保育士等が仲立ちとなり気持ちを伝えようとする気持ちを育む。	・身近な大人との信頼関係の中で、自分の気持ちや考えを安心して表すことができるなど、情緒の安定した生活ができるようにする。 ・身近な大人や友達などまわりの人から自分の存在を認めてもらうことの喜びを感じていけるようにかかわる。	・子どもの気持ちを受け止めながら、安心して自分の思いや考えを表すことができるなど、情緒の安定した生活ができるようにする。 ・集団の中で一人一人のよさを生かし、お互いの存在を認め合えるようにしていく。	・まわりの人に対して自分の気持ちや考えを安心して表すことができるなど情緒の安定した生活ができるようにする。 ・一人一人が集団の中で主体的に活動し、自分への自信をもつことができるようにしていく。
・保育者等の援助のもと、脱ぐ、着る、履く、顔や鼻を拭く、手を洗うなどの身のまわりのことを自分でできる。 ・走る、跳ぶ、登る、押す、引っ張るなど全身を使う運動を取り入れた遊びや、つまむ、丸める、めくるなどの手や指を使う遊びを楽しむ。	・安心できる大人の見守りや援助を受けながら食事、排泄、衣類の着脱など少しずつ自分でできるようになる。 ・戸外で十分に体を動かし、さまざまな遊具や用具を使った運動や遊びを楽しむ。	・食事、排泄、衣服の着脱など自分のことは自分でしようとする。 ・進んで外で出て友達と一緒にさまざまな運動や遊びを楽しむ。 ・危険なものや場所について理解し、遊具や用具などの使い方に気をつけて遊ぶ。	・身辺が自立し、基本的な生活習慣が身についてくる。 ・積極的に外でさまざまな運動をする。 ・さまざまな遊具や用具を使い、友達と一緒に工夫して遊びを発展させていく。
・自分のやりたい遊びを見つけ、十分に遊び込む。 ・気の合う友達や大人と一緒に、つもり、見立て遊びを楽しむ。 ・保育士等の仲立ちによって友達と共同の遊具や玩具を使って遊ぶ。	・遊びの簡単なルールがわかり、簡単なきまりを守ることができる。 ・さまざまな年齢の子どもとかかわり、遊んだりごっこ遊びや模倣することを楽しむ。	・まわりの人との安定した関係の中で自分以外の人の立場や要求がわかりきまりを守り遊ぼうとする。 ・集団で活動しながら協力して何かをやりとげようとする気持ちをもつ。	・集団で遊ぶ楽しさがわかり、考えながら遊びを発展させようとする。 ・自分の意見や、相手の意見を聞き、友達とかかわる中で、仲間と協力してやりとげようとする。
地域の方とのかかわりを深めていく →			
・身近な自然や自然物とかかわり、その不思議さに興味をもち、探索したり模倣して遊ぶ。 ・身のまわりにある身近な物やさまざまな素材（水、砂、土、紙など）に触れることを楽しむ。	・身近な事物に関心をもち、触れたり、集めたり、並べたりして遊ぶ中で、色や数、量、形などに興味をもつ。 ・さまざまな用具や材料に触れ、それを使って遊びを楽しむ。 ・身近な自然や環境の変化に気づき、かかわる中で遊びや生活に取り入れていく。	・身近なものや自然などさまざまな環境に積極的にかかわる中で、考えたり、工夫して生活や遊びに取り入れていく。 ・日常生活の中で数量や図形に興味をもつ。 ・行事に興味をもち、楽しんで参加する。	・水、砂、土、草花、虫、樹木といった身近な自然環境に積極的にかかわる中で、そのかかわり方や遊び方を体得する。 ・身近にある事物の働きや仕組み、性質に興味や関心をもち、わからないことを調べながら、考えたり、試したり、工夫したりして使おうとする。
・生活に必要な簡単な言葉を聞き分け、オウム返しをしたり自分から片言で話すことを楽しむ。 ・保育士や友達等と一緒に簡単なごっこ遊びや模倣遊びをする中で言葉のやりとりを楽しみ言語の数を増やしていく。	・自分の思ったことや感じたことを言葉に表し、大人や友達とのやりとりを楽しむ。 ・絵本や童話などの内容がわかり、イメージをもって楽しんで聞く。 ・ごっこ遊びの中で、日常生活での言葉を楽しんで使う。	・考えたこと、経験したことを大人や友達に話すことを楽しんだり、まわりの人の話を聞いたりする。 ・絵本、童話などに親しみ、イメージして楽しむ。 ・生活に必要な簡単な文字や記号などに関心をもつ。	・日常のあいさつ、伝言、応答、質問、報告などが上手にできるようになる。 ・人の話を聞いたり、自分で話す、文字に触れるなどの経験の中で、言葉への興味を広げていく。 ・みんなで共通の話題について話し合うことを楽しむ。
・自我が表れはじめ、自分の思いを自己主張する。 ・身近な大人の模倣やものを見立てて表現したり、簡単なごっこ遊びを楽しむ。 ・保育士等と一緒にうたったり、手遊びをしたりリズムに合わせて体を動かして遊ぶ。	・身のまわりのさまざまなものの音、形、手ざわり、動きなどに興味をもつ。 ・音楽に親しみ、聞いたりうたったり、体を動かしたり、簡単なリズム楽器を鳴らしたりして楽しむ。 ・日常生活での出来事をごっこ遊びに取り入れて遊ぶ楽しさを味わう。	・自分のイメージや意思をもってさまざまな素材や用具を工夫して、書いたり、つくったりすることを楽しむ。 ・音楽に親しみ友達と一緒に聞いたり、うたったり、おどったり、楽器を使って表現する楽しさを味わう。	・これまでの経験をもとに個々の興味・関心を深め表現していくことの楽しさを味わう。 ・友達と協力し合って友達と一緒に表現することの楽しさを味わう。
・楽しい雰囲気の中で、自分で食べようとする意欲をもつ。嫌いなものでも少しずつ食べられるように援助していく。 ・保育士等の見守りや援助のもと、あいさつや手洗いなどを自分でしようとする。	・楽しい雰囲気の中で、保育者や友達等と食事をおいしく食べることを喜ぶ。 ・摂取量の個人差や好き嫌いが出やすいので、一人一人の心身の状況を把握し、適切な援助を行う。 ・食事の準備や後片づけを自分でやろうとする。	・野菜や果物の栽培や収穫体験をし、自分が育てたものを食べるという喜びを知る。 ・身近な人と食べることを喜びながら献立や食材に興味、関心をもつ。	・野菜や果物の栽培、収穫、調理体験をし、調理してくれる方への感謝の気持ちや調理方法について興味をもつ。 ・食事のマナーを身につけ気持ちよく食事ができるようにする。

※掲載の「全体的な計画」は本書初版時掲載の「保育課程」を「全体的な計画」として掲載している。

(2) 長期の指導計画

長期の指導計画には、**年間指導計画**、**期別指導計画**（学期別指導計画）、**月間指導計画**などがあります。年間指導計画は、昨年の子どもの姿を踏まえ一年の子どもの育ちを見通し年度のはじめに立案されます。また、期別指導計画とはⅠ期・Ⅱ期……のように子どもの発達の姿により一年間をいくつかの期に区切りその期別に計画を作成していくものです。月間指導計画は、期別指導計画をさらに具体的にしたもので、月ごとにどのような保育を行っていくのかという計画であり、月案とも呼ばれています。季節やその月の子どもの姿に応じて、どのようなねらいをもち、どのような内容を実施するのか、またその際に予想される子どもの姿や保育者の援助、環境構成など細かい部分まで考え立案していくことで、一か月の保育の見通しをもつことができるのです。

このように**各園の全体的な計画や教育課程に基づき、比較的長期的なスパンで子どもの育ちや生活を見通した計画が長期の指導計画**になります。

(3) 短期の指導計画

短期の指導計画には、**週の指導計画**と**日の指導計画**、さらに**部分的な指導計画**などがあります。それぞれ、**週案**、**日案**、**部分案**などと呼ばれています。

週の指導計画は、一週間の子どもの生活や遊びを見通した計画であり、月間指導計画をさらに具体的にしたものです。この週の指導計画をさらに具体的にしたものが日案と呼ばれる一日の指導計画となり、一日の中でも特に部分的な時間を区切り計画を立てたものが部分的な指導計画になります。

保育は計画性をもって行っていくことが必要なため、週の指導計画、さらに具体的な一日の指導案を立て、その中でも必要な部分に関して、部分的な指導案を作成し、保育にのぞむことが理想です。しかし、日々さまざまな業務がある保育の場では、一日の指導計画を毎日立てる時間をとることがむずかしいことや、子どもの日々の生活や遊びの連続性を考えると、一週間というスパンでの計画という形が保育の実践に即しているという視点から、週の指導計画と日の指導計画を組み合わせた**週日の指導計画（週日案）**を作成し、保育を実践していく際に活用している園も多くなっています。

3．発達過程に応じた計画のあり方

「保育所保育指針」の「第１章　総則」「３　保育の計画及び評価」には、「指導計画の作成」として、発達に応じた保育について記されています。ここでは指導計画の作成の際、それぞれの発達過程においてどのような点に配慮していけばよいのか、「保育所保育指針」の記述から考えていきたいと思います。

(1) 3歳未満児の指導計画

3歳未満児の指導計画については、「保育所保育指針」に「一人一人の子どもの生育歴、心身の発達、活動の実態等に即して、個別的な計画を作成すること」と示されています。この時期は、心身ともに著しく発達する時期であり、同じクラスにいる子どもであっても発達の違いが顕著に表れてきます。そのため、**一人一人に合わせた月ごとの個別の指導計画を作成し、子どもにかかわる職員が共通の認識をもって保育にあたる**ということが必要です。

また、一人一人の子どもが安心して生活できるように、特定の保育者との関係を重視した担当制を導入したり、月齢の近い子どもでクラスを分け、生活をするなど、子どもの姿に応じて保育の方法についても考えていくことが必要になります。

(2) 3歳以上児の指導計画

3歳児以上児の指導計画については、「保育所保育指針」に「個の成長と、子ども相互の関係や協同的な活動が促されるよう配慮すること」と示されています。おおむね3歳になると、それぞれの遊びを行いながら遊びの場を共有する平行遊びをしながら、だんだん友達とのかかわりが増えていきます。そのような中で、集団で遊ぶことの楽しさを感じ、仲間の一員としての意識が芽生え、仲間関係も深まっていくのです。このように3歳から就学前までの時期、小学校での生活の基盤となるような充実した生活を営み、仲間関係を築いていくためには、子ども一人一人の主体としての思いを大切にしながら、**子ども同士が協同するような活動の広がりを支えていくことや、そこでの学びを引き出していくための計画や援助について考えていくこと**が必要なのです。

現在、子どもの興味・関心を広げ、そこから学びを引き出していくための指導計画として、Web型の指導計画も注目されています。これは、子どもが興味・関心をもった事柄を軸として、そこからどのような活動が広がっていくのかを予想展開図のように描いていくという形になります。一般的な指導計画では、計画どおりに子どもを導くことに主眼が置かれる傾向があるため、従来の形式にとらわれず、この時期の子どもの姿と発達過程に応じた指導計画のあり方について、それぞれの園で考えていくことも大切でしょう。

check　Web型の指導計画

子どもの興味・関心がある事柄を中心に、それがどのように広がり、活動や遊びが展開されていくのかを次々と考え、予想展開図のようにつないでいく形の指導計画です。ウェブとはクモの巣という意味であり、この指導計画の形がクモの巣のように分かれながら広がっていくため、Web型の指導計画と呼ばれています。

演習課題

1 子どもの主体性を大切にするには、どのような保育の方法が適切か具体的に考え話し合ってみましょう。

2 保育の環境（もの・人・自然・社会事象など）のうち、子どもが保育室で出会う「もの」にはどのようなものがあるのか考え、具体的に書き出してみましょう。

3 環境を通して行う保育とは、どのような保育か説明してみましょう。

4 保育において計画はなぜ必要なのか考えて、話し合ってみましょう。また、計画なしで保育実践を行った場合、どのようなことが起こるか考え話し合いましょう。

この章での学びの確認

本章では、第４章で学んだ保育内容を実践していくための保育の方法について考えてきました。実際の保育の場を見てみると、それぞれの園や保育者によって保育を実践していく方法は実にさまざまです。そのため、まずわが国のガイドラインである「保育所保育指針」における保育の方法の留意事項を中心に共有しながら、保育の方法を考える上で大切な原則について学んできました。具体的には保育の対象である子どもの主体としての思いを大切にし、子どもが生活や遊びの中で環境と主体的にかかわることを通して、子どもの発達を促していく環境を通した保育が、乳幼児期の保育を考える上での基本であるということがわかりました。また、子どもの思いや主体性を大切にしながら、保育者が意図的に子どもにかかわっていくためには、保育の方法や形態をはじめから決めるのではなく、目の前の子どもを理解し、その姿に応じた保育の方法や形態を考えていくということが大切であることも学びました。そしてそのために、子ども理解に基づいた計画（全体的な計画・教育課程および指導計画）を立て、実践し、その実践について振り返りを行い、次の実践に生かしていくという一連のプロセスを保育の過程としてとらえ、見通しをもって保育を行っていく必要があるのです。具体的な保育の計画については、それぞれの園の全体的な計画や教育課程とそれを具体的に実践していくための指導計画があり、その計画をもとに保育者が共通の認識をもって保育を行っていくということを学びました。

このように乳幼児期の保育は、小学校以上で行われている授業や教科とはその内容や方法が大きく異なります。そのため保育者は、生涯の人間形成にとって非常に大切なこの時期に子どもが過ごす場として、どのような保育内容や方法、形態が適切であるのか子どもの姿から考え続けてほしいと思います。

参考文献　reference

『改訂版　保育方法の基礎』　柴崎正行編、わかば社、2018

現在、保育所や幼稚園、認定こども園等の保育の場で日々展開されている保育実践が、わが国でどのようにはじまり、現在に至るのかという保育の歴史を振り返りながら、それぞれの園で適切な保育実践を展開していくための保育の方法について具体的にわかりやすく解説している一冊です。

『改訂　環境構成の理論と実践―保育の専門性に基づいて』　高山静子、郁洋舎、2021

環境を通して行う保育において重要な技術である「環境構成」について、さまざまな保育の場の実践例を紹介し理論と実践の両方の視点から解説しています。乳幼児期にさまざまな環境と出会い、豊かな体験を積み重ねていくためには、どのような原則に基づき環境構成を行っていけばよいのか、実際の実践例をカラー写真で見ながら考えていくことができる一冊です。

『子どもの姿ベースの新しい指導計画の考え方』　無藤隆・大豆生田啓友編、フレーベル館、2019

目の前の子どもの姿をとらえ、「資質・能力」「幼児期の終わりまでに育ってほしい姿」「３つの視点」「５領域」などのポイントを押さえ「子どもの姿」をベースに指導計画を立てていく方法が詳しく解説されています。具体的な実践事例による展開方法や実際の園で立てられた計画も掲載されており、自園での取り組みにすぐにでも活用できる一冊です。

保育における さまざまな配慮

この章で学ぶこと

保育所や幼稚園、認定こども園等において、保育を行っていくにあたり、さまざまな配慮が必要不可欠です。本章では次の４つの事項について確認していきたいと思います。

１つ目は、園における子どもの健康や安全をどのように考え、実際にどのようなことを行っているのかについて学びます。２つ目に、近年子どもの健康の一つとして重要性が指摘されている食育についても取り上げていきます。３つ目に、園には、特別な配慮を要する子どもも生活しています。その子どもたち、あるいはその保護者への具体的な配慮などについて確認していきます。最後４つ目に、園では１年を通して、さまざまな行事が行われています。それらの行事にはどのような意味があるのかについて知り、実際にどのようにして行われているのかについて学んでいきます。

§1 健康および安全

保育所や幼稚園、認定こども園等において、子どもたちの健やかな成長と発達を保障していくためには、心と体の健康と安全への配慮は最優先事項です。園という場が、子どもたちが毎日健康に過ごし、安心・安全に生活できる場所となっているからこそ、よりよい保育を求めることができるのです。ここでは、園における子どもたちの健康と安全の実際をより具体的に考えていく中で、保育者が子どもたちの生命を守り支えていることを理解していきます。

1．子どもの健康

(1) 毎日の保育の中で子どもの健康を守る

① 登園時・降園時

朝の受け入れ時には、保育者が子どもの顔色や表情、体温（乳児は検温することが多い）、皮膚の状態などをていねいに**観察**して、保護者と一緒に健康状態の把握を行います。いつもと違う様子があれば、「朝ご飯はいつもどおり食べましたか？」など、具体的に保護者に確認していくことで、保護者が子どもの体調変化に意識をもってもらうことにもつながります。降園時は、体調に変化がある際にはていねいに保護者に伝えていきます。そうすることで、保護者が降園後に病院で受診するなどの対応を考えられるようになるのです。

園と家庭という2つの場で生活している子どもたちだからこそ、双方が情報交換できるタイミングとなる登園・降園時は、保護者と細やかな連絡を取り合い、子どもについての様子を把握したり、伝えていくことが大切です。

② 体調不良への対応

朝、とても元気に過ごしていた子どもが、お昼になって発熱などの症状が出たりすることがあります。特に乳児は、言葉で訴えることがむずかしいため、日ごろから子どもの小さな変化を見逃さないように心がけます。

子どもの体調不良の場合は、保育所であれば看護師などにすみやかに報告をして適切な対応をします。園生活は集団で生活する場であり、できるだけ病気感染を防止したり、最小限に留めることも重要であるため、保育者だけで安易に判断せずに、別室で経過観察するなどして、冷静に適切な対応をしていくことが、その子どもだけでなく、他の子どもも守ることになるのです。

③ 乳幼児突然死症候群（SIDS）への配慮

厚生労働省によると、乳幼児突然死症候群（SIDS）は、日本での発症頻度はおおよそ6,000～7,000人に1人と推定され、生後2か月から6か月に多いといわれ、現在これによる死亡者数は減少傾向にあります[1]。原因は不明ですが、研究が重ねられる中で、うつぶせ寝との関連や、子どもと母親、双方の危険因子について指摘されるようになってきました。

とくに保育所は乳児を長時間にわたり保育する場であり、午睡もすることから、SIDS は十分に起こりうる可能性があります。SIDS への配慮のポイントを図表 6-1 に示しましたので参考にしてください。

SIDS とは

Sudden Infant Death Syndrome の略称で、それまでの健康状態および既往歴から死亡が予測できない、原則、1 歳未満児に突然の死をもたらす症候群です。現在、研究は進んでいるものの、未だ死亡状況調査や解剖検査によってもその原因が特定されていません。

図表 6-1　SIDS への配慮のポイント

(2) 保健に関する情報公開

保育所や幼稚園、認定こども園等では、現在どのような病気や感染症が流行っているのか、それはどんな症状があり、どのように予防していくことが望ましいのかなどを、保健コーナーや玄関前の掲示板などを活用して情報を公開しています。それは、園内の状況を保護者に正確に知ってもらうことや、病気や感染症についての正しい知識を得てもらい、保護者が過剰に不安にならず、冷静に対応をしてほしいからです。その他、保護者が予防接種についての正しい知識をもつための働きかけもなど行っています。

(3) 健康診断

園では、子ども一人一人の心身の状態などを把握するため健康診断や各検査が行われています。

事例 6-1　「一人でできるよ」

T 也くん（2 歳 3 か月）は、健康診断になるといつも不安で泣いています。今日は秋の健康診断があり、室内遊びでお医者さんごっこを保育者と一緒に楽しんだり、朝に子どもたちに具体的に健康診断ですることを伝えていき、子どもたちが安心して健康診断を受けられるように配慮しました。T 也くんは真剣に保育者の話を聞いたり、「怖くない？」と質問していたので、保育者は「大丈夫だよ。だって、T くん前よりずっと大きくなったし、かっこいいでしょ。ほら、筋肉モリモリ！」と T 也くんの腕に触れていいました。食事前に実施した健康診断は、T 也くんは保育者に「がんばるよ」と一言伝え、真剣な表情でがんばり通しました。保育者が「泣かなかったね、すごいね」とほめると、「T くん、かっこいいから泣かなかった」とホッとしつつも得意気な表情を見せていました。

健康診断は、白衣を着た見慣れない医師が目前にいて、聴診器をあてるなどの行為は子どもにとっては不安になるのも当然です。しかし、事例のように、保育者が具体的にどんなことをするのかを説明したり、ごっこ遊びで実際に楽しんでみることで、子どもはイメージできたり様子が理解できたりします。また、不安を感じる子どもが健康診断をがんばって受けることなども含めて、子どもが健康に意識をもったり、自信につなげる機会にしていきましょう。

(4) 保健指導

健康維持や健康増進の目的で、看護師や地域の保健師などによって、さまざまな保健指導が行われています。たとえば、手洗い・うがい・歯磨き・基本的な生活習慣の指導などがあげられます。専門の先生に話を聞くことで、子どもが保健について意識を高めたり、新しい知識として身につけたりすることもあります。保育者のみでなく、地域でつながるさまざまな専門家と連携して、子どもが健康について考え、その大切さに気づけるようにしていきたいものです。

2．子どもの安全

保育者は、子どもの生命があってこその園であることを忘れてはいけません。「幼稚園教育要領」では「全体的な計画の作成」において教育課程を中心に学校保健計画や学校安全計画などと関連して全体的な計画を作成することが示されており、子どもたちの安全についても重視されています。

また、近年、保育現場における危機管理についての徹底がさらに求められています。危機管理には、**①危機の予知・予測、②未然防止に向けた取り組み、③危機発生時の対応、④対応の評価と再発防止に向けた取り組み**の４つの段階があります。つまり、最大限の努力をしても事故の確率はゼロにはならないものの、常にゼロに近づける努力をし続けること、事故が起こったときには子どもを第一に誠実に対応し、同じような事故が起こらないために検証・防止策をしっかり行うことが重要になります。

(1) 毎日の保育の中で子どもの安全を守る

① 園の内外の安全確認と確保

保育者が園を開園（開所）および閉園（閉所）の際には、園舎や園庭、そのまわりの安全確認を行います。戸締りができているか、園内の火元となる可能性のある場所を把握できているか、毎日の当たり前の確認が、子どもたちの安全を守っているといえます。

日常の保育の中では、園舎全体あるいは園舎のまわりに不備・破損はないか、保育室や玩具の衛生管理など、気づいたことや気になったことを、まずは園長に報告をし、確認・検討・改善をします。「これくらいならいいか」という安易な思いが大きな事故につながることもあるので、声に出して情報共有を図ることが大切です。

事例 6-2　**先生は大変！**

今日は4～5歳児の親子遠足です。電車に乗るため駅に集合しました。保育者は目的地の博物館までの出発時から、電車ホーム到着時、電車乗降時など、ポイントとなるタイミングで必ず人数確認を行い、保育者同士で確認し合っています。はじめは、何もいわない保護者たちでしたが、目的地に到着したときに、保育者が再び人数確認をしていると、保護者数名で「先生って大変。ここに来るまでに何回も人数確認してる。すごいよね」「そうそう、こうして普段から私たちの子どもを守ってくれてるんだね。ありがたいね」と話していました。

保育者は、保育をしているときは人数確認をこまめに行い、誰がどこにいるのかを把握するように心がけています。事例のように保護者から見れば何度もしているように見えますが、人数確認はもっとも基本となる安全確認のため、特に園外保育では欠かせません。このような機会に、当たり前にしている人数確認が重要なことであることを保護者に理解してもらえたことは、保育者としては本当にうれしいものです。

他にも、日常の保育の中では、子どもの安全を守る必要な職員数を確保する、園外保育の計画は全クラスで事前に調整する（全クラスが出かけてしまうと不測の事態に対応できない）、ドアなどの鍵の開閉はきちんと行うなどさまざまなことをしています。

② 避難訓練

阪神淡路大震災や東日本大震災などの多大な被害を経験して、園にはより具体的な避難訓練が求められています。「保育所保育指針」には、「災害への備え」が示されており、その中では避難訓練計画等に関するマニュアルを作成することなどが記されています。そして想定する内容は、地震・火災・風水害、豪雪等の災害だけでなく、不審者侵入対応等も行われています。また、地域の公共施設や自治会の方々と連携・協力しながら、合同避難訓練を実施したり、職員それぞれの役割分担を意識して実施するなど、さまざまな視点をもって訓練が行われています。

保育者が真剣な態度で取り組むことで、その様子から子どもも真剣に取り組むようになります。その真剣な取り組みが、いざというときに「みんなの生命を救う」ことになることを意識して行いましょう。その他、保育者は、避難場所および避難経路を常に確認したり、定期的に避難リュックの中身点検や入れ替えも行っています。

(2) 事故の検証の重要性

保育者がどんなに気をつけていても、事故や災害をゼロにすることはむずかしいことです。万が一、それらが起こってしまった場合は、子どもの生命を第一に、園の職員が連携を密にして、事前に分担されている役割を冷静に果たし対応する必要があります。

もっとも大事なことは、再発防止策を考えていくための検証です。なぜその事故や災害が起こってしまったのか、何が原因なのかなど、園で詳細に経緯を記録にして情報共有し、詳細を明らかにしていくことが、次に起こりうる深刻な事故や災害を起こさないことにつながります。直視するには厳しい事実もあるかもしれませんが、何より子どもたちのために誠実に対応すべきです。

事故や災害には至らなくとも場合によっては深刻な事故や災害に直結したかもしれない出来事を**ヒヤリハット**といいます。大事に至らなかったからこそ、その原因を都度検証して、深刻な事態の防止につなげていく必要があります。園ではヒヤリハットを経験したときに簡単に記入できる報告書やヒヤリハットマップを作成している園も多くなっています。他にもすり傷などの小さなケガなども同様に、ケガ報告書を記入して、職員同士で情報共有し、保護者に正確にそのときの状況や処置を伝えるために活用しています。園全体で情報共有していくことが、事故防止の意識を高めていくことにつながっていくのです。

(3) 子どもたちへの安全指導

園では、保育者が子どもを守ることは何より大事ですが、最終的には子どもが自分の生命を大切に思うことや、自分なりに危険を予測して方法を考えながら、自分の身を守る力を育てていくことが重要です。具体的には、地震などでは防災頭巾をかぶり上履きはしっかり履く、火災のときにはハンカチや衣服の袖で口を押さえるなどがあげられます。これらは、日常の保育の中で、さまざまな経験を通して伝えていくことが大切です。

事例 6-3　「お兄さんってかっこいいね」

避難訓練では、３歳児クラスと５歳児クラスの子どもがそれぞれ手をつないで出発します。歩く途中、５歳児は常に３歳児が歩道側に来るように手をつなぎかえてくれていました。保育者が「さすが年長さんは、小さい子にやさしいね。ありがとう」というと、５歳児のＢ太くんは「当然だろ。年長が小さい子を守るんだよ」といいます。また、Ｂ太くんはきちんとハンカチを口に当てていましたが、３歳児のＳ子ちゃんがハンカチをもたずそのまま歩いていると、Ｂ太くんが「Ｓ子ちゃん、袖をこうやって口に当てて」と教えてくれます。Ｓ子ちゃんはＢ太くんのいうとおりにして「お兄さんってかっこいいね」とうれしそうに保育者に話しました。保育者が「Ｂ太くん、Ｓ子ちゃんのことを大事に思っているんだね」というと「うん」とうなずいていました。

Ｂ太くんはＳ子ちゃんと同じ経験をしていて、今度は事例のように小さな友達を守る立場になっています。Ｓ子ちゃんは、この経験のうれしさから「今度は自分が小さな子を守りたい」という気持ちが芽生えていると推測できます。このような子どもたちの思いが引き継がれていくことで、生命を大切にする方法を身につけることにつながっていくのです。

§2 保育所・幼稚園・認定こども園等における食育

子どもの健康を支えているもっとも基本となるものが「食事」です。毎日の食事は、生命そのものを維持していくためには欠かせないものであり、生涯にわたる食の基礎は乳幼児期に形成されるといわれています。

しかしながら、近年の子どもたちの食は、決して望ましい状態であるとはいえません。核家族や小家族の家族形態の変化や共働き家庭が増えたことにより、日々の生活する時間に余裕がなく、子ども中心の家族生活が困難な状況から、子どもの食に関する問題が深刻化しています。ここではそれらの問題について明らかにしていきます。

1．子どもたちの食の現状

(1) 社会的背景からくる食への考え方の変化

わが国では、肥満児、生活習慣病の増加が問題となっています。栄養の過多や偏り、運動不足などから起こるもので、そのような状況になる前の予防が大切であることが、昨今さまざまな場を通して伝えられています。これについては、今や就学前から子どもの食について考えていく必要性があります。不規則な生活などにより朝食欠食、栄養不足になり、日中の集中力の欠如や体力の低下につながっているからです。

(2) 食事のとり方

子どもが生活する家庭の状況が大きく変化していることなどにより、食事のとり方にもさまざまな問題が出てきています。現在は、食べ物を手軽に買えるようになり、家庭で決まった時間に食べなくても食が間に合うようになっています。そのために、食事のリズムを整えることなく、食事をおいしく食べることができなくなるということも少なくありません。また、共働きなどにより保護者にも時間的余裕がなくなり、手軽に済ませたい思いもあるでしょう。

それらを踏まえて、現在の子どもの食を表しているのが「さまざまな“こ食”」（図表6-2参照）です。子どもにとって食事をする場がどのような場であるのか、という原点に立ち戻って考えていく必要があります。

こ食の種類	その意味
個食	家族が別々の内容の食事をとる（同じものを食べることで生まれる会話がない）。
孤食	子どものみなど、一人きりで食事をとる。
固食	偏ったものばかりやいつも同じものを食べる。
小食	食べる量が少ない食事。
粉食	パン・麺類など小麦粉の食品ばかりを食べる。

図表6-2　さまざまな“こ食”
（筆者作成、参考：岸井勇雄他監修『子どもの食と栄養―演習』同文書院、2011、p.88、表4-2）

(3) 保護者の食への意識の低下

現在、親となって子育てをしている世代の人の多くは、便利な食を活用しながら、育ってきました。また、いろいろな情報が手軽に入ってくる時代でもあるため、食に関してもより便利さを求めていると推測します。

一方で、この世代の人は、核家族・小家族といった家庭環境の中で育っているため、自分の弟や妹を世話するといった経験が少ない傾向にあります。また、地域とのつながりの希薄さもあり、地域の子どもとのかかわりも少ない世代でもあります。したがって、自分の子どもをもってはじめて「子どもの食事」を考えており、わからないことだらけの中で手探りしながら子育てをしている現状なのです。

そのような背景があるために、保護者が子どもの食の重要性に気づいていない傾向が強くなってきています。具体的な姿としては、「簡単で便利に済ませられればそれでよい」「お腹いっぱいになれば何を食べてもいい」「家族が別々に好きなときに食べるほうが気楽だ」などがあげられます。子どもをもつ親になったときには、子どもの食を通して、人の営みとしての食のあり方を考え直していく必要があります。

2．園生活での食育

2005（平成17）年に施行された「食育基本法」では、食育を「生きる上での基本であって、知育、徳育及び体育の基礎となるべきもの」と位置づけています。さらに「様々な経験を通じて『食』に関する知識と『食』を選択する力を習得し、健全な食生活を実践することができる人間を育てる食育を推進すること」としています。これについて、保育の視点から考えていきます。

(1) 食育における養護と教育の一体化

厚生労働省は2004（平成16）年の「保育所における食育に関する指針」を踏まえ、2008（平成20）年の「保育所保育指針」で「食育の推進」が明記され、現在の「保育所保育指針」においても「第３章　健康及び安全」の中で、「食育は、健康な生活の基本としての「食を営む力」の育成に向け、その基礎を培うこと」として食育の目標を示しています。そして、食育は子どもの生命を保持し、健康の維持や増進をして、安心した生活から情緒の安定を図ること、つまり養護の側面が基本となります。そのような中で、食に関する経験を積み重ねて食事に興味をもち、教育がなされるのです。したがって、食育は養護と教育が一体となって行われることが大切といえるでしょう。

(2) 食育の３つの内容

栄養教育学者の岡崎光子によると、食育の内容には以下の３つの領域があります[1)]。それぞれの領域がバランスよく存在することが重要です。

① **人と触れ合う**……食事はよりよい成長を促す場所であり行為といえます。楽しい雰囲気の中で食事をすることで、会話を楽しんだり、人とのかかわりを心地よく感じることができるようになります。

② **自然と触れ合う**……食事は、自然の恵みである食材一つ一つの生命をいただいていること、その命を育むために多くの人が時間と手間をかけていること、毎日心を込めて自分のためにつくってくれているということについて理解しましょう。実際に自分

で野菜を育てたり、動物を飼育する体験をするなどの機会をもつことも大切です。

③ **食文化と触れ合う**……現在は、さまざまな国の食に触れることができる一方で、日本の食事（和食）、あるいはそれぞれの地域の郷土食、季節折々の行事食や旬の影が薄くなり、つくったり食べたりする機会が少なくなっています。また、日本の食事と切り離せない文化についても同様で、長い歴史から築き上げてきた日本の食文化をしっかり見直す必要があります。

(3) 園における食の重要性

このような子どもの食の現状を踏まえると、多くの子どもたちが生活する場であり、親が親として育っていく場でもある保育所や幼稚園、認定こども園等は、食事が子どもの食の見本となり、家庭における食を整えていくという役割を担っていることが理解できます。

子どもと保護者の食事の実態をコミュニケーションをとる中で把握していき、楽しい食事を心がける、保護者が困っていることに助言をする、給食のレシピを紹介する、それぞれの食材のよさを伝えるなど、食に興味・関心をもてるようにしていきましょう。

3．保育の中での食育

(1) 保育者や友達と楽しく食べる

園では集団保育だからこそ、多くの人と会話などを楽しみながら食べる楽しさを十分に感じる経験ができる場所です。子どもたちは同じものを楽しく食べることから、友達と一緒にいる楽しさを感じたり、食事のマナーに気づいたりすることも多いのです。

事例 6-4　**「食べてみようかな」**

２歳児のＫ子ちゃんとＮ子ちゃんは、最近よく一緒に遊ぶことが増えてきた仲良しです。食事は同じテーブルで、いつも楽しくおしゃべりしながら食べています。今日の食事の献立は、Ｋ子ちゃんの嫌いな人参がありました。Ｎ子ちゃんは「人参って甘くておいしいんだよ」と保育者に話してきたので、「そうだね、甘くておいしいね」と保育者が答えると、Ｋ子ちゃんは「ちょっとだけ、食べてみようかな」と小さな声でつぶやきました。そして、一片の小さな人参を自分でスプーンを使ってすくい口に入れました。保育者は「すごいね、Ｎ子ちゃんのお話を聞いて、食べようと思ったんだね」とほめました。人参はＫ子ちゃんにとって、やはり好む味ではなかったような表情をしましたが「先生、人参食べたよ」と少し得意気にいいました。

友達関係ができてくると、保育者がいくら進めても食べなかったものを“大好きな○○ちゃんが△△を食べているから食べてみよう”という姿が見られることも出てきます。事例のＫ子ちゃんにとってＮ子ちゃんはいつも一緒にいる大好きな友達であり、そのＮ子ちゃんが大好きな人参だから、食べてみようと思ったのでしょう。子どもにとっては、大好きな友達の存在は大きいものです。このように、友達と楽しく食べる場を通して、さまざまな形で食育につながっていくことを大切にしてほしいと思います。

(2) 自分たちで食べ物を育てて食べる

子どもたちで、食べ物を育てて食べることは、自然の恵みをいただいていることや育てていくことの大変さ、あるいは収穫した喜びなどが経験できるという意味でとても大切な活動です。

事例 6-5 「保育園のピーマンおいしいね」

5歳児クラスでは、ピーマン、ナス、オクラなど夏野菜を育てることにしました。たい肥づくりや土づくりから行い、当番活動の中で「夏野菜の水やりもやろう」と子どもたちで伝えていました。子どもたちは毎日、水やりをする中で、「昨日より大きくなってる」「つぼみができた」など、ささやかな変化に気づいて保育者に報告します。保育者は「どれどれ……本当だね。食べるの、楽しみだね」と一緒に夏野菜の成長を楽しみにしていました。

夏を迎え、野菜の収穫時期となり「これなら大丈夫？」と保育者と確認しながら、子どもたちはピーマンの収穫をしました。はじめての収穫はピーマン２個です。栄養士にピーマンを見せて「ピーマンとれたよ」と報告しに行くと、栄養士はすぐに子どもたちの前にガスコンロを用意して調理をしてくれました。５歳児クラスは 21 名なので、ピーマン２個だと、ほんの一口ずつではありましたが、みんなで試食することになりました。「わぁ、おいしい」「何だかちょっと甘い」「お家より保育園のピーマンのほうがおいしい」といい、いつもピーマンを食べない子どもまで「保育園のピーマンはうまい！　おかわり！」と笑顔で食べていました。

毎日ちょっとした成長の変化に気づき喜びながら育てて収穫した夏野菜を、友達と一緒に食べるという活動は、子どもたちにとって本当に楽しいことでしょう。事例の中で、毎日、夏野菜の育ちを楽しみながら見ている子どもの姿が想像できます。そして、いつも食べている野菜と同じものなのに、自分たちで育てたほうがおいしいと感じている姿こそが、まさに生命をいただくことへの感謝の気持ちにつながっていくのです。

(3) 調理の手伝い

子どもたちの年齢に合わせながら、調理の手伝いやクッキングをすることで、自分たちが食べている給食への関心は広がります。自分の食べているものがどのようにつくられているのかを知り、つくっている人への感謝にもつながっていきます。園では、とうもろこしの皮むき、プチトマトのへた取りなど簡単な手伝いからはじまり、ピザづくりやクッキーづくりなど手順が多くなるクッキングなども行っています。

(4) 食材について一緒に考える

5歳児くらいになると、栄養士が子どもたちの食育指導として食品の種類を赤群（主に体をつくるもとになるもの）、緑群（主に体の調子を整えるもとになるもの）、黄群（主にエネルギーのもとになるもの）の色分けで食について学ぶことも増えてきています。

たとえば、図表6-3のように、その日に配膳される給食を見て、子どもたちで、どの食材がどのグループに入るのか、相談しながら3色のグループ分けを行う活動などです。はじめは保育者とともに行いますが、子どもたちはクイズのように楽しむようになり、慣れてくると教え合うなどの姿も見られ、楽しく食材について学ぶことができます。

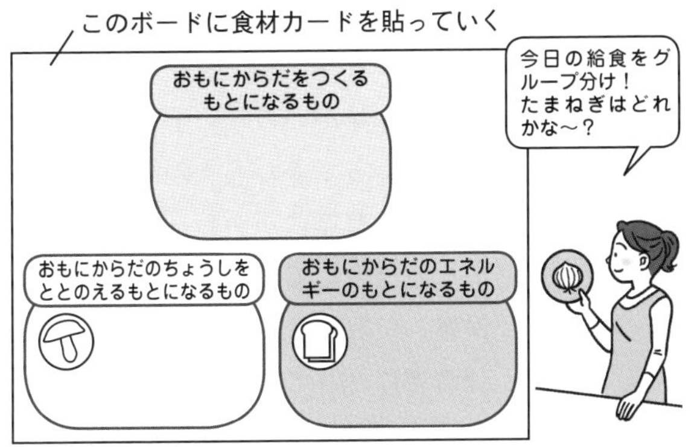

図表6-3　食育のための「3食ボード」

§3 特別な配慮を要する子どもの支援

特別な配慮を要する子どもとは、子ども自身が課題を抱えていたり、子どもが養育される環境が好ましくない状況にあり、園での生活において個別の配慮を必要としている子どもをいいます。ここではそのような子どもを保育していく上での留意点、そのような子どもをもつ親を支えていくことの重要性などについて述べていきます。

1．障がい児の保育

(1) 障がい児保育とは

障がい児保育とは、心身に障がいのある子どもの保育をいい、その子どもが保育される場所は、保育所や幼稚園、認定こども園、特別支援施設などさまざまです。

障がい児保育は、障がい児の親たちによる草の根的運動からはじまり、保育所においては、1974（昭和49）年の「障害児保育事業実施要綱」により、指定保育所で試行的に行われました。その後、障がい児のさまざまな受け入れについての改正がなされ、1989（平成元）年以降は特別保育事業として位置づけられるなど、保育所における障がい児の受け入れが少しずつ増えていきました。

幼稚園でも、このような社会的な流れから分離保育の形式ではありましたが、障がい児の受け入れをするようになりました。現在では、「幼稚園教育要領」には「障害のある幼児への指導」が示されており、障がい児に対する配慮事項が記されています。

そして、保育所や幼稚園、認定こども園それぞれにおいて、園に通園しながらも専門的治療・訓練を受けることができる障がい児通園施設への通所が可能となっており、柔軟な姿勢をもった受け入れがなされるようになっています。

(2) 統合保育からインクルーシブ保育へ

統合保育とは、障がいのない子どもと障がい児を一緒に保育することをいいます。障がい児保育に携わってきた人々の努力により、多くの園で実施されています。現在においては、障がいの有無にかかわらず「子ども」としてとらえて、包括的に一人一人の子どもに必要な支援をしていくことが大切であるという考えを踏まえて保育する「**インクルーシブ保育**」が求められています。この考えは、障がいのない子どもや障がいのある子ども、保育者にとって重要な意味をもちます。

それは、子どもたちが一緒に生活することを通して、ともに育ち合い、互いに「生きる力」「生きていく力」を身につけるということです。障がいのない子どもにとって障がい児は、自分とは異なった存在として受け止め、はじめは言葉のかけ方一つでも戸惑いを感じるでしょう。障がい児にとって障がいのない子どもは、生活の中での具体的なモデルになり、社会とつながる相手となります。互いにさまざまな立場をもちながら、人は一人一人異なるものであり、それらの違いを認め合い、同じ人としてともに生活するという経験をします。その経験を通して、障がいの有無にかかわらず、子どもたちが、みんなで楽しく心地よく生活することを考え行動する力を身につけていくことへとつながっていくのです。事例はそのようなことが感じられる場面といえるでしょう。

事例 6-6　**みんなでフルーツバスケット**

５歳児クラスのＨ也くんは自閉的傾向のある子どもで、集団で行うゲームは理解するまでに時間がかかります。フルーツバスケットは何回か一緒に行ったことはありますが、まだ十分には理解しきれていません。同じクラスのＹ美ちゃんが「フルーツバスケットやろう」と言い出し、クラス全員ですることになりホールに集まりました。Ｈ也くんは､「一緒に行こう」と同じグループのＤ子ちゃんに声をかけられ、手をつないでホールに行きました。Ｈ也くんは、友達が用意してくれた椅子に座り､Ｄ子ちゃんから「リンゴだからね」と､リンゴのメダルをつけてもらいゲームがはじまりました。鬼が「リンゴ！」というと､Ｈ也くんのとなりの子どもが「Ｈ也くんだよ！」と背中を押し､Ｈ也くんは立ち上がりますが迷っていると、Ｆ男くんが「Ｈ也くん､こっちに座って！」と叫びます。Ｈ也くんが無事に座ると、Ｆ男くんが「よかったね。セーフだよ」と肩をポンポンと触れ、笑顔で声をかけ、Ｈ也くんも「セーフだよ」とうれしそうに答えていました。

保育者にとっては、障がいのない子どもと障がい児をともに保育することは、一人一人の子どもに、より細やかな目をもって保育する必要性があります。そのため、保育者としての高い資質や力量が必要です。しかしそれらは、障がい児に対する専門知識を学びながら、日々の保育で試行錯誤をしている中で養われていくもので、容易なことではありません。園の職員同士で連携し、みんなで育てる気持ちを大切にしてほしいと思います。

(3) 障がい児保育の今後の課題

① 保育者の加配

各園においては、障がい児を受け入れていくには、障がい児を個別に支援していくための保育者の加配が必要です。これについては、かなり整備されてきた部分もありますが、現状として、加配された保育者が障がい児に一対一で保育することはむずかしい状況です。それは、保育業務が飽和状態であることなどが理由としてあげられます。よって、加配された保育者が障がい児と子どもの仲立ち役やむずかしいことへの支援をしっかり行えるための保育者加配の実現を目指したいところです。

加配保育者

担任保育者以外に子どもの障がいや育ちの状況に合わせて、保育者を確保して保育する制度があります。その保育者はそのクラスの一保育者として一緒に保育を進めていきます。

② 専門性の習得

障がいといっても、さまざまな種類・程度があり、望ましい対応は一人一人異なり、「この子にとって望ましい援助」を考えていく必要があります。そのためには、積極的に専門的な研修に参加するなどして、専門的知識や技術を習得することが重要です。また、それを園にもち帰り、園全体で障がい児についての学びを深めていくことが望ましいでしょう。

③ みんなで見る保育体制

園で障がい児を受け入れて、障がいのない子どもと障がい児がともに育ち合う関係になるためには、園にいる保育者だけではなく、職員全員でその保育を支えていくことが重要です。保育者一人が障がい児のことすべてを任されてしまうと、精神的にも身体的にも大きな負担になることが多いからです。また、一人より少しでも多くの人の目で保育を見て考えることで、よりよい保育ができるようになります。よって、職員一人一人が専門性を生かし、職員みんなで見る保育体制の実現をするために、子どもについての情報交換や連絡事項、保育について相談し合える雰囲気づくりが大切です。

④ 専門機関との連携

保育者は保育の専門性はもっていますが、医療・看護などの専門性はもち合わせてはいません。障がい児には、障がいの種類や程度によって、保育とは異なる専門性を要する場合が多いことを考えると、障がい児を理解するための専門知識や技術をもった専門機関との連携は欠かせません。園や保育者が専門機関と連携することで、活動の中で工夫すべき部分がわかったり、生活面での援助の方法も理解して実践できるようになります。

2．虐待などへの対応

(1) 児童虐待とは

近年、児童虐待が一つの大きな社会的問題として認識されるようになりました。そして、その数は毎年増加し続けており、さらにはその水面下においても多数あると推定されます（本書 p.151、図表 7-2 参照）。

児童虐待とは、①**身体的虐待**、②**性的虐待**、③**ネグレクト**、④**心理的虐待**があり、虐待を受けている場合、複数の種類の虐待を同時に受けていることが多い傾向にあります。虐待を受けた子どもは、心身ともに傷つき、いつも不安な状態になったり、虐待による後遺症のために障がいがあるなどの姿が見られ、生命にかかわってくる場合もあります。

就学前の子どもの生活は、養育者に依存する部分が大半を占め、子ども自身で解決することができないため、虐待から子どもを守る地域社会づくりが重要となります。

児童虐待

「児童虐待の防止等に関する法律」の第２条に児童虐待には以下の４つがあり、次のように定義をしています。

- **身体的虐待**：児童の身体に外傷が生じ、又は生じるおそれのある暴行を加えること。
- **性的虐待**：児童にわいせつな行為をすること又は児童をしてわいせつな行為をさせること。
- **ネグレクト**：児童の心身の正常な発達を妨げるような著しい減食又は長時間の放置、保護者以外の同居人による前２号又は次号に掲げる行為と同様の行為の放置その他の保護者としての監護を著しく怠ること。
- **心理的虐待**：児童に対する著しい暴言又は著しく拒絶的な対応、児童が同居する家庭における配偶者に対する暴力（配偶者（婚姻の届出をしていないが、事実上婚姻関係と同様の事情にある者を含む。）の身体に対する不法な攻撃であって生命又は身体に危害を及ぼすもの及びこれに準ずる心身に有害な影響を及ぼす言動をいう。）その他の児童に著しい心理的外傷を与える言動を行うこと。

(2) 児童虐待の要因と対応

児童虐待は、特別な親子だけに起こるわけではなく、ごく普通の家庭でも起こり得ることです。児童虐待の要因は、身体的、精神的、社会的、経済的などの要因が複雑に絡み合っているといわれており、主な要因は図表 6-4 に示したとおりでさまざまです。しかし、それに当てはまる家庭が必ずしも虐待につながるわけでないため、虐待に当てはまる状況かどうかを見極めて、客観的に判断していく必要があります。

「児童虐待の防止等に関する法律」の第５条に「学校の教職員、児童福祉施設の職員、医師、歯科医師、保健師（中略）児童虐待を発見しやすい立場にあることを自覚し、児童虐待の早期発見に努めなければならない」とあるように、

保護者側のリスク要因	・妊娠そのものを受容することが困難（望まない妊娠） ・若年の妊娠 ・子どもへの愛着形成が十分に行われていない（妊娠中に早産等何らかの問題が発生したことで胎児への受容に影響がある。子どもの長期入院など）。 ・マタニティーブルーズや産後うつ病等精神的に不安定な状況 ・性格が攻撃的・衝動的、あるいはパーソナリティの障害 ・精神障害、知的障害、慢性疾患、アルコール依存、薬物依存等 ・被虐待経験 ・育児に対する不安（保護者が未熟等）、育児の知識や技術の不足 ・体罰容認などの暴力への親和性・特異な育児観、脅迫的な育児、子どもの発達を無視した過度の要求　等
子ども側のリスク要因	・乳児期の子ども　　・未熟児 ・障がい児　　・多胎児 ・保護者にとっての何らかの育てにくさをもっている子ども
養育環境側のリスク要因	・経済的に不安定な家庭 ・親族や地域社会から孤立した家庭 ・未婚を含むひとり親家庭 ・内縁者や同居人がいる家庭 ・子連れの再婚家庭 ・転居を繰り返す家庭 ・保護者の不安定な就労や転職の繰り返し ・夫婦間不和、配偶者からの暴力（DV）等不安な状況にある家庭　等
その他虐待のリスクが高いと想定される場合	・妊娠の届出が遅い、母子健康手帳未交付、妊婦健康診査未受診、乳幼児健康診査未受診 ・飛び込み出産、医師や助産師の立ち会いがない自宅等での分娩 ・きょうだいへの虐待歴 ・関係機関からの支援拒否　等

図表 6-4　虐待に至るおそれのある要因・虐待のリスクとして留意すべき点（厚生労働省「子ども虐待対応の手引き（平成 25 年改訂版）」より、筆者作成）

保育所や幼稚園、認定こども園等では、虐待の早期発見に努めなければなりません。また、虐待の疑いがあるときには、児童相談所に通告、あるいは関係機関と連携を行った上で、園内においても、職員間で共通理解をもって対応する必要があります。

子どもに対しては、より細やかな個別対応をしていくことが大切です。心に傷を負ってつらい思いを抱えているので、保育者は子ども自身が自分の存在を肯定的に受け止められるような言葉かけやかかわりはもちろんのこと、身体状況の把握をして、親子の状態について、情報収集をすることも大切です。虐待されている子どもは自分の存在を肯定的に受け止められない状態にあるため、問題行動が目立ち、他の子どもとのトラブルも多いので、それについての対応もていねいにしていかなければなりません。

親に対しては、保育者は養育できていないことなどを責めたり、否定したりしないことが重要です。保護者の気持ちの理解に努め、信頼関係を築いていくことを第一に考えます。それはまず園が安全な場所であると認識してもらい、子どもが毎日登園することで園と保護者のつながりをもち続けて、最悪の事態を避けなければならないからです。さらには、保護者自身が安心して生活できることについても考え援助していきます。

3．気になる子ども

(1) 気になる子どもとは

気になる子どもとは、保育をすることがむずかしいと感じる子どもをいいます。その子どもの具体的な姿としては、落ち着きがない、衝動的な行動が目立つ、友達とのトラブルが多い、友達と一緒に活動ができないなどがあげられます。

このような子どもの姿になる原因は、**①子どもの発達上の遅れ・歪みによるもの**、**②子どもの気質などによるもの**、**③家庭環境や保護者の養育態度などによるもの**、**④クラス内の子ども同士の関係性**があげられ、原因が一つであることは少なく、複数の原因が絡み合って、結果として子どもが気になる行動を起こすことが多いといわれています。

(2) 気になる子どもと保護者への対応

気になる子どもの対応は、子どものありのままを受け止めることからはじめ、個別にていねいな対応が必要です。実際には容易なことではなく、保育者にとっては精神的・体力的にも大きな負担がかかります。だからこそ、一人の保育者でその保育のしにくさを抱えずに、複数の保育者で子どもの様子を観察して、子どもへの理解を深めながら、よりよい保育方法を探っていくことが重要です。それは、結果的に子どもにとってよい状況をつくり出すことにつながります。

気になる子どもの保護者への対応は、基本的には保護者の気持ちを肯定的に受け止め、理解に努めて信頼関係を築くことが重要です。その中で、子どもや保護者の様子を観察・把握していき、保護者が必要としている支援を見出して、保護者の様子を見ながら行っていきます。たとえば、子どものよい部分をていねいに伝えていく、食事や排泄など保護者が困っている子どもの生活面についての援助方法を一緒に考えるなどがあげられます。保護者が少しでも育児に対して前向きになれるように、子どもをかわいいと感じられるように、根気よく保護者に寄り添っていくことが大切となります。

4．海外から帰国した子どもなどへの対応

海外から帰国した子どもが入園してきた際などの対応は、子どもの国籍や文化の違いを認めていく中で、相互理解を図っていくことが大切になります。具体的には、その子どもが生活していた国の言葉や文化を教えてもらい、文化の違いに気づき理解したり、またその中で日本の言葉や文化を伝えながらお互いに理解を深めていくなどです。この相互理解を図り、深めていくことが、子どもたちの国際理解につながっていきます。

§4　園生活における行事

1．園生活における行事とは

保育所や幼稚園、認定こども園等における行事とは、子どものよりよい成長を願い、保育のねらいをもって、恒例として日を定めて取り行う催しをいい、1年間を通していろいろな行事が行われています。行事の考え方や取り組み方は各園さまざまですが、一つ一つの行事のねらいを達成できるように、そして何より子どもたちが喜んで行事に参加し楽しめるように計画することが大切です。

それでは、これらの行事は、子どもにとってどのような意味をもっているのでしょうか。それは、以下のようなことがあげられ、これらが、一つの行事に単独して意味が存在するのではなく、複合的にもち合わせることが多いといわれます。

・日本の伝承文化に触れたり、体験して知る。
・非日常的な経験をすることを通して、楽しんだり学んだりする。
・新しい課題に立ち向かっていく機会。
・友達と一緒に一つの目標に向かって取り組むことを楽しむ。
・他クラスの子どもや地域の人との交流。
・子どもの成長を喜び合う機会。

園の行事には、四季折々に合わせて行う行事の他にも、健康診断・身体測定などの保健的な行事、保護者会・保育参加など保護者を中心とした行事があります。これら一つ一つには大切な役割があるということを理解しましょう。

・四季折々に合わせて行う行事

この行事は、その季節ならではの行事、子どもの成長を祝う行事、日本の伝承・文化的行事などがあります。たとえば、入園祝い会（入園式）、プール開き、七夕、節分などです。子どもが参加して楽しむ、あるいは子どもが主体的に計画して行う場合があり、子どもたちは、期待を膨らませながら楽しむ姿が見られます。

・保健的な行事

子どもの心身の健康を守っていくために、子どもの成長状況を把握したり、病気の早期発見に努めていくために行われます。たとえば、毎月の身体測定、春と秋の健康診断、歯科検診、0歳児健診などがあげられます。子どもが不安を感じないように、事前に各クラスで子どもに説明するなどの工夫をしています。

・保護者を中心とした行事

自分の子どもの園生活の様子を実際に見ることはほとんどない保護者に、その姿を写真やビデオで伝えたり、その年齢ならではの悩みを保護者同士で話す機会にしていき、子どもの成長を喜んだり、子育てを前向きになれるようにしていくための行事です。保護者懇談会、保育参観・参加、個人面談、給食試食会などがあげられます。この行事は、保護者同士のつながりをもてるようにしていくことができる大きな役割を担っているといえるでしょう。

・安全管理や安全指導、危機管理などで定期的に行う行事

園における安全管理や安全指導、危機管理などへの意識を職員や子どもと一緒に高めていく行事として、避難訓練や交通安全指導などを定期的に行っています。これらの訓練や指導を通して、“こういうときには～する”“～することは危険だから絶対にしない”など、保育者と子どもたちで一緒に具体的に確認などをする大切な機会にしていきます。その一つ一つの積み重ねがそれぞれの命を守ることにつながっていくのです。

2．低年齢児の行事の参加について

行事は、主に幼児を中心に計画され、取り組まれることが多い傾向にあります。幼児は行事の意味をその年齢なりに理解して楽しむことができ、集会形式でもまわりの状況を理解しながら十分に参加して楽しむことができるからです。

しかし、低年齢児はそのようにはいきません。低年齢児は、発達が未熟であるために、子ども自身が行事の意味を理解したり、行事に意識をもって取り組んだりすることがむずかしいからです。しかし、低年齢児なりに、いつもの園生活とは異なる変化を楽しんだり、行事の雰囲気を楽しむことは大切です。たとえば、玄関に飾られた笹飾りをながめて七夕の雰囲気を感じる、幼児が芋汁を自園の乳児クラスの子どもたちや招待している地域の方々のためにつくる様子を見て、給食で食べるなどがあげられます。その際、大切なことは一人一人の子どもが無理なく楽しめる範囲で参加していくということです。子どもによっては、大勢人が集まる集会形式に対して不安を感じることもあるので、そのようなときには、保育室に戻ってゆったり好きな遊びを楽しむ時間にしていくとよいでしょう。

3．園における行事の形式

行事の形式は、その行事のねらいからどのように行いたいか、あるいはその行事にはどのような形式が適切かを考えて決めていきます。形式には主に以下の3つがあげられます。

(1) 日常の生活の中で行う

日本の伝承行事は、日常の生活と密着して行われてきたものが多くあります。たとえば、節分はいつもと変わらない生活に突然、鬼が登場して、怖がりながらもみんなで退治します。園でも、あえて生活に密着した行事のよさを経験できるように行うようにしている場合もあります。特に伝承行事については、このような形式は本来の行事のあり方と同じように経験できる点で望ましい形式といえるでしょう。

(2) 集会形式で行う

ホールなどに自園の子どもたちが集まって行う形式です。園の全クラスが集まる場合や保育所などでは乳児クラスと幼児クラスの2部形式など、集会形式といっても行事のねらいにあわせて集団の分け方はさまざまです。集会形式は、主に保育者が前に出て進行していくことが多い傾向にあります。

(3) 活動としての取り組み

日々の活動の積み重ねから行事につなげていくこともあります。たとえば、お店屋さんごっこという行事は、子どもがどんな品物を売りたいかということを考え製作して、お店屋さんをつくっていくという活動を通して、園全体の行事にしていくことがよく見られます。保育者は、それぞれの子どもの思いを受け止め尊重しながら、援助をしていきます。

4．行事の計画および評価・反省

行事は園全体の取り組みであるので、行事の進め方は、園の全職員が把握していくことが基本です。そのため一つの行事に中心となって動く保育者（司会・リーダー）とその保育者の役割を補助していく保育者（サブリーダー）がおり、その行事の担当として進めていきます。リーダーは、会議などで事前に行事に関する検討すべき事項を出して話し合い、行事の計画を立てます。その計画を整理して次頁図表6-5のようにわかりやすく行事記録として作成し、全職員に周知をします。また、他の職員に役割を依頼する際には、誰がいつどんなことを行うのかしっかり明記します。準備物については細かな部分まで記入していくことで、うっかり忘れてしまうことをなくしていく意味で大切です。

実際に行事を行ってみてどうだったか、来年度に向けての課題を中心に各クラスで評価・反省を出してもらい、整理をして記入をしていきます。係の立場としても同様に記入しておくことで、来年度の係になる職員にはとても参考になります。さらに、会議でも評価・反省を行うことで、職員同士の共通理解ができ、次につなげることができます。

購入物についてですが、行事によっては特別な購入物を必要とする場合もあります。それを来年度になって保育をする中で数などを調べることは、時間や労力を必要とします。行事の片づけとともに、残りの数を確認して、来年度購入が必要かどうか、必要ならば残りがいくつで購入数はいくつがよいのかなど具体的に行事記録に記入していきましょう。

<table>
<tr><td>行事名</td><td>新年子どもの会</td><td>＜司会＞　小林　＜サブ＞　柿崎</td></tr>
<tr><td>ねらい</td><td colspan="2">・新年を迎えたことを知り、元気に迎えられたことを喜ぶ。（Ⅰ部）全体
・正月遊びを知り、実際に遊んで楽しむ（Ⅱ部）幼児中心で乳児は柔軟に参加</td></tr>
<tr><td colspan="2">＜月日＞　○○年１月○日</td><td>＜時間＞　Ⅰ部　10:00　〜　10:25
Ⅱ部　10:25　〜　11:30</td></tr>
<tr><td colspan="2">＜プログラム＞
Ⅰ部　集会（ホール）
１．新年のあいさつ
２．園長先生の話
３．お年玉（各クラスにラムネ）
４．パネルシアター
「十二支の話」
５．獅子舞

Ⅱ部　正月遊び
ホール　羽根つき
３歳児室　磯辺焼き
４歳児室　コマ回し
５歳児　福笑い
磯辺焼きを食べる順番
５⇒４⇒３の順番</td><td>（Ⅰ部）
パネルシアター台
保
ござ
０・１・２歳児
ソフト積み木
３歳児
４歳児
５歳児</td></tr>
<tr><td colspan="3">＜準備物＞
テーブル１台・パネルシアターセット、お年玉（０歳せんべい、１〜５歳ラムネ）
お囃子CD、CDデッキ、獅子舞（顔・布）、正月遊びセット、磯辺餅（栄養士担当）
＜職員体制＞
磯辺焼き（栄養士・主任・調理師）、ホール（小山）、３歳児室（足立）、４歳室（鈴木）、
獅子舞（平野・木村）</td></tr>
<tr><td colspan="3">＜評価・反省＞
＊０歳：子どもの様子で出入りできる場所に座ることができてよかった。お正月の雰囲気を感じることができたと思う。
＊１歳：１歳児なりに新年のあいさつをしたり、お年玉を喜ぶなど新年の雰囲気を楽しむことができた。獅子舞のときに怖がるので、事前に隅に移動することもよいかと思った。
＊２歳：パネルシアター「十二支の話」は身近な動物が出てくることもあり、よく見ていた。Ⅱ部にも興味をもって、幼児と一緒に楽しみたい子どもがいて、柔軟に対応してもらいよかった。
＊３歳：新年のあいさつをしっかりする子どもがいて成長を感じた。はじめてお餅を食べられるのでとても喜んで食べ、特に問題なかった。順番を先にしてもらえると待つ時間がなくて助かる。正月遊びは、４・５歳児と一緒に教えてもらいながら楽しめていたのがよかった。
＊４歳：パネルシアターのお話は集中してみて楽しんでいた。獅子舞を見ることができてとても喜んでいた。正月遊びは、あこがれの年長と一緒に遊ぶことができたことは次につながっていくと思う。
＊５歳：獅子に顔を噛まれることは少々緊張しつつも喜んでいた。年長として小さい子どものお世話をしながら、正月遊びを楽しめたようだ。このような交流は続けていきたい。</td></tr>
<tr><td colspan="3">＜係より＞
・どのクラスも無理なく参加できたことは、行事として大切なことなのでよかった。
・幼児会議で詳細に検討できたことで、Ⅰ部からⅡ部に移るときも特に問題なく行えた。
・磯辺焼きの順番は、来年度確認したほうがよい。３歳児が最後だとむずかしい状況だった。
・正月遊びは、この時期なので自然な異年齢交流ができてよかったと思う。来年度も行ってほしい。

＜来年度に向けて必要な購入物＞
・羽根つきの羽が消耗して処分したので10個購入
・お年玉は12月上旬には栄養士と確認し合う</td></tr>
</table>

図表 6-5　ある保育所での行事記録の例（保育者は仮名）

演習課題

1 保育所や幼稚園、認定こども園等において、子どもの健康はどのように守られているのか説明してみましょう。

2 子どもが健やかな成長をする上でなぜ今、食育が重要なのか説明してみましょう。

3 虐待の疑いがある場合に考えられる連携すべき機関についてあげて、それぞれどんな機関なのか説明してみましょう。

4 保育所や幼稚園、認定こども園等における行事にはどのような意義があるのか、説明してみましょう。

この章での学びの確認

保育を行うにあたっては、子どもが健やかに成長していくことを望み、さまざまな取り組みを行い、日々の保育の中では、登園時などで健康チェックを行ったり、体調把握に細やかな配慮をしています。定期的にも健康診断や保健指導など行い、子ども自身が自分の成長を知ったり、健康の大切さを学ぶ機会となっています。

子どもの安全については、安全確保と安全指導が重要です。毎日の安全確認が結果的に子どもの命を守ることにつながることを意識し、避難訓練などの取り組みはいざというときのために、保育者も子どもも真剣に取り組んでいくことが大切なのです。

また、近年の深刻な問題として食育について取り上げました。就学前までの食育は健全な心身の発達を促すといわれていることからも、園における食育への取り組みは子どもの今後の成長に大きな意味があることが理解できたのではないでしょうか。また、保護者にも食育の重要性を伝えていくことも大きな役割となっているため、保護者とのコミュニケーションを大切にしていってほしいと思います。

特別な配慮を要する子どもでは、園にさまざまな子どもが生活していることが理解できたでしょう。その子どもによりよい保育をするため、保育者は専門機関との連携や園職員の協力、保護者への細やかな対応などが必要です。これらの細やかな配慮が、子どもたちの互いの成長につながっていくことを忘れないで保育をしてほしいと思います。

園生活における行事は、一年を通して行われており、一つ一つの行事に保育の意味があることや、子どもの成長する機会の一つであることなどが理解できたのではないでしょうか。また、係の保育者は、行事のねらいを達成していくために望ましい形式を考えながら計画し、行事は全職員で取り組めるようにしていくことが大切です。

参考文献　reference

『保育現場の「深刻事故」対応ハンドブック』
山中龍宏・寺町東子・栗並えみ・掛札逸美、ぎょうせい、2014

保育現場での深刻事故というのは、どの園でも起こり得るものです。この本は「子どもの命を守り、保護者の安心を育て、施設で働く職員の心と仕事を守る」という視点から、保育現場における災害や事故の対応をわかりやすく解説しています。実際に起こった深刻事故を例に、それを防止していくための対策についてもていねいに書かれています。

『改訂版　障がい児保育の基礎』　柴崎正行編、わかば社、2023

障がい児の保育は、現在、インクルーシブ保育を目指す方向へと変わりつつあります。このような社会の変化や子どもの多様性に保育者が対応していくために必要な障がい児保育の基礎をさまざまな視点からていねいに解説をしている書籍です。わかりづらい用語解説もピックアップして説明してあります。

『子どもに伝えたい年中行事・記念日＜新訂版＞』　萌文書林編集部編、萌文書林、2019

現在の日本の社会は、さまざまな国の文化が入り、自国の文化や生活のありように対する意識が少ないように感じられます。保育者は、次世代の子どもたちへ自国の生活文化や成り立ちを伝える大切な役割をもっています。この書籍は、日本の生活文化の「正確な知識や情報」を読みやすく解説されており、保育現場においても活用しやすい一冊です。

保育の場における子育て支援

この章で学ぶこと

本章では、保育所や幼稚園、認定こども園等に求められる子育て支援の背景とその内容、具体的方法について学びます。

まず、§1において、現代の子育てにはどのようなむずかしさがあるのかを確認し、保育所における子育て支援の歴史的経緯をたどりながら、保育現場における子育て支援の役割や機能について学びます。§2では、在園児の保護者に対する支援や地域の在宅子育て家庭に対する支援の内容について確認し、§3では支援者としての基本姿勢について学びます。

最後に、§4として、子育て支援における保育の専門性の活用方法について、実践例をもとに考えてみます。さらに、ひとり親家庭と障がいのある子どもの保護者を取り上げ、特別なニーズをもつ家庭への支援について理解を深めていきます。

§1 子育てをめぐる問題と子育て支援の背景

1．子育てをめぐるさまざまな困難

現代は子育てがむずかしい時代であるといわれています。そのために、乳幼児の保育を担う保育所や幼稚園、認定こども園等には、在園児の保護者や地域の子育て家庭に対する支援が求められています。

OECD

OECD（Organisation for Economic Co-operation and Development）とは、経済協力開発機構の略称であり、現在 EU 加盟国を中心に 38 か国が加盟しています。日本は 1964 年に OECD 加盟国となりました。OECD の目的は、先進国間の自由な意見交換や情報交換を通じて、①経済成長、②貿易自由化、③途上国支援に貢献することであり、各種調査に基づいて教育に関する国際的な指標も提供しています（本書 p.171 参照）。

それでは、現代の子育てには、どのような困難があるのでしょうか。まず、子育てを経済的側面から考えてみると、日本の子どもの貧困率は国際比較においても高く、ひとり親世帯の貧困率は OECD 諸国の中でもっとも高い水準となっています[1)]。また、「国民生活基礎調査」では、図表 7-1 に示すとおり、「児童のいる世帯」の約 5 割、「母子世帯」では約 7.5 割が、生活が苦しいと感じていることがわかります。

次に、乳幼児期の子育てに目を向けてみると、**育児不安**や**子ども虐待**の広がりが、そのむずかしさとしてあげられます。育児不安とは、子どもの姿や将来に対する漠然とした不安や、自分の子育てに自信がもてず不安を感じることをいいます。育児不安は、①子どもの欲求が理解できないこと、②具体的心配事が多く、それが解決されないままとなっていること、③子どもとの接触経験・育児経験の不足、④夫の育児への参加・協力がないこと、⑤近所に話し相手がいないこと等によって生じていると考えられています[2)]。このような育児不安は育児ストレスを高め、出産への後悔や親子関係の悪化、体罰の多用へとつながり、子ども虐待の発生リスクとなっています。

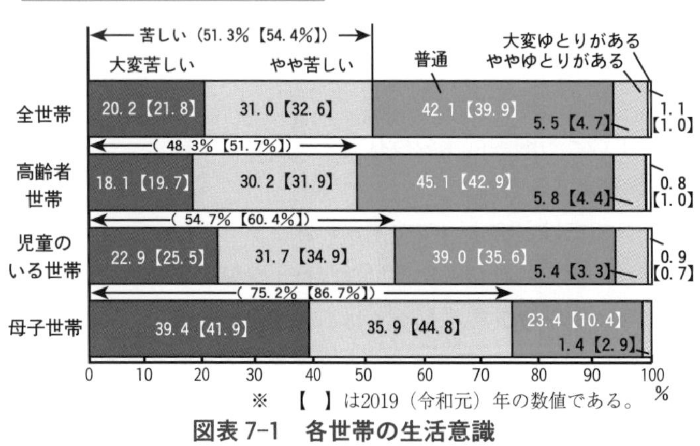

※【 】は2019（令和元）年の数値である。

図表 7-1　各世帯の生活意識

（厚生労働省「2022（令和４）年国民生活基礎調査の概況」2023）

第６章でも述べたとおり、子ども虐待は増加の一途をたどっており、2021（令和３）年度における児童相談所の対応件数は約 20 万 7 千件にのぼっています（次頁、図表 7-2 参照）。子ども虐待は、先に見たような経済的困窮や育児不安、育児ストレスだけでなく、保護者自身の育ちの問題や地域からの孤立など、さまざまな要因が複合して発生すると考えられています。

ベネッセ教育総合研究所の調査では、０～６歳の子どもがいる家庭の６割が「子どもを預かってくれる人を見つけるのが難しい」と回答しています[3)]。また、３歳未満の子どもがいる家庭の３割が、地域に子育ての相談ができる人がいないことが報告されています[4)]。このことからは、地域との関係が希薄化していること、その結果、家庭に子育ての責任と負担が集中している状況がうかがえます。特に日本では、子育ては女性の仕事であると考えられているために、核家族化の進行に伴って母親一人に大きな負担が集中しています。

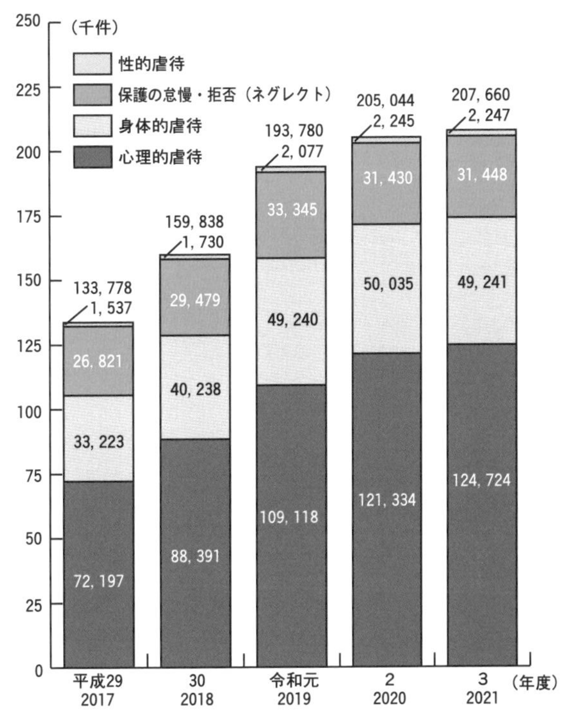

図表 7-2　児童虐待の相談種別対応件数の年次推移
（厚生労働省「令和３年度福祉行政報告例の概況」、2023）

2．保育所・幼稚園・認定こども園等に求められる子育て支援とその背景

(1) 保育所における子育て支援の歴史的展開

保育所における子育て支援は、**1.57 ショック**に代表される少子化問題に端を発しています。次頁に示す図表 7-3 のとおり、日本の子どもの出生数は年々減少し続け、**合計特殊出生率**（本書 p.49 参照）も低下傾向にあります。政府はこれを国の存続にかかわる深刻な問題として受け止め、エンゼルプラン（本書 p.64 参照）をはじめとするさまざまな少子化対策をスタートさせました。

その内容は、第一に、女性の仕事と子育ての両立のための保育所の整備です。働く女性の「仕事か子育てか」という二者択一状況を解消するために、仕事と子育ての両立支援が急速に進められました。こうして、保育所の受け入れ枠の拡大や低年齢児保育の拡充、長時間保育の充実化が推し進められました。

少子化対策の取り組みの２つ目は、子育てに専念している在

1.57 ショック

「1.57 ショック」とは、日本の少子化の深刻さを表した言葉です。次頁の図表 7-3 からわかるように、1966（昭和 41）年の丙午（ひのえうま）の年には、合計特殊出生率が 1.58 に落ち込み、翌年には回復しています。これは、女性たちが丙午の迷信によって意図的に出産を控えたことが原因でした。ところが、その後徐々に合計特殊出生率が低下し続け、1989（平成元）年には、ついに丙午の年を下まわる 1.57 となりました。日本の少子化の深刻さを象徴するこの出来事は、その衝撃の大きさから「1.57 ショック」と表現されました。

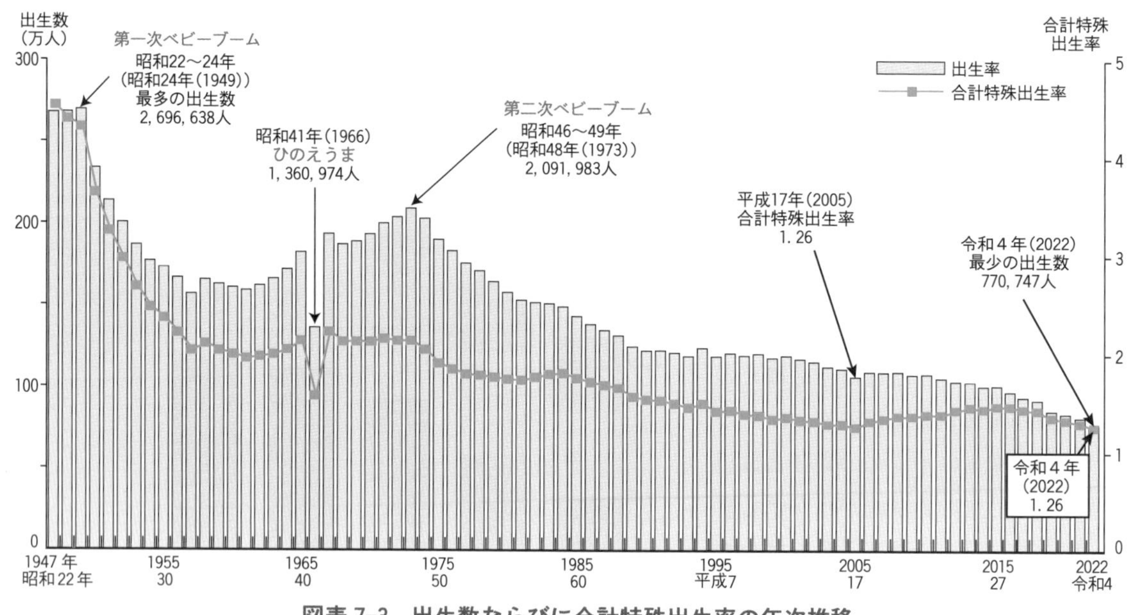

図表 7-3　出生数ならびに合計特殊出生率の年次推移

（厚生労働省「令和４年（2022）人口動態統計月報年計（概数）の概況」2023）

宅子育て家庭に対する**地域子育て支援**です。この背景には、少子化対策に加えて、育児不安の深刻化がありました。在宅で子育てをしている専業主婦層のほうが、働きながら子育てをしている共働き家庭の母親よりも、育児不安が大きいことがわかってきたのです。そこで、地域にもっとも身近な児童福祉施設であり、乳児保育のノウハウをもつ保育所が育児不安への対応を行うこととなり、全国に電話相談や地域子育て支援センター事業（現行の地域子育て支援拠点事業）が広がっていきました。

こうして保育所は、1990 年代後半以降、社会における子育て支援の中心的役割を担う存在となったのです。そして、働く女性には仕事と子育ての両立支援のための保育の提供を、在宅子育て家庭には育児相談を中心とした地域子育て支援を行うこととなりました[5)]。

こうした動きとあわせて、保育所には家庭との連携がより強く求められる乳児保育、障がい児保育、長時間保育も急速に広がっていきました。さらに、子育てに課題を抱えた保護者や対応のむずかしい保護者の増加が指摘されるようになり、在園児の保護者に対する支援の必要性も高まりました。このような状況を受けて、2001（平成 13）年の児童福祉法改正により、**子育て支援**が保育士の法定業務として規定されました。

(2) 保育所・幼稚園・認定こども園等に求められる子育て支援

これまで述べたとおり、保育所はその社会的役割として、入所児童の保護者に対する子育て支援や地域における子育て支援を担っており、そこで働く保育士には、法律上これらの業務が規定されています。「児童福祉法」第 18 条の４ において、保育士は「専門的知識及び技術をもって、児童の保育及び児童の保護者に対する保育に関する指導を行うことを業とする者」と定義されています。「児童の保護者に対する保育に関する指導（以下、**保育指導**）」とは、『保育所保育指針解説』において、保育士が保育の専門的知識・技術を背景として、保護者の気持ちを受け止めつつ行う、子育てに関する相談、助言、行動見本の提示その他の援助業務の総体であり、安定した親子関係の構築や保護者の養育力の向上を目指して行うものとされています[6)]。つまり、保育指導とは保育の専門性を基盤とした子育て支援であり、カウンセラーやソーシャルワーカーとは異なる保育士独自の子育て支援です。

一方、幼稚園や認定こども園においても、保育者には在園児の保護者への支援や地域子育て支援が求められています。幼稚園には「学校教育法」第 24 条によって、保護者への相談・助言や情報提供、さらには地域の子育て支援が努力義務として規定されています。また、幼保連携型認定こども園にも、「幼保連携型認定こども園教育・保育要領」によって保育所と同様の子育て支援が求められています。

次節以降では、子育て支援が法律上の業務とされている保育所を中心に述べていくこととします。

保育所・幼稚園・認定こども園等における２つの子育て支援

１．在園児の保護者に対する子育て支援

保育所や幼稚園、認定こども園等における子育て支援には、在園児の保護者に対する子育て支援と、保育所等を利用していない地域の在宅子育て家庭に対する支援の２つがあります。このうち、在園児の保護者に対する子育て支援は、**①保育における保護者との相互理解**、**②仕事と子育ての両立支援**、**③特別な配慮を必要とする子どもや家族に対する個別支援**の３つに大別することができます。

(1) 保育における保護者との相互理解

在園児は、24 時間を園と家庭という２つの生活の場で過ごします。そのため、子どもの**生活の連続性**を考慮し、園と家庭がともに子どもの育ちを支えるためには、保護者との相互理解が欠かせません。そのためには、子どもに関する情報交換を細やかに行うとともに、保護者の思いや意向、置かれている状況も理解することが大切です。さらに、保護者が園における保育の意図を理解できるように説明したり、子どもの育ちや学びをわかりやすく伝えたりすることも必要です。

活動の様子を知らせる掲示物
（陽だまりの丘保育園）

その日の様子を伝える掲示物（陽だまりの丘保育園）

たとえば、連絡帳は、園と家庭がそれぞれに子どもの様子を記入し、日々の情報交換を行うためのツールです。特に低年齢児では、子どもの体調や食事、睡眠、排泄に関する情報共有が欠かせません。このような家庭との連携は、連絡帳の他にも送迎時の保護者との対話、おたより、掲示物など、さまざまな方法で行われます。

園と家庭の相互理解の取り組みの一例として、ある保育所の掲示物を紹介します。

上の写真では、子どもの興味・関心、学びや活動の様子が、生き生きとした写真とともに紹介されています。これらは、玄関から保育室へと続く階段の上り口に掲示されています。送迎時に必ず通る場所に掲示するという工夫は、保護者の目に留まりやすいだけでなく、親子がともに写真を見ながら、その日の出来事を共有することにもつながります。それは、親子のコミュニケーションを促進し、親子関係の安定化にも寄与するものとなります。さらに、保護者が保育者の視点から作成された記録を日々目にすることは、保育の意図の理解や、子ども理解にもつながります。

保護者とのコミュニケーションにおいては、このような情報発信に加えて、保護者の子どもに対する思いや、仕事や家庭状況などの理解に努め、園と家庭との相互理解を深めていくことが大切です。

(2) 仕事と子育ての両立支援

仕事と子育ての両立支援とは、保護者の就労と子育ての両立を支えるための支援であり、延長保育、夜間保育、休日保育、病児・病後児保育等があります。これらは、各家庭の実情に応じて利用され、通常の保育とは異なる形で保育が行われます。たとえば、夜間保育では異年齢の子どもたちがともに過ごし、それぞれの帰宅時間も異なります。そうした中で、子どもの夕食や補食をどのように提供するのか、それぞれの子どもの状態、帰宅時間、家庭状況などに配慮し、考えていく必要があります。

近年では、働き方の多様化に伴い、これらの保育を必要とする家庭が増えています。保育者には保護者の働き方や経済状況等を含めた子どもの生活全体を理解し、支えていく姿勢が求められます。また、これらの保育の実施にあたっては、「園と保護者、どちらがすべきことなのか」という視点ではなく、「育ちを保障するために、園としてできることは何か」という視点から、子どもが安定して生活できるための配慮を考えていくことが大切です。

(3) 特別な配慮を必要とする保護者に対する個別支援

個別支援とは育児不安や不適切な養育態度など、何らかの課題をもつ保護者、あるいは発達上の特別な配慮が必要な子どもの保護者等、個別的なかかわりを必要とする保護者への支援です。このような個別支援においては、何よりもまず保護者を理解することが大切となります。

個別支援の例としては第６章で述べたとおり、「気になる子ども」の保護者へのかかわりがあげられます。子どもの「気になる」姿を保護者と共有することや子どもの園での姿を伝えたり専門家への受診を勧めたりすることに、多くの保育者が困難を感じています[7)]。特に就学前には、「気になる」姿を伝えたことによって、保育者と保護者の関係が悪化してしまうことが少なくありません。それでは、こうした問題を保護者の視点から考えてみるとどうでしょう。

子どもの「気になる」姿を保護者に理解してもらうことができないとき、保護者が本当にこの問題にまったく気づいていないこともあるでしょう。しかし、実際には問題に気づいていながらも、指摘をおそれて気づいていないように振る舞っている場合もあります。いずれの場合にも、保護者の側には子どもの育ちを保育者とともに考える準備が整っていないため、こうした状態の保護者に突然に発達の問題を伝えても、受け入れることはむずかしく、関係悪化につながりやすいと考えられます。そのため、個別支援においては、まず一人一人の保護者をよく理解することからはじめる必要があるのです。そうした中で保護者との信頼関係を構築すること、子どものよりよい育ちを支えるために保護者とともに考える姿勢で話を進めていくことが大切です。

これは、育児不安が見られる保護者や、虐待をしてしまう保護者についても同様です。特に、虐待ケースでは保護者を「加害者」としてではなく、虐待せざるを得ないほど支援を必要としている存在としてとらえ、子どもの育つ家庭環境の改善に向けて保護者を支援していく姿勢が求められます。一方で、このような子ども虐待に対して、保育の専門性だけで対応することには限界もあります。そのため、『保育所保育指針解説』においては、こうしたケースへの対応では、ソーシャルワークの基本的な姿勢や知識、技術等について理解を深めること、子どもや子育て家庭に関するソーシャルワークの中核を担う機関と、必要に応じて適切に連携を図ることが求められています[8)]。

2．地域の在宅子育て家庭に対する支援

先に述べたとおり、保育所や幼稚園、認定こども園等には在園児の保護者に対する支援だけでなく、地域の在宅子育て家庭に対する支援が期待されています。保育所においては、「児童福祉法」第48条の4によって「保育所は、当該保育所が主として利用される地域の住民に対して、その行う保育に関し情報の提供を行わなければならない。②保育所は、当該保育所が主として利用される地域の住民に対して、その行う保育に支障がない限りにおいて、乳児、幼児等の保育に関する相談に応じ、及び助言を行うよう努めなければならない。③保育所に勤務する保育士は、乳児、幼児等の保育に関する相談に応じ、及び助言を行うために必要な知識及び技能の修得、維持及び向上に努めなければならない」と規定されています。また、幼稚園においても、「学校教育法」第24条によって「幼稚園においては、第22条に規定する目的を実現するための教育を行うほか、幼児期の教育に関する各般の問題につき、保護者及び地域住民その他の関係者からの相談に応じ、必要な情報の提供及び助言を行うなど、家庭及び地域における幼児期の教育の支援に努めるものとする」とされています。

いずれも、各園の実情に応じて保育に支障のない範囲で取り組むものであり、その活動内容として、園開放、園庭開放、電話相談、一時保育、地域子育て支援拠点事業等があげられます。これらは、必ず実施しなければならないものではありませんが、保育所や幼稚園は、地域の親子の支援につながるさまざまな支援機能を有しています。

check　地域子育て支援拠点事業

主に0歳から2歳の未就園児の子育て家庭を対象とした子育て支援事業です。基本事業として、①子育て親子の交流の場の提供と交流の促進、②子育て等に関する相談・援助、③地域の子育て関連情報の提供、④子育て及び子育て支援に関する講習等を行う事業の4つがあります。以前は地域子育て支援センター、つどいの広場といった名称で行われていましたが、現在ではこれらが統合されて地域子育て支援拠点事業という名称で展開されています。

保育所や幼稚園、認定こども園等にはさまざまな年齢の子ども集団があり、そこに専門職としての保育者がいます。そして、子どものためにつくられた環境があり、その中で日々保育実践が展開されています。さらに、保育所の場合には保育士だけでなく栄養士や看護師等の専門職も配置されています。子ども集団の存在は、保護者が子どもの育ちを見通したり多様性を理解したりすることを助け、保育者の姿は子育てのモデルを提供します。受容的な保育者の存在は、子育ての身近な相談相手ともなるでしょう。たとえ保育者が親子に直接かかわることができなくとも、園舎や園庭という環境を提供するだけで、そこは子どもにとって安全な遊びの場となります。

こども園に併設された地域子育て支援拠点（久万こども園）

このように、各園の資源を少し活用するだけでも、地域の子育て家庭の支援につなげることができるのです。園が独自に取り組むこのような活動の他にも、一時保育や地域子育て支援拠点事業（前頁写真参照）のように、補助金による事業として取り組む活動もあります。

§3 子育て支援の基本

1．子育て支援に関する基本的事項

「保育所保育指針」や「幼保連携型認定こども園教育・保育要領」には、子育て支援に関する基本的事項として、以下のように示されています。

「保育所保育指針」 第４章　子育て支援	「幼保連携型認定こども園教育・保育要領」 第４章　子育ての支援
保育所における保護者に対する子育て支援は、全ての子どもの健やかな育ちを実現することができるよう、第１章及び第２章等の関連する事項を踏まえ、子どもの育ちを家庭と連携して支援していくとともに、保護者及び地域が有する子育てを自ら実践する力の向上に資するよう、次の事項に留意するものとする。 1　保育所における子育て支援に関する基本的事項 (1) 保育所の特性を生かした子育て支援 ア　保護者に対する子育て支援を行う際には、各地域や家庭の実態等を踏まえるとともに、保護者の気持ちを受け止め、相互の信頼関係を基本に、保護者の自己決定を尊重すること。 イ　保育及び子育てに関する知識や技術など、保育士等の専門性や、子どもが常に存在する環境など、保育所の特性を生かし、保護者が子どもの成長に気付き子育ての喜びを感じられるように努めること。 (2) 子育て支援に関して留意すべき事項 ア　保護者に対する子育て支援における地域の関係機関等との連携及び協働を図り、保育所全体の体制構築に努めること。 イ　子どもの利益に反しない限りにおいて、保護者や子どものプライバシーを保護し、知り得た事柄の秘密を保持すること。	幼保連携型認定こども園における保護者に対する子育ての支援は、子どもの利益を最優先して行うものとし、第１章及び第２章等の関連する事項を踏まえ、子どもの育ちを家庭と連携して支援していくとともに、保護者及び地域が有する子育てを自ら実践する力の向上に資するよう、次の事項に留意するものとする。 第１ 子育ての支援全般に関わる事項 1　保護者に対する子育ての支援を行う際には、各地域や家庭の実態等を踏まえるとともに、保護者の気持ちを受け止め、相互の信頼関係を基本に、保護者の自己決定を尊重すること。 2　教育及び保育並びに子育ての支援に関する知識や技術など、保育教諭等の専門性や、園児が常に存在する環境など、幼保連携型認定こども園の特性を生かし、保護者が子どもの成長に気付き子育ての喜びを感じられるように努めること。 3　保護者に対する子育ての支援における地域の関係機関等との連携及び協働を図り、園全体の体制構築に努めること。 4　子どもの利益に反しない限りにおいて、保護者や子どものプライバシーを保護し、知り得た事柄の秘密を保持すること。

（下線部筆者）

図表 7-4　子育て支援に関する基本的事項

前頁の図表 7-4 に示されるように、保育者には一人一人の保護者を理解し、その気持ちを受け止めながら子育てを支え、保護者がそれぞれに養育力を高めていくことができるよう働きかけることが求められています。そして、このような保護者への働きかけを通して、「子どもの最善の利益」を保障していくことをめざします。

本節では、子育て支援の基本原則として、①子どもの最善の利益の考慮、②子育てを自ら実践する力の向上、③受容と自己決定の尊重、④秘密保持の４点について、取り上げます。

2．子どもの最善の利益の考慮

第１章（本書 p.17 ～ 19）でも確認したように「子どもの最善の利益（the best interest of the child）」とは、「子どもの生存、発達を最大限の範囲において確保するために、必要なニーズが最優先されること」であり、ここでいう利益とは「当事者の本質的なあるいは個々の具体的なニーズ・欲求が満たされ、その生存、発達、自己実現が有利に展開される状況とその内容」とされています[9)]。「全国保育士会倫理綱領」（本書 p.17 参照）の第１には「子どもの最善の利益の尊重」が掲げられ、子どもの利益に配慮することは、保育においても子育て支援においても、保育専門職である保育者に常に求められる態度です。

それでは、子どもの最善の利益と子育て支援は、どのような関係にあるのでしょうか。子育て支援は、支援を受ける保護者だけが利益を得るものではなく、その受益者は保護者であり、子どもでもあります。子どもにとっての家庭、とりわけ保護者は子どもにとって最大の環境です。子どもが育つ家庭環境がよりよいものであれば、それは子どもの最善の利益へとつながります。しかしながら、子どもの最善の利益を考えるとき、短期的に見ると子どもの利益が損なわれているように感じることもあるでしょう。そのようなときには、子どもの利益と保護者の利益の折り合いのつけどころを探り、その状況の中で子どもの利益が最大限に守られる方法を、保護者とともに考えていく姿勢が求められます。

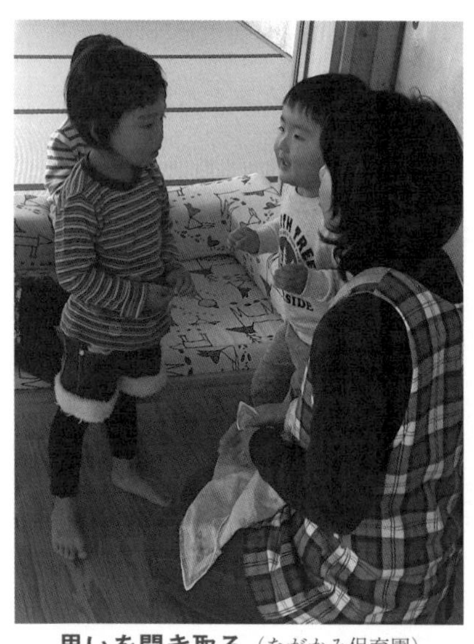

思いを聞き取る（ながかみ保育園）

3．子育てを自ら実践する力の向上

保護者の子育てを自ら実践する力の向上は、「子どもの最善の利益」に直結する重要な子育て支援の方向性です。それは、一定の水準を設定して、保護者をそこに引き上げていくというものではなく、さまざまな強みや弱みをもつ一人一人の保護者が、その保護者なりに力をつけていくことを支えることといえます。

保護者はそれぞれに、自分なりの価値観をもっています。また、わが子に対する「こうあってほしい」「将来、～ができる子に育てたい」といった期待や、「子どもとはこういうもの」「親の役割というのは～」という子ども観、子育て観があります。あるいは、このようなことを考える余裕もなく生活に追われている保護者、子どもの存在を受け入れることがむずかしい保護者もいるでしょう。こうした保護者の価値観は、必ずしも子どもの専門家である保育者と一致するとは限りません。このことは、同じ保育の専門家である保育者同士でさえ保育観の違いがあることを考えれば、当然のことといえるでしょう。保育者には、それぞれの保護者がもつ価値観を受け止めつつ、保護者が親としての力を発揮できるよう支えていく姿勢が求められます。

また『保育所保育指針解説』では、「子どもと保護者の関係、保護者同士の関係、子どもや保護者と地域の関係を把握し、それらの関係性を高めることが保護者の子育てや子どもの成長を支える大きな力になることを念頭に置いて、働きかけること」の大切さが示されています[10)]。保護者同士が子育ての当事者としてお互いに助け合う関係や地域とのつながりは、もっとも生活に密着したサポート資源として機能します。このように、保育者が直接働きかけること以外にも、園の資源を組み合わせて活用することにより、さまざまな支援が可能です。

4．受容と自己決定の尊重

受容とは、現在のありのままの姿を受け止めることであり、『保育所保育指針解説』では「不適切と思われる行動等を無条件に肯定することではなく、そのような行動も保護者を理解する手がかりとする姿勢を保ち、援助を目的として」保護者を理解し、かかわることと説明されています[11)]。たとえば、子どもが思いどおりにならないと、叩いたり蹴ったりしてしまう保護者に出会ったとき、この保護者をどのように理解したらよいでしょうか。子どもを叩く・蹴るという望ましくない態度も、この保護者を理解するための手がかりとして考えてみると、保護者は「子どもがわざと自分を困らせるためにわがままをいっている」と感じているかもしれませんし、子どもが思いどおりにならないことで、親としての自尊心を傷つけられたと感じているかもしれません。あるいは、本当は叩く・蹴るということをしたくないと思っているけれども、それ以外の方法が思いつかないのかもしれません。また、保護者のストレスや疲労が非常に高い状態にあり、冷静に子どもに対応できる状況にないのかもしれません。

特に乳児期の子育ては、子どもの欲求を読み取ることがむずかしい時期であるのに対して、養育者としての保護者は、親になったばかりで子育てには不慣れです。保護者は子育ての経験を通して、親として育っていくものですが、そのスタートの時点から子どもの非言語的表現を細やかに読み取り、ていねいに欲求に応えるという高い養育スキルが求められます。そのため、乳児の子育ては思いどおりにいかないことも多く、保護者が自信をもちにくい状況にあります。さらに、十分な睡眠がとれない中で疲労やストレスがたまりやすいことを踏まえると、子育てにむずかしさが生じることは当然のことと考えられます。

このように、保護者の好ましくない態度もその保護者を理解する手がかりとしてとらえると、問題の本質が明確化され、より効果的な支援が可能となります。さらに、保育者の受容的な態度は保護者に安心感をもたらし、信頼関係の形成にもつながります。

自己決定の尊重とは、保護者自身が自分で判断し決定する権利を尊重することであり、保護者の主体性を重視する姿勢です。保護者の自己決定を尊重するためには、保護者を自ら判断する能力を有する存在としてとらえ、その力を信じることが必要となります。その上で、保育者が行うことは、①保護者が抱えるニーズや課題に気づくことができるよう一緒に状況を整理すること、②保護者が自らの能力を含む支援を活用できるよう情報を提供すること、③保護者の選択や判断を支持することであると考えられます[12]。

5．秘密保持

保育者は、保育や保護者への相談・助言を通して、各家庭のさまざまなプライバシーに触れることになります。職務上知り得た事柄の**秘密保持**は、子育て支援において必ず守るべき原則です。特に保育士には、「児童福祉法」第18条の22において、「保育士は、正当な理由がなく、その業務に関して知り得た人の秘密を漏らしてはならない。保育士でなくなった後においても、同様とする」と定められており、これに違反した場合には罰則が設けられています。秘密が守られない場では、保護者は安心して相談することはできませんし、園や保育者に対して信頼を抱くこともできません。したがって、秘密保持義務は保育士だけでなく、幼稚園や認定こども園の職員も当然守るべき原則です。

ただし、秘密保持義務には例外があります。それは、子どもが虐待を受けているなど、園が秘密保持を行うことで子どもの利益を守ることができなくなる場合です。このような状況は、上記の「正当な理由」に該当するため、秘密保持よりも**虐待通告**を優先しなければなりません。

column　守るべき価値の優先順位

ソーシャルワークの研究者であるドルゴフ（Dolgoff,R.）は、守るべき価値の優先順位を①生命の保護、②社会正義、③自己決定・自律・自由、④最小限の害、⑤生活の質、⑥プライバシーと守秘義務、⑦誠実さと開示、であると述べています[13]。秘密保持と虐待通告の例では、秘密保持が第６番目、虐待通告は第１番目に優先すべき事項とされるため、より優先順位の高い虐待通告が優先されます。

保育の専門性を活用した子育て支援

先に述べたとおり、保育所等における子育て支援は、保育の専門性を活用して行います。では、保育の専門性とはどのようなものなのでしょうか。『保育所保育指針解説』には、保育士の専門性として次の６つが示されています[14)]。

①**発達援助の知識・技術**：これからの社会に求められる資質を踏まえながら、乳幼児期の子どもの発達に関する専門的知識を基に子どもの育ちを見通し、一人一人の子どもの発達を援助する知識及び技術

②**生活援助の知識・技術**：子どもの発達過程や意欲を踏まえ、子ども自らが生活していく力を細やかに助ける生活援助の知識及び技術

③**環境構成の知識・技術**：保育所内外の空間や様々な設備、遊具、素材等の物的環境、自然環境や人的環境を生かし、保育の環境を構成していく知識及び技術

④**遊びを豊かに展開する知識・技術**：子どもの経験や興味や関心に応じて、様々な遊びを豊かに展開していくための知識及び技術

⑤**関係構築の知識・技術**：子ども同士の関わりや子どもと保護者の関わりなどを見守り、その気持ちに寄り添いながら適宜必要な援助をしていく関係構築の知識及び技術

⑥**保護者に対する相談・助言の知識・技術**：保護者等への相談、助言に関する知識及び技術

（ゴシック見出し表記筆者）

⑥を除く５つの知識・技術は、子育て支援においてどのように活用することができるでしょうか。ある保育所の実践例をもとに考えてみましょう。

１．保育の専門性を活用した子育て支援の実際

次頁の写真は、ある保育所の乳児クラスの子ども育ちを記録したポートフォリオの一部です。この園では、一人一人の子どもの姿を月ごとに記録し、保護者と共有しています。

この写真は、子どもが園生活をスタートした０歳児４月の記録です。ここからは、子どもが安心感をもって園生活を送っており、さまざまなものに興味をもって働きかけている様子が伝わってきます。このような姿は、子どもの発達、興味・関

check　ポートフォリオ

ポートフォリオとは、もとは書類を入れるかばんや紙ばさみを意味しており、さまざまな情報をひとまとめにしたファイルのことを指しています。保育においても、子どもに関する情報を集め一元化することを目的として、さまざまな形でポートフォリオが活用されています（飯野祐樹「新任保育者におけるポートフォリオの活用の効果に関する研究」「広島大学大学院教育学研究科紀要第三部教育人間科学関連領域」57、2008、p.327 ～ 333）。

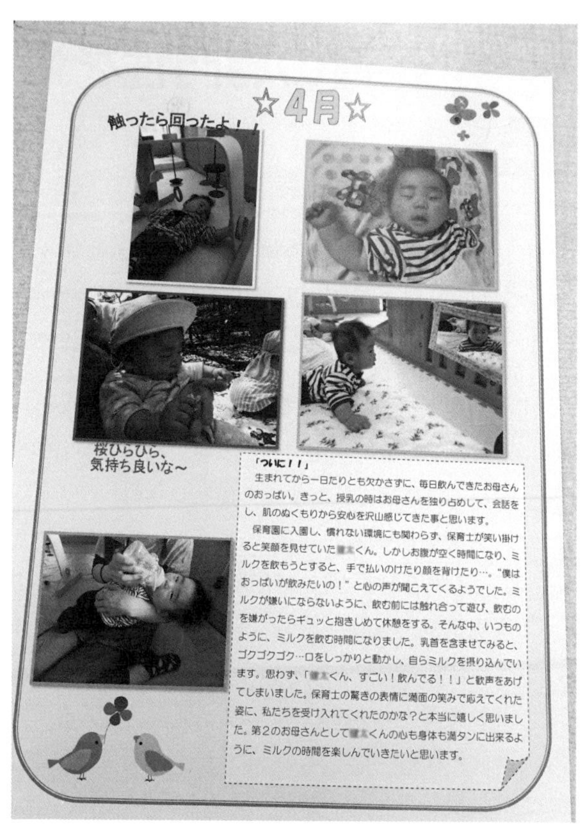

ポートフォリオの一例（陽だまりの丘保育園）

心に合わせた環境構成や、安心して過ごせるような保育者のかかわりによって支えられています。また、この記録には、子どもの姿や保育者の援助、保育のねらいなどが記載されています。このメッセージからは、小さな乳児を預けはじめたばかりの保護者の気持ちに寄り添い、子どもが園生活に安心感をもって過ごせるようになったことを喜ぶ保育者の姿が浮かび上がってきます。

このように、このポートフォリオは発達援助の知識・技術を基盤として、生活援助の知識・技術、環境構成の知識・技術、遊びを展開する知識・技術、関係構築の知識・技術が活用されています。それでは、この記録はどのような子育て支援につながるのでしょうか。

まず、保育所に通う子どもたちは、一日の大半を保育所で過ごしています。その間、子どもがどのように保育所で過ごしていたのかは、保護者からは見えません。また、保護者が子どもと家庭で過ごす時間は限られており、朝夕のかかわりだけで子どもの興味・関心を詳細に把握することは容易ではありません。そのため、保護者が日中見ることのできない子どもの姿を可視化して伝えることは、保護者が日中の子どもの様子を把握する機会となり、園生活に対する安心感にもつながります。

また、保育者がどのような意図や願いをもって子どもにかかわり、活動を展開しているのかは、園からの情報発信があってこそ理解できるものです。このポートフォリオには、子どもの遊びや生活の姿、保育者の願いが発達的な解釈とともに保護者に理解しやすい言葉で記されており、保護者がわが子の興味・関心、発達などを理解することを助けます。保護者の子ども理解の深まりは、子どもの状態や発達に応じたかかわりを可能とし、親子関係の安定化や養育力の向上につながります。このようなポートフォリオは保育の専門性に支えられて作成されたものであり、この点において家庭のアルバムと大きく異なります。

このように、保育の専門性を活用した子育て支援とは、育児講座等によって直接的に知識を教えることをしなくとも、日常の保育と一体的に展開することができるのです。

ここに例示したポートフォリオの他にも、日常の保育の中に保育の専門性を活用した子育て支援の機会はたくさんあります。これらのうち、多く活用されるのは送迎場面の保護者との対話や連絡帳です。しかし、これらが必ずしも子育て支援機能を有するわけではありません。保育者が、どのように保育の専門性を活用するかが重要なのです。もし、保育者がその専門性を誇示したり、保護者のできていない部分を専門的な知識を根拠に指摘したりすれば、保護者は親としての自信を失い、子育ての意欲や喜びがもてなくなるでしょう。また、親としての自分が否定されたと感じ、自尊心を傷つけられた怒りの矛先が子どもに向けられるかもしれません。保育の専門性の活用においても、保護者の状況を踏まえること、保護者の気持ちを受け止めること、自己決定を尊重すること等、先に見た子育て支援の基本的事項を常に踏まえることが大切です。

2．特別なニーズをもつ家庭への支援

ここでは、特別なニーズをもつ家庭への支援として、保育所等で出会うことの多いひとり親家庭と、障がいのある子どもの保護者に対する支援について取り上げます。

(1) ひとり親家庭への支援

ひとり親家庭は、そのほとんどが離婚を背景としており、令和３年における母子世帯は約 119.5 万世帯、父子世帯は約 14.9 万世帯にのぼっています[15]。また、ひとり親となったときの末子の平均年齢は母子世帯では 4.6 歳、父子世帯では 7.2 歳となっています[16]。日本のひとり親家庭の親はほとんどが就労していますが、その経済状況は大変厳しく 44.5％が相対的貧困であるといわれています[17]。これは、国際比較においても非常に高い水準です。特に、母子世帯の収入は一般世帯の４割にも満たず、より深刻な経済的困難があることがうかがえます[18]。さらに、６歳未満の子どものいる母子世帯の母親は、共働き家庭に比べて労働時間が長く、育児時間が短い傾向にあります[19]。こうした状況の背景には、子育て

相対的貧困

可処分所得（所得のうち、税金などを除き自由に使えるお金）を低い順に並べ、その中央に位置する人の所得（中央値）の半分の額（貧困線）に満たないことをいいます。2021（令和３）年の中央値は 254 万円、貧困線は 127 万円となっています。

のために就業時間や職種、雇用形態が制限され、希望する仕事に就くことがむずかしいこと、その結果として安い賃金で長時間労働をせざるを得ない事情もあります。

ひとり親家庭の保護者は、働かなければならないため、保育所に優先的に入所できる仕組みがあります。そのため保育所には、こうした実情を理解し支えていくことが求められます。ひとり親家庭の保護者は、生活上の困難や時間のゆとりのなさから、毎日の所持品の準備や連絡帳の返信など、親として求められる役割を果たすことがむずかしいこともあります。特に、入園時や進級時の所持品の準備は一般家庭の保護者でも負担が大きいものです。こうしたさまざまな事情を抱える家庭があることを念頭において、各家庭に応じた柔軟な対応を心がけることも大切です。

ひとり親家庭にとって、父の日や母の日、親子遠足、運動会などの行事も、負担を感じやすい活動です。こうした行事において、子どもが周囲の偏見に傷ついたり、自身の家庭に対する否定的感情を抱いたりすることも少なくありません。また、保護者も、こうした負担感から行事への参加に抵抗を感じることもあります。保育者には、ひとり親家庭の生活状況や心情を理解し、安心して園生活を送ることのできる配慮が求められます。

(2) 障がいのある子どもの保護者に対する支援

先にも述べたように、保育所等において多くの保育者がむずかしさを感じるのは、子どもの障がいに気づいたときの保護者とのかかわりです。子どもを必要な医療につなげ、状態像を明らかにするためには、その必要性について保護者と共通理解を図ることが必要です。しかし、保育者が障がいの可能性を伝えることで、保護者との関係が悪化することは少なくありません。保護者が子どもの問題に気づくことは、保育者が考えるほど容易ではないのです。

その理由は第１に、保護者は必ずしも保育者のように発達の知識をもち合わせているわけではないからです。また、乳幼児期は発達の個人差が大きいことも、問題を見えにくくしています。第２に、保育者は集団保育を通して相対的に子どもの状態を理解しているのに対して、保護者は家庭でわが子だけを見ていることがほとんどです。集団生活を行う保育所等と家庭では、子どもを取り巻く人間関係も、求められる生活内容も異なります。そのために、保育者と保護者それぞれが見ている子どもの姿には、ズレが生じやすいのです。

保育者が子どもの障がいの可能性に気づいたとき、保護者が子どもをどのようにとらえているのかを把握しつつ、園での子どもの様子を伝えたり、保護者に見てもらったりしながら、ていねいに共通理解を図っていくことが大切です。保育者の立場からは、子どものために少しでも早く診断に結びつけたいと考えることは、ごく自然なことでしょう。しかし、保護者に無理に障がいを認めさせようとすると、必要な援助からかえって子どもを遠ざけてしまうこともあるのです。大切なのは、その子の抱える生きづらさを理解し、よりよい生活環境を整えることであり、そのために何をすべきかを保護者とともに考えていくことです。診断名はその手がかりの一つであり、より適切な支援を得るための医学的情報としてとらえておくことが大切です。

保護者が障がいの可能性を理解できたとしても、現実に診断名がつくことは保護者にとって受け入れがたく、辛いことです。障がいを受け入れる過程にはショックや悲嘆、悲観、自己否定、自責感などが伴い、保護者は大きな混乱の中に置かれます。いったん障がいを受け入れても、他児と変わらぬ姿を見て再び障がいがあることを否定する気持ちになったり、また障がいを認めざるを得ない状況に置かれて落ち込んだりと、保護者は否定と肯定の間で揺れ動きます。保育者には、保護者のこうした気持ちの揺らぎに寄り添い、支えていく姿勢が求められます。また、日常の子どもの肯定的な姿や変化をしっかりととらえ、障がいばかりに目が向きがちな保護者に子どもが育っている事実をていねいに伝えることも保育者の大切な役割です。

column　外国とつながりのある家庭やステップファミリーに対する支援

特別なニーズをもつ家庭として、他にも、外国とつながりのある家庭やステップファミリー（step family）などがあげられます。

外国とつながりのある家庭とは、外国籍であるだけでなく、国籍は日本であっても両親が外国出身者である場合や、外国で育った帰国子女などが考えられます。保育所や幼稚園、認定こども園等に在籍する子どもの国籍は、中国、フィリピン、ブラジル、韓国の順に多く、アジア諸国と南米が多くを占めています。これらの保護者の半数は、日本語の使用にむずかしさを感じており、日常会話だけでなく、読み書きにも大きな困難が伴います。また、言葉の違いにとどまらず、外国とつながりのある家庭では、食事、習慣、衣服、子育てなど、あらゆる面で価値観も生活様式も異なります。さらに、外国とつながりのある家庭は、必ずしも日本に定住するとは限りません。いずれ母国へ帰る場合には、日本への適応に加えて母語の維持も重要です。保育者には、それぞれの家庭の文化的背景を理解することや、将来的な見通しを踏まえた対応が求められます。

ステップファミリーとは、血縁関係のない親子関係を含む家族を指しています。夫と妻のそれぞれに連れ子がいる場合もあれば、いずれか一方だけに連れ子がいる場合もあります。ステップファミリーの実親子関係は、再婚による新たな夫婦関係よりも歴史が長く、子どもは再婚相手を親として受け入れることへの戸惑いや抵抗を感じることが少なくありません。また、子どものいない女性が再婚により継母（血縁関係のない子どもの母親）となった場合には、突然母親としての役割を求められることになります。保育者は、こうした家族関係の複雑さや親子関係についても理解し、その家族なりのあり方を受け止め支えていくことが大切です。

演習課題

1 保育所や幼稚園、認定こども園等において保護者を支援することは、なぜ「子どもの最善の利益」につながるのでしょうか。本章 § 3を参考に考えてみましょう。

2 本章では、保育の専門性を活用した子育て支援の例として、掲示物やポートフォリオを紹介しましたが、日常の保育において、他にどのような場面や機会、方法が子育て支援に活用できるか、考えてみましょう。

3 保育所や幼稚園、認定こども園等の施設や機能、保育の専門性を活用して、どのような地域子育て支援の活動ができるか、考えてみましょう。

4 ひとり親家庭や障がい児の子育てには、日常生活においてどのような大変さがあるか、考えてみましょう。また、保育者の立場から、どのような支援や配慮ができるか話し合ってみましょう。

この章での学びの確認

本章では、まず保育所や幼稚園、認定こども園等における子育て支援が、少子化という社会的問題、育児不安や子ども虐待の広がりによって必要とされてきた経緯を確認しました。その上で、保育者には在園児の保護者に対する子育て支援が法定業務として位置づけられていること、地域子育て支援が努力義務とされていることを見てきました。また、これらは保育所に限らず、幼稚園や認定こども園においても期待されており、特別な活動をしなくとも、園が有する資源を活用することでさまざまな支援が可能となることも確認しました。

保育の専門性を活用した子育て支援については、保育所の掲示物やポートフォリオの実践例を通して、その具体的方法を学びました。その際の基本的事項として、子どもの最善の利益の考慮、子育てを自ら実践する力の向上、受容と自己決定の尊重、秘密保持について確認するとともに、保護者を理解することの重要性について述べました。最後に、特別なニーズをもつ家庭への支援として、保育者がよく出会うひとり親家庭と障がいのある子どもの保護者について取り上げ、それぞれの生活状況や保育者に求められる配慮事項について考えました。

このような子育て支援は、実は特別なものではなく、保育者がよりよい保育を目指そうとするとき、必然的に踏まえざるを得ないものばかりです。なぜなら、子どもの育ちは保育者だけで支えられるものではなく、保護者の理解がなければ日常の保育も思うようには進められないものだからです。子育て支援は、保育とは切り離された支援というよりも、日常の保育と一体的になされるものであり、子どもの最善の利益を保障する営みの中に組み込まれたものとしてとらえることが大切です。

参考文献　reference

『保育の専門性を生かした子育て支援 ―「子どもの最善の利益」をめざして』　亀﨑美沙子、わかば社、2018

本書では、「なぜ保育者が子育て支援を行うのか」「保育者の行う子育て支援の独自性とは何か」「子育て支援において、どのように子どもの最善の利益を保障するか」という３つのテーマを掲げ、保育者の行う子育て支援について解説しています。本書の後半には、子育て支援において「子どもの最善の利益」を保障するための具体的な方法として「６つの視点」が示されており、子育て支援について深く学びたい人にお勧めの書籍です。

『改訂　保育者の関わりの理論と実践―保育の専門性に基づいて』　高山静子、郁洋舎、2021

本書では、保育者の子どもや保護者に対するかかわりの原則や、専門的なかかわりの技術について具体的に解説されています。保育や子育て支援に共通する多数のかかわりの技術が紹介されているだけでなく、かかわりの質を高めるための演習問題も用意されており、専門職として、子どもや保護者に対するかかわりの専門性を高めたい人にお勧めの書籍です。

「保育所等における在園児の保護者への子育て支援―相談等を通じた個別的な対応を中心に」　厚生労働省、2023

厚生労働省の作成した在園児の保護者への相談対応に関する手引きです。保育所保育指針をベースとしつつも、これまでに実施した調査研究の結果をもとに、実践現場に即した内容となっています。この手引きは厚生労働省のホームページにて、無料でダウンロードが可能です。保育所等における保護者への相談対応の具体的な方法を学びたい人にお勧めです。

保育の専門性と質の向上

この章で学ぶこと

本章では、保育所や幼稚園、認定子ども園等における保育の専門性や、質の向上のための自己研鑽や研修、評価の仕組みとその内容について学びます。

まず、§１において、保育の質の向上に向けた取り組みの基本と、そのための施設長の責務、実施体制について確認します。§２では、保育の質の向上に向けた園内外の研修の概要と、保育士等キャリアアップ研修の仕組みについて学びます。§３では、保育所や幼稚園における評価として、第三者評価事業と学校評価の仕組みについて具体的に見ていきます。最後に、§４として保育所等における苦情解決制度の概要について学んでいきます。

保育の質の向上と自己研鑽

1．保育者の資質向上と自己研鑽

各園では、保育の質の向上に向けて、保育者一人一人が、その資質を向上させることが求められています。「保育所保育指針」では、「質の高い保育を展開するため、絶えず、一人一人の職員についての資質向上及び職員全体の専門性の向上を図るよう努めなければならない」とされており、保育士には「倫理観に裏付けられた専門的知識、技術及び判断」に基づき保育や子育て支援を行う専門職として、**自己研鑽**が求められています。

「保育所保育指針」　第1章　総則　1　保育所保育に関する基本原則

（1）保育所の役割

エ　保育所における保育士は、児童福祉法第18条の4の規定を踏まえ、保育所の役割及び機能が適切に発揮されるように、倫理観に裏付けられた専門的知識、技術及び判断をもって、子どもを保育するとともに、子どもの保護者に対する保育に関する指導を行うものであり、その職責を遂行するための専門性の向上に絶えず努めなければならない。

（下線筆者）

自己研鑽とは、「職場内での共通の目標の実現や達成のために、いま自分にみいだせないものや足りないものを主体的に探したり、あるいは課題を解決するために必要なことを努力したりすること」です[1)]。

保育者の専門性の基盤となる専門職倫理は「**全国保育士会倫理綱領**」（本書 p.17 参照）に示されており、保育者には「専門職としての責務」として、自らの人間性と専門性の向上に努めることが求められています。また、保育士の専門性として、『保育所保育指針解説』では、6つの知識・技術があげられています（本書 p.161 参照）。

こうした知識や技術は、資格や免許を取得すれば、あるいは経験を積めば自然と獲得できるというものではありません。保育の専門性の向上には、それぞれの課題意識や保育者としての責任と自覚に基づき、絶えず自己研鑽を行うことが必要です。また、このような自己研鑽の仕組みづくりは、**施設長の責務**となっています。

2．保育の質の向上と施設長の責務

保育所においては、施設長の責務が明文化されており、「保育所保育指針」第5章に以下のように示されています。保育所の役割と社会的責任を果たすために、自己評価や第三者評価の実施、苦情解決等を通して、保育の質の向上を図ることが求められています。また、園全体の質の向上を図るために、体系的かつ計画的に研修を実施し、一人一人の専門性の向上の機会を確保することとされています[2]。

「保育所保育指針」 第５章　職員の資質向上　２　施設長の責務

(1) 施設長の責務と専門性の向上

施設長は、保育所の役割や社会的責任を遂行するために、法令等を遵守し、保育所を取り巻く社会情勢等を踏まえ、施設長としての専門性等の向上に努め、当該保育所における保育の質及び職員の専門性向上のために必要な環境の確保に努めなければならない。

(2) 職員の研修機会の確保等

施設長は、保育所の全体的な計画や、各職員の研修の必要性等を踏まえて、体系的・計画的な研修機会を確保するとともに、職員の勤務体制の工夫等により、職員が計画的に研修等に参加し、その専門性の向上が図られるよう努めなければならない。

3．保育の質とチームワーク

保育の質をとらえる視点には、さまざまな考え方がありますが、OECD（本書 p.150 参照）の報告書では、図表 8-1 のように保育の質をとらえています。

この図表では、保育の質の一つの側面として、**保育者のチームワーク**にかかわる事項が含まれていることがわかります。これは、保育がさまざまな職員の協力によって成り立っていることからも、当然のことといえるでしょう。この観点は、「全国保育士会倫理綱領」にも「チームワークと自己評価」として位置づけられており、①園内のチームワーク、②園外の関係機関との連携、③子どもの視点に立った自己評価による保育の質の向上の３点が掲げられています（本書 p.17 参照）。

保育の長時間化や低年齢化、保育者の勤務形態の複雑化に伴い、保育所や幼稚園、認定こども園等における保育は、園全体で協力して行うものとなっています。低年齢児の保育や、特別な配慮を必要とする子どもの保育においては、複数の保育者でクラスを担当していますし、戸外での活動は多くの場合、クラス担任に限らず、さまざまな保育者が子どもとかかわることになります。

質の側面	内容	具体的な説明・例
志向性の質	政治や自治体が示す方向性	法律、規制、政策等
構造の質	物的・人的環境の全体的な構造	物的環境（園舎や園庭、遊具や素材・教材等）、人的環境（保育者の養成と研修、保育者と子どもの人数比率、クラスサイズ、労働環境等）
教育の概念と実践	ナショナル・カリキュラム等で示される教育（保育）の概念や実践	日本では、幼稚園教育要領、保育所保育指針、幼保連携型認定こども園教育・保育要領に示される保育のねらいや内容にあたる
相互作用あるいはプロセスの質	保育者と子どもたち、子どもたち同士、保育者同士の関係性（相互作用）	子どもたちの育ちをもたらす、安心感や教育的意図等を含み込む、保育者や子どもたちの関係性
実施運営の質	現場のニーズへの対応、質の向上、効果的なチーム形成等のための運営	園やクラスレベルの保育計画、職員の専門性向上のための研修参加の機会、実践の観察・評価・省察の時間確保、柔軟な保育時間等
子どもの成果の質あるいはパフォーマンスの基準	現在の、そして未来の子どもたちの幸せ（well-being）につながる成果	何をもって成果（outcome）とするかは、各々の価値観等によって異なる

図表 8-1　保育の質の諸側面

（イラム・シラージ、デニス・キングストン、エドワード・メルウィッシュ著／秋田清美・淀川裕美訳『「保育プロセスの質」評価スケール―乳幼児の「ともに考え、深めつづけること」と「情緒的な安定・安心」を捉えるために』明石書店、2016、p.85、淀川裕美・秋田清美が OECD（2006）『Starting Strong Ⅱ（p.127 ～ 128）』の記述をもとに作成）

こうした生活の中で、子どもが安心感をもって安定した生活を送るためには、保育者間の役割分担や連携、協力を欠かすことができません。また、保育者同士の関係性は、子どもに大きな影響を与える環境となることも、念頭に入れておく必要があります。

長時間保育においては、通常保育時間とそれ以外の保育時間を、保育者が分担します。そのため、保育者によって保育方針や保育内容が大きく異なることのないよう、園内で保育方針を共通理解しておくことが必要となります。保育の展開にあたっては、子どものその日の体調や食事、睡眠、排泄、与薬などに関する情報を保育者間で共有することが不可欠です。保育中に起こったけがや体調不良などは保護者に伝達する必要がありますが、保育者の時差出勤や園バスの利用などの事情により、必ずしもクラス担当保育者が直接伝達できるわけではありません。そのため、保育者間で必要な情報共有がなされていなければ、降園後の子どもの生活に影響を与えるだけでなく、保護者からの信頼を得ることもできなくなります。

こうしたチームワークは、障がい児保育や虐待が発生している家庭、さらには対応のむずかしい保護者へのかかわりにおいては、さらに重要なものとなります。園全体で共通認識をもって一貫した対応を図ることができるよう、職員間で子どもや家庭状況に関する情報と対応方針の共有が必要です。こうした連携がなければ、それぞれに異なる保育者の対応が子どもや保護者の混乱を招いたり、問題を複雑化させたりしてしまいます。また、園内連携においては**秘密保持**（本書 p.160 参照）を原則とし、情報を園外にもち出したり、口外したりすることのないようにしなければなりません。

§2 保育所・幼稚園・認定こども園等における研修

1．園内研修

保育所や幼稚園、認定こども園等における研修のうち、園内の職員同士で学び合う研修を**園内研修**と呼び、外部の専門家をアドバイザーとして招いて行う場合もあります。園内研修の方法は、課題を設定して研究に取り組む、保育を公開してお互いの保育を参観し合う、他園の保育に参加した学びを報告する、ビデオ記録や事例記録をもとにカンファレンスを行う、園外研修での学びを報告する、外部講師の講義を受ける、読書会を行うなど、さまざまです。また、研修の規模は、全職員で行うものもあれば、担当児の年齢や経験年数、職種等で構成された小グループで行うものもあります。保育所では、長時間保育に伴って保育者の雇用形態や勤務時間は多様です。こうした中で、全職員が集まる時間を確保することがむずかしく、いかに研修時間を確保するかが大きな課題となっています。そのため、園内研修の効果を高めるために、グループワークを用いるなど、各園の実情に応じた研修方法の工夫が求められます。

2．園外研修

園内で行う園内研修に対して、園外で行う研修を**園外研修**と呼びます。研修は、その種類によって自治体が行うものと、保育協議会などの保育関係団体が行うもの、両者の共催によるものがあります。その内容は「障がい児保育」「子育て支援」のような各分野の専門性を深める研修や、キャリアに応じた階層別研修など、多岐にわたります。園外研修で学んだ内容を参加者が報告し、これを園内研修の機会とする場合もあります。

3．保育士等キャリアアップ研修

2017（平成 29）年度より、保育士等の専門性の向上のしくみとして、「保育士等キャリアアップ研修」が創設されました。主な対象は保育現場でリーダー的役割を担う保育士等とされており、所定の研修を修了すると一定額が処遇改善として加算されます。図表 8-2 に示す８つの研修分野があり、各分野 15 時間以上の受講が必要とされています。

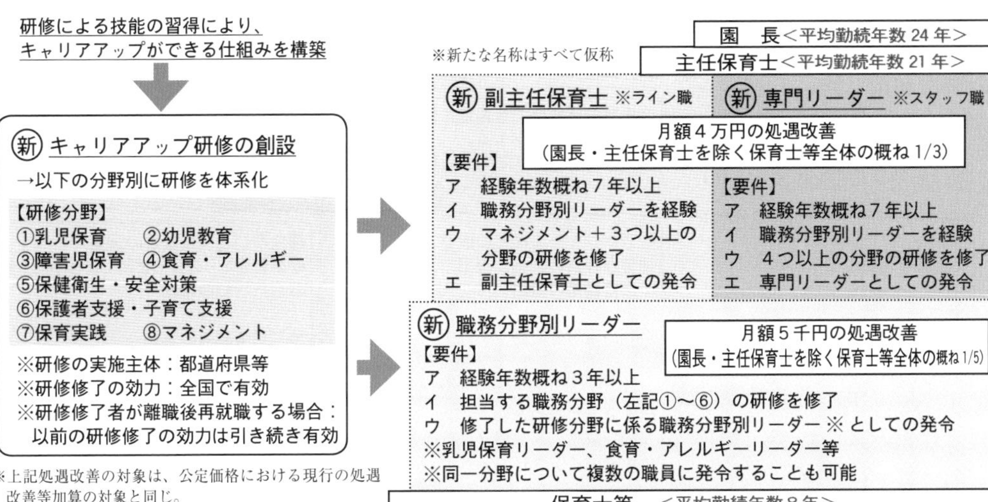

※上記処遇改善の対象は、公定価格における現行の処遇改善等加算の対象と同じ。
※「園長・主任保育士を除く保育士等全体の概ね 1/3」とは、公定価格における職員数に基づき算出したもの。
このほか、更なる「質の向上」の一環として、全職員に対して２％（月額６千円程度）の処遇改善を実施

図表 8-2　保育士等キャリアアップ研修のしくみ
（厚生労働省「保育士のキャリアアップの仕組みの構築と処遇改善について」2017）

保育の評価と改善

1．保育所における第三者評価事業

(1) 第三者評価事業とは

保育所や乳児院、児童館等の児童福祉施設には、公平かつ適正なサービスを提供し、

その質を向上させるための努力が求められています。そのための仕組みとして、**第三者評価事業**と呼ばれる評価の仕組みがあります。これは、その施設の関係者以外の第三者が、専門的な立場から**客観的な基準**に基づいてその質を評価するものであり、外部評価とも呼ばれます。

それでは、なぜこのような第三者評価を行う必要があるのでしょうか。第三者評価の目的には、次の2つがあります。1つ目は、各施設が運営上の問題点を把握し、**質の向上**に結びつけることです。客観的な第三者の目から評価を受けることで、サービスの改善の方向性を明確化していきます。2つ目は、その結果の公表によって、利用者にサービス選択に役立つ情報を提供することです。たとえば、保育所を利用したいと思ったとき、第三者機関による客観的な評価を参考にすることで、保育所を選択しやすくなるのです。

check **福祉サービスの質の向上のための措置等**

社会福祉法第78条には、福祉サービスの質の向上のための措置等として、以下のように定められています。

第78条　社会福祉事業の経営者は、自らその提供する福祉サービスの質の評価を行うことその他の措置を講ずることにより、常に福祉サービスを受ける者の立場に立って良質かつ適切な福祉サービスを提供するよう努めなければならない。

2　国は、社会福祉事業の経営者が行う福祉サービスの質の向上のための措置を援助するために、福祉サービスの質の公正かつ適切な評価の実施に資するための措置を講ずるよう努めなければならない。

(2) 実施の流れ

次に、第三者評価事業の仕組みについて、具体的に見ていきましょう。

第三者評価は、図表8-3のような流れに沿って行われています。その評価項目は、全施設共通の項目と、施設別の項目（図表8-4）に大別され、各施設はその両方について評価を行います。訪問調査実施前には、自己評価を行い、調査機関に提出します。同時に、利用者への調査を実施しま

福祉施設・事業所（事業者）		第三者評価機関
●評価機関についての情報収集		
●複数の評価機関を選定・比較し、評価機関を決定する。 ●契約内容に関する同意と契約		●事業者に対し、評価実施方法や費用、スケジュールなどを説明する ●事業者の同意を得たうえで契約する
	契約の締結	
●スケジュールなどの調整 ●自己評価の実施、提出 ●必要書類の提出 ●利用者調査実施への協力		●スケジュールなどの調整 ●事業者からの提出書類による事前分析 ●自己評価の確認・分析 ●利用者調査の実施
事前準備		事前分析
●必要書類等の準備 ●福祉施設・事業所見学への対応 ●事業者インタビューへの対応		●福祉施設・事業所の見学 ●事業者インタビュー（聴き取り） ●書類確認　等
	訪問調査	
●事業者コメントの記入 ●評価結果公表に関する同意		●評価調査者の合議による評価結果の取りまとめ ●必要に応じ、事業者との調整と確認 ●事業者への評価結果の報告 ●評価結果の公表に関する事業者への説明
	評価結果の取りまとめ	
●ホームページ等での評価結果の公表		●都道府県推進組織への評価結果の報告 ●評価結果の公表
	評価結果の公表	

都道府県推進組織ホームページあるいはWAM NETにおいて評価結果を公開

※上記は、標準的なフローを示したものであり、受審にあたっては、都道府県推進組織や各評価機関に確認してください。

＋

福祉施設・事業所による評価結果の有効活用

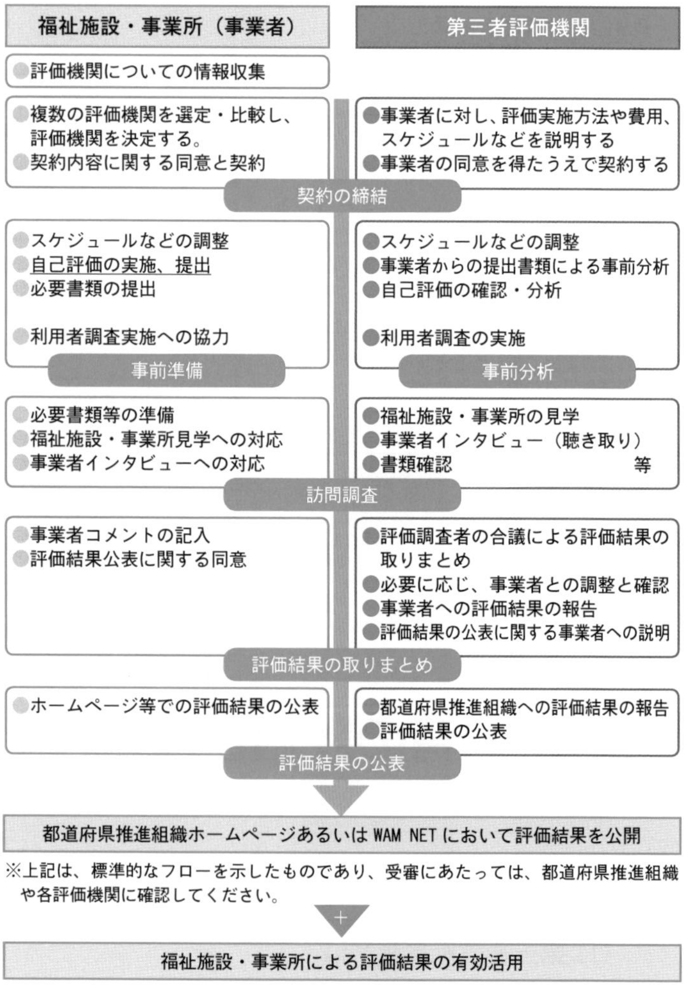

図表8-3　第三者評価の流れ

（全国社会福祉協議会「福祉サービス第三者評価―活用のご案内―」パンフレット、2017）

A－1　保育内容

A－1－（1）全体的な計画の作成

A①　A－1－（1）－①　保育所の理念、保育の方針や目標に基づき、子どもの心身の発達や家庭及び地域の実態に応じて全体的な計画を作成している

【判断基準】
a）全体的な計画は、保育所の理念、保育の方針や目標に基づき、子どもの心身の発達や家庭及び地域の実態に応じ作成している。
b）全体的な計画は、保育所の理念、保育の方針や目標に基づき、子どもの心身の発達や家庭及び地域の実態に応じ作成しているが、十分ではない。
c）全体的な計画は、保育所の理念、保育の方針や目標に基づき、子どもの心身の発達や家庭及び地域の実態に応じ作成していない。

評価の着眼点

□全体的な計画は、児童憲章、児童の権利に関する条約、児童福祉法、保育所保育指針などの趣旨をとらえて作成している。
□全体的な計画は、保育所の理念、保育の方針や目標に基づいて作成している。
□全体的な計画は、子どもの発達過程、子どもと家庭の状況や保育時間、地域の実態などを考慮して作成している。
□全体的な計画は、保育に関わる職員が参画して作成している。
□全体的な計画は、定期的に評価を行い、次の作成に生かしている。

評価基準の考え方と評価の留意点

（1）目的
○本評価基準は、保育所の理念、保育の方針や目標に基づき、子どもの発達過程を踏まえ、子どもの心身の発達や家庭及び地域の実態に応じ、保育に関わる職員の参画により、全体的な計画を作成しているかを評価します。また、全体的な計画の評価・改善の状況について評価します。
（2）趣旨・解説
○保育所保育は、保育に関する専門性を有する職員が、家庭との緊密な連携のもとに、子どもの状況や発達過程をふまえて、保育所における環境を通して、養護と教育を一体的に行うことを特性としています。
○全体的な計画は、保育所保育の基本であり、入所しているすべての子どもを主体とし、発達過程を踏まえ、保育所での生活を通して総合的に展開されるものです。入所期間に、保育の目標を達成することができるよう全体的かつ一貫性のある計画であり、施設長の責任の下、保育に関わる職員の参画により創意工夫して作成されるものです。
○全体的な計画の作成により、保育所全体で組織的・計画的に保育に取り組むこと、一貫性・連続性のある保育実践を展開することが期待されています。
○全体的な計画は、以下の事項を踏まえ作成されなければなりません。
・児童憲章、児童の権利に関する条約、児童福祉法に示されている理念などをふまえ、保育所保育指針に基づき作成されている。
・保育所の理念、保育の方針や目標に基づいて作成されている。
・地域の実態、子どもと家庭の状況や保育時間などを考慮し、子どもの発達過程に応じて、長期的見通しをもって作成されている。
・子どもの生活の連続性、子どもの発達の連続性に留意している。
・上記を踏まえ、保育所がそれぞれの特色を生かし創意工夫し、保育が実践できるよう作成している。
○保育所の指導計画は、全体的な計画に基づき作成します。全体的な計画と指導計画による保育実践の振り返り、記録等を通して、全体的な計画の評価を行い、次の作成に生かしていくことが必要です。
（3）評価の留意点
○保育所の理念、保育の方針が明文化されていない場合には、「c」評価とします。ただし、保育所の理念、保育の方針を全体的な計画には記載せず、別に定めている保育所もあります。
○全体的な計画の作成方法を確認するとともに、子どもの心身の発達や家庭及び地域の実態をどのように捉え全体的な計画に反映しているか、さらに、全体的な計画の評価・改善の状況について確認します。
○本評価基準では、全体的な計画の作成について評価を行い、全体的な計画に基づく指導計画の作成は、「42 Ⅲ－2－（2）－①」で評価します。

図表 8-4　保育所の第三者評価項目・評価基準の例

（出典：「保育所における第三者評価の改訂について（別添 2-2）第三者評価内容評価基準ガイドラインにおける各評価項目の判断基準に関するガイドライン判断基準、評価の着眼点、評価基準の考え方と評価の留意点（保育所版）」厚生労働省子ども家庭局長、厚生労働省社会・援護局長、令和２年４月１日）

す。評価結果の公表は義務ではありませんが、できるだけ公表することとされています。また、第三者評価の意義は、保育の質の向上にあることから、評価によって明らかになった課題について、園全体で改善に取り組むことが大切です。

『保育所保育指針解説』には、第三者評価の意義として、「第三者評価を受ける前の自己評価に職員一人一人が主体的に参画することで、職員の意識改革と協働性が高められることや、第三者評価結果を保護者へ報告することによって協働体制を構築すること」が記されています[3)]。

column　児童養護関係施設における第三者評価の実施と公表の義務化

保育所等の第三者評価を実施するかどうかは、事業主の判断に任されています。しかし、社会的養護にかかわる施設（児童養護施設、乳児院、児童心理治療施設、児童自立支援施設および母子生活支援施設）には、3年ごとに1回以上の第三者評価の実施と、その結果の公表が義務づけられています。

これらの施設に入所する子どもたちは、自らが施設を選択しているのではなく、措置制度等によって入所しています。また、虐待を受けた子どもが多く生活していることや、施設長が親権を代行する場合があること等の事情から、第三者評価が義務づけられています[4)]。

2．幼稚園における学校評価

幼稚園には、幼稚園設置基準によって自己評価の実施と結果の公表が努力義務とされています。また、教育基本法や学校教育法においては、学校評価を行うことが求められています。学校評価の目的は、学校運営の組織的・継続的な改善を図ること、保護者や地域に対して適切に説明責任を果たし、理解と協力を得ること、学校に対する支援や条件整備等の改善措置を講じ教育の質の向上を図ることであり、**自己評価、学校関係者評価、第三者評価**の3つの方法で評価を行います（図表8–5）。

自己評価	各学校の教職員が行う評価
学校関係者評価	保護者、地域住民等の学校関係者などにより構成された評価委員会等が、自己評価の結果について評価することを基本として行う評価
第三者評価	学校とその設置者が実施者となり、学校運営に関する外部の専門家を中心とした評価者により、自己評価や学校関係者評価の実施状況を踏まえつつ、教育活動その他の学校運営の状況について専門的視点から行う評価

図表 8–5　学校評価の方法

（文部科学省「幼稚園における学校評価ガイドライン［平成23年改訂］」平成23年11月15日、p.3）

また、「幼稚園における学校評価ガイドライン」においては、学校評価の進め方のイメージとして、次頁の図表8–6のような例が示されています[5)]。進め方の主な流れとして、まず重点目標を定め、それを評価するための項目を設定し（①：図表8–6内の番号に対応、以下同様）、これらについて学校関係者や保護者との意見交換を踏まえながら教育活動を行います（②～⑤）。必要に応じて中間評価を実施し（⑧）、保護者や学校関係者からの意見やアンケートを参考にしつつ、自己評価を実施し、結果を公表します（⑨～⑱）。

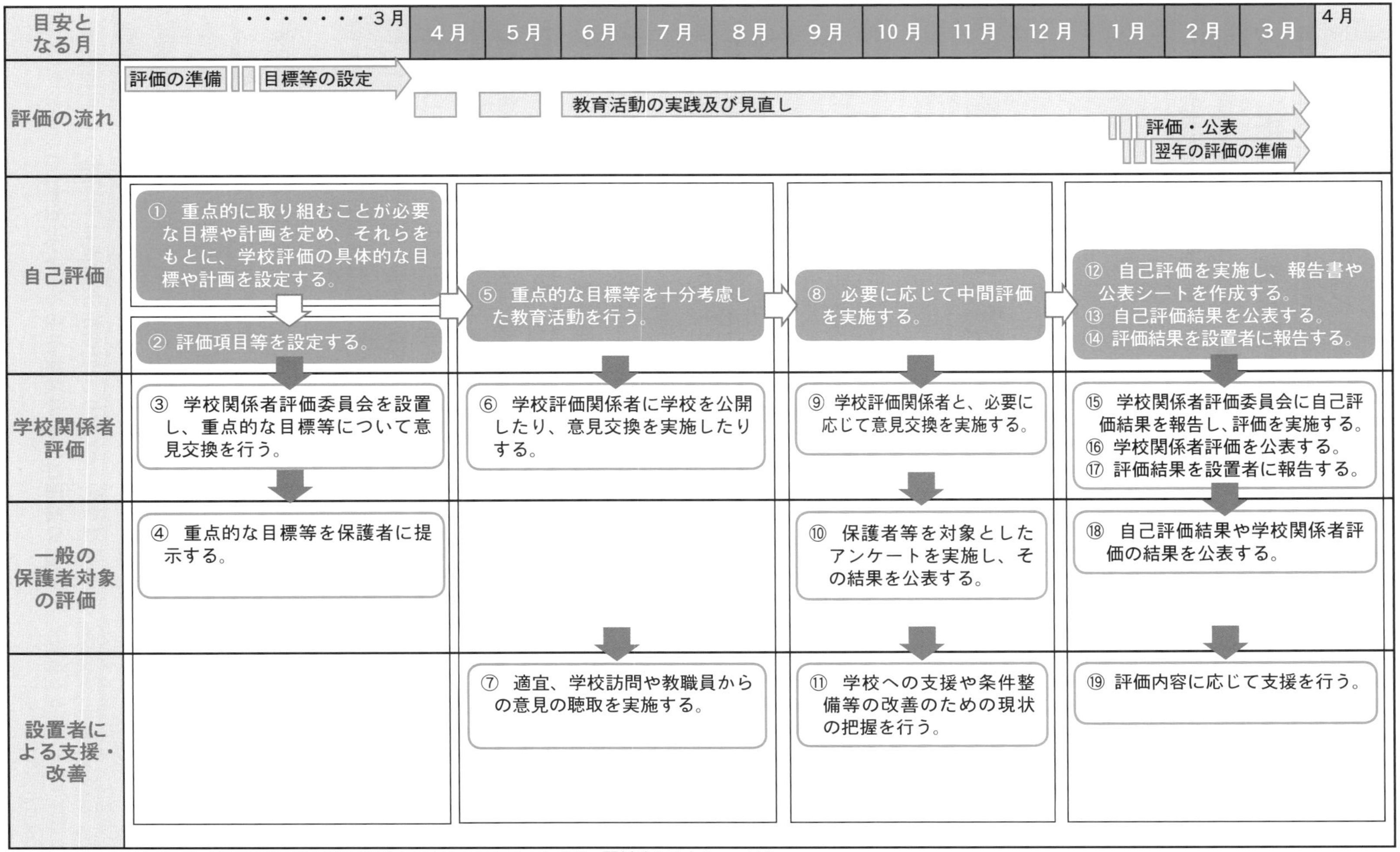

目安となる月	・・・・・・・・3月 4月	5月 6月 7月 8月	9月 10月 11月 12月	1月 2月 3月 4月
評価の流れ	評価の準備 → 目標等の設定	教育活動の実践及び見直し	教育活動の実践及び見直し	評価・公表 翌年の評価の準備
自己評価	① 重点的に取り組むことが必要な目標や計画を定め、それらをもとに、学校評価の具体的な目標や計画を設定する。 ② 評価項目等を設定する。	⑤ 重点的な目標等を十分考慮した教育活動を行う。	⑧ 必要に応じて中間評価を実施する。	⑫ 自己評価を実施し、報告書や公表シートを作成する。 ⑬ 自己評価結果を公表する。 ⑭ 評価結果を設置者に報告する。
学校関係者評価	③ 学校関係者評価委員会を設置し、重点的な目標等について意見交換を行う。	⑥ 学校評価関係者に学校を公開したり、意見交換を実施したりする。	⑨ 学校評価関係者と、必要に応じて意見交換を実施する。	⑮ 学校関係者評価委員会に自己評価結果を報告し、評価を実施する。 ⑯ 学校関係者評価を公表する。 ⑰ 評価結果を設置者に報告する。
一般の保護者対象の評価	④ 重点的な目標等を保護者に提示する。		⑩ 保護者等を対象としたアンケートを実施し、その結果を公表する。	⑱ 自己評価結果や学校関係者評価の結果を公表する。
設置者による支援・改善		⑦ 適宜、学校訪問や教職員からの意見の聴取を実施する。	⑪ 学校への支援や条件整備等の改善のための現状の把握を行う。	⑲ 評価内容に応じて支援を行う。

※矢印の方向性は評価を行う際の順序を示すものであり、各項目の関係性を示すものではない。

図表 8-6　学校評価の進め方のイメージ例

（文部科学省「幼稚園における学校評価ガイドライン［平成 23 年改訂］」平成 23 年 11 月 15 日、p.18）

保育所の第三者評価では評価項目や評価基準が明確に設定されていますが、学校評価では、各幼稚園の特性や設置主体の多様性などを考慮して、評価項目は各園の実情に応じて設定することとされています。評価項目の目安として、「幼稚園における自己評価ガイドライン」には、教育課程・指導、保健管理、安全管理、特別支援教育、組織運営、研修（資質向上の取り組み）、教育目標・学校評価、情報提供、保護者・地域住民との連携、子育て支援、預かり保育、教育環境整備の12分野にわたる評価の観点が示されています。

§4 保育所等における苦情解決制度

1．苦情解決制度とは

みなさんは、保育所の玄関などに苦情受付担当者を知らせる掲示を目にしたことがあるでしょうか。保育所や乳児院等の児童福祉施設には、「児童福祉施設の設備及び運営に関する基準」第14条の3に、苦情受付窓口の設置とその対応が義務づけられています。

苦情解決制度は、1990年代後半に行われた社会福祉基礎構造改革によって導入されました。この改革によって、それまでの措置制度に基づく保育所利用は、保護者の選択によって利用する**選択制度（契約制度）**へと変更されました。このことに伴って、利用者の権利を守るための仕組みとして、苦情解決制度が創設されました。近年では、保護者の苦情が増加しつつありますが、その背景には常時苦情を受けつける体制がつくられたことがかかわっていると考えられます。

苦情解決制度の目的として、①適切な対応により利用者の満足感を高めること、②虐待防止・**権利擁護**の取り組みを強化すること、③福祉サービスの質を向上すること、④苦情を密室化せず社会性や客観性を確保し円滑な解決を促進すること、⑤事業者の信頼や適切性を確保すること等があります[6]。つまり、苦情解決制度は利用者の権利擁護と**運営の適正化**にその意義があるといえます。

check　社会福祉基礎構造改革

多様化・増大化する福祉ニーズに対応するため、1990年代後半から社会福祉の仕組みについて抜本的な見直しを行いました。この一連の動きを社会福祉基礎構造改革と呼びます。その主なポイントは、①措置制度から選択（契約）制度への移行、②地域福祉の推進です。

check　苦情への対応

「児童福祉施設の設備及び運営に関する基準」には、苦情への対応として以下のように示されています。

第14条の3　児童福祉施設は、その行った援助に関する入所している者又はその保護者等からの苦情に迅速かつ適切に対応するために、苦情を受け付けるための窓口を設置する等の必要な措置を講じなければならない。

2．苦情解決制度の仕組み

苦情解決制度では、**苦情受付担当者**、**苦情解決責任者**、**第三者委員**を設置します。苦情受付担当者は職員が、苦情解決責任者は施設長や理事長等が担当します。また、第三者委員は世間から信頼性があり、苦情解決を円満に図ることができる者とされており、弁護士、民生委員・児童委員、社会福祉士、大学教授等が想定されています。

苦情解決は、①利用者への周知、②苦情の受付、③苦情受付の報告・確認、④苦情解決に向けた話し合い、⑤苦情解決の記録・結果の報告、⑥解決結果の公表、という手順で進められます[7)]。この流れについて、保育所を利用している保護者から苦情の申し立てがあった場合を想定して、考えてみましょう。まず、苦情受付担当者が、①苦情の内容、②希望、③第三者委員への報告の要否、④話し合いへの第三者委員の助言・立ち会いの要否についてたずね、その内容を記録します。これを苦情解決責任者である施設長と、第三者委員に報告します（保護者が第三者委員への報告を拒否した場合は不要）。その後、苦情解決に向けて保護者と話し合いを行い、必要に応じて第三者委員に助言や立ち会いを依頼します。こうした苦情解決・改善に至る経過は書面に記録します。

このようにして対応した苦情は、その解決結果を一定期間ごとに第三者委員に報告するとともに、事業報告書や広報誌、ホームページなどで対応件数や解決結果を公表します。これらの対応においては、**個人情報の保護**に配慮し、情報の取り扱いには十分に留意する必要があります。

3．苦情への対応から質の向上へ

苦情は、申し立てがなされた出来事だけが問題ではなく、日ごろの保育におけるさまざまな不満の蓄積が表面化した結果として受け止める必要があります。保育所においては、送迎時の対話や連絡帳など、日々のやりとりを通して、不満や疑問を解決する機会が多くあります。それにもかかわらず、正式な苦情として申し立てがなされるとすれば、こうした日々のやりとりでは解決されなかった結果であると考えられます。苦情とは、問題となっている出来事自体への対応以上に、日ごろの保育や保護者への対応が問われるものなのです。

苦情の申し立てを受けた場合には、誠実に受け止め、自らの保育や保護者とのかかわりを振り返るとともに、その保護者が苦情によって本当に訴えたいことは何か、その背景の理解を深めることが大切です。苦情を苦情として終わらせることなく、そのことを保育の改善のきっかけとして質を高めていくことが期待されます。『保育所保育指針解説』においても、苦情を通じて、「保育の内容を継続的に見直し、改善し、保育の質の向上を図っていく」[8)] ことが大切であるとされています。このことを念頭において、対応していくことが大切です。

演習課題

1 園全体がチームとして連携を図りつつ、ともに子どもを育てていくことは、保育の質とどのような関係があるのでしょうか。グループで話し合ってみましょう。

2 自分の住んでいる自治体では、どのような保育者向けの研修が行われているか、インターネット等を活用して調べてみましょう。

assignment

3 保育所における第三者評価と幼稚園の学校評価について、どのような共通点、相違点があるのかをグループで話し合ってみましょう。

4 保育所における苦情には、①どのようなものがあり、②どのように解決されているのかを、調べてみましょう。

この章での学びの確認

本章では、保育の質や保育者の資質の向上に向けた取り組みについて学んできました。

その１つ目として、保育の質を高めるためには、まず一人一人の保育者が専門職としての自覚と責任をもち、主体的に自己研鑽を行うことが大切であることを確認しました。保育所においては、こうした自己研鑽の支援と研修体制の構築が施設長の責務とされています。２つ目として、園内研修や園外研修、保育士等キャリアアップ研修について取り上げ、その方法や実施主体、仕組みについて紹介しました。３つ目として、第三者評価事業や学校評価について学びました。こうした評価では、自己評価や関係者による評価もその評価対象として第三者の客観的な目から総合的な評価を行い、保育の質の改善を図るものであることを確認しました。４つ目として、苦情解決制度の仕組みと、その内容について学んできました。保育所や施設においては、問題を密室化させず利用者の権利を守ることや、適正な運営を図るために苦情受付担当者や苦情解決責任者、第三者委員を設置することが義務づけられています。苦情は、その出来事だけが問題となるというよりも、それまでの対応に課題があることが多いものです。苦情の背景として日ごろの保育を振り返り、その質の改善につなげていく姿勢が大切です。

このような保育の質の向上は、日々の保育に課題意識をもって取り組み、よりよい実践を目指す保育者の姿勢によって支えられています。職務上の取り組みに参加すればよいということではなく、日ごろから子どもの最善の利益に考慮した専門性の向上を図る姿勢が大切です。

参考文献　reference

『園長の責務と専門性の研究 ── 保育所保育指針の求めるもの』

小林育子・民秋言編、萌文書林、2012

保育所における施設長の資質や責務、保育所の管理運営の具体的方法等について明らかにしつつ、本章のテーマである保育の質を高めるための研修や評価の内容、具体的方法について述べています。園長の職務をテーマとした数少ない書籍の一つです。

『手がるに園内研修メイキング ── みんなでつくる保育の力（改訂版）』

那須信樹他、わかば社、2017

園内研修の進め方を具体的な実践例を通して紹介している書籍です。12の実践例からさまざまな研修方法をわかりやすく学ぶことができます。

『第三者評価と保育園 ── 保育園は変るのか』　櫻井慶一、新読書社、2006

第三者評価の仕組みやその評価基準、効果、評価者の要件、課題などについて、保育所だけでなく他の児童福祉施設等についても取り上げ、詳細な解説が加えられています。図表が多く、第三者評価を具体的に理解しやすい一冊です。

本書引用・参考文献

※引用文献は各章ごとに、本文中の数字に対応。参考文献は引用文献のあとに、著者五十音順に掲載。

【第１章】

1）厚生労働省『保育所保育指針解説』フレーベル館、2018、p.15
2）同上書、p.15
3）同上書、p.60
4）同上書、p.61
5）同上書、p.87
6）同上書、p. 8
7）同上書、p.15
8）文部科学省『幼稚園教育要領解説』フレーベル館、2018、p.30
9）新村出編『広辞苑』第６版、岩波書店、2008、p.2158
10）前掲書１)、p.14
11）前掲書１)、p.14
12）unicef ホームページより
13）倉橋惣三『育ての心（上)』フレーベル館、2008、p.29
14）同上書、p.34
・日本家政学会編『児童学事典』丸善出版、2016

【第２章】

1）岩崎次男編『近代幼児教育史』明治図書、1979、p.169
2）湯川嘉津美『日本幼稚園成立史の研究』風間書房、2001、p.46
3）同上書、p.47
4）倉橋惣三「幼稚園真諦」『倉橋惣三選集』第１巻、フレーベル館、1965、p.23~24
5）同上書、p.45
6）森上史朗、柏女霊峰編『保育用語辞典　第８版』ミネルヴァ書房、2015、p.431
・泉千勢、一見真理子、汐見稔幸『未来への学力と日本の教育⑨世界の幼児教育・保育改革と学力』明石書店、2008
・乙訓稔『西洋近代 幼児教育思想史 ―コメニウスからフレーベル』東信堂、2005
・上笙一郎、山崎朋子『光 ほのかなれども―二葉保育園と徳永恕』社会思想社、1995
・上笙一郎、山崎朋子『日本の幼稚園』筑摩書房、1994
・基督教保育連盟編『日本キリスト教保育八十年史』基督教保育連盟、1966
・倉橋惣三『倉橋惣三選集』第１巻、フレーベル館、1965
・倉橋惣三、新庄よし子『日本幼稚園史』フレーベル館、1956
・J.A. コメニウス、井ノ口淳三訳『世界図絵』平凡社（平凡社ライブラリー)、1995
・J. ヘンドリック編著、石垣恵美子、玉置哲淳監訳『レッジョ・エミリア保育実践入門－保育者はいま、何をもとめられているか』北大路書房、2000
・佐伯一弥企画、金瑛珠編『改訂２版　Work で学ぶ保育原理』わかば社、2023
・児童育成協会監修、天野珠路、北野幸子編『基本保育シリーズ① 保育原理』中央法規、2015
・柴崎正行編『改訂版　保育内容の基礎と演習』わかば社、2018
・下川耿史編『近代子ども史年表』（明治・大正編）河出書房新社、2002
・下川耿史編『近代子ども史年表』（昭和・平成編）河出書房新社、2002
・須恵剣「城戸幡太郎と『幼児教育論』―その現代的意義」「日本教材文化研究財団研究紀要第 38 号

特集：乳幼児期の探究Ⅲ」2009
・髙月教惠『日本における保育実践史研究―大正デモクラシー期を中心に』御茶の水書房、2010
・田口仁久『イギリス幼児教育史』明治図書、1976
・民秋言編『幼稚園教育要領・保育所保育指針の変遷と幼保連携型認定こども園教育・保育要領の成立』萌文書林、2014
・日本児童文学学会編『赤い鳥研究』小峰書店、1965
・浜田栄夫編『ペスタロッチー・フレーベルと日本の近代教育』玉川大学出版部、2009
・森上史朗『子どもに生きた人・倉橋惣三―その生涯・思想・保育・教育』フレーベル館、1993
・森上史朗『児童中心主義の保育』教育出版、1984
・文部省『幼稚園教育百年史』ひかりのくに、1979
・文部科学省ホームページより「株式会社日本総合研究所　研究概要　諸外国（英国・米国・フランス・ドイツ・スウェーデン・ニュージーランド・韓国）における幼児教育・保育の現状や動向についての調査研究」
・湯川嘉津美『日本幼稚園成立史の研究』風間書房、2001

【第３章】

1）三宅茂夫編『新・保育原理』みらい、2012、p.10
2）同上書、p.10
3）大藤ゆき『児やらい 産育の民族』岩崎美術社、1996、p.181 他
4）太田素子『子宝と子返し』藤原書店、2007、p.161 ～ 278
5）森上史朗他『保育用語辞典　第５版』ミネルヴァ書房、2009、p. 1
6）厚生労働省「保育所等関連状況取りまとめ（令和４年４月１日）」2022
7）内閣府「令和４年度私立幼稚園の子ども・子育て支援新制度への移行状況等調査の結果」2022
8）ミルトン・メイヤロフ、田村真訳『ケアの本質―生きることの意味』ゆみる出版、1987、p.26
9）ジェームズ・J・ヘックマン、古草秀子訳『幼児教育の経済学』東洋経済新報社、2015、p.29 ～ 35
10）Brussoni, M., Olsen, L. L., Pike, I., & Sleet, D. A. (2012) Risky Play and Children's Safety: Balancing Priorities for Optimal Child Development., International Journal of Environmental Research and Public Health, 9, 3134-3148
11）津守真『保育者の地平―私的体験から普遍に向けて』ミネルヴァ書房、1997、p.270
・三宅茂夫編『新・保育原理』みらい、2012
・村野敬一郎「就学前教育・保育制度のあり方を考える視点―「幼保一元化」、「認定こども園」の検討をふまえて」宮城学院女子大学発達学研究第 11 号、2011、p.25 ～ 31
・文部科学省『幼稚園教育要領解説』フレーベル館、2008
・文部省『幼稚園教育要領解説』フレーベル館、1989

【第４章】

1）厚生労働省『保育所保育指針解説』フレーベル館、2018、p.14 ～ 15
・石崎朝世監修『保育に役立つ発達過程別の援助法』日本文化科学社、2009
・榎沢良彦『幼保連携型認定こども園教育・保育要領ってなぁに？』同文書院、2015
・金子智栄子『イラストでよくわかる０～６歳児の発達と保育』成美堂出版、2014
・河原紀子監修『0 歳～６歳子どもの発達と保育の本　第２版』Gakken、2018
・厚生労働省『保育所保育指針解説』フレーベル館、2018
・厚生労働省『保育所保育指針解説書』フレーベル館、2008
・汐見稔幸編『ここが変わった！　平成 29 年告示保育所保育指針まるわかりガイド』チャイルド本社、2017

・柴崎正行編『改訂版　保育方法の基礎』わかば社、2018
・柴崎正行編『改訂版　保育内容の基礎と演習』わかば社、2018
・柴崎正行、戸田雅美、秋田喜代美編『最新保育講座 10 保育内容 言葉』ミネルヴァ書房、2010
・全国社会福祉協議会『「保育所保育指針」全文とその見方』全国社会福祉協議会、1965
・民秋言編『幼稚園教育要領・保育所保育指針・幼保連携型認定こども園教育・保育要領の成立と変遷』萌文書林、2017
・平井信義、髙城義太郎、杤尾勲『保育所保育指針解説』チャイルド社、1990
・無藤隆編『ここが変わった！　平成 29 年告示幼稚園教育要領まるわかりガイド』チャイルド本社、2017
・無藤隆編『ここが変わった！　平成 29 年告示幼保連携型認定こども園教育・保育要領まるわかりガイド』チャイルド本社、2017
・森上史朗、柏女霊峰編『保育用語辞典　第８版』ミネルヴァ書房、2015
・文部省『保育要領　幼児教育の手びき』1948

【第５章】

１）厚生労働省『保育所保育指針解説』フレーベル館、2018、p.23
２）同上書、p.24
３）高山静子『環境構成の理論と実践―保育の専門性に基づいて』エイデル研究所、2014、p.26
４）秋田喜代美『知をそだてる保育―遊びでそだつ子どものかしこさ』ひかりのくに、2000、p.67
５）前掲書１）、p.38
・大豆生田啓友、渡辺英則、森上史朗編『保育方法・指導法』ミネルヴァ書房、2012
・汐見稔幸監修『イラストたっぷりやさしく読み解く保育所保育指針ハンドブック』学研、2017
・柴崎正行編『改訂版　保育方法の基礎』わかば社、2018
・保育総合研究会監修『平成 30 年度施行新要領・指針サポートブック』世界文化社、2018
・無藤隆、汐見稔幸編『イラストで読む！　幼稚園教育要領・保育所保育指針・幼保連携型認定こども園教育・保育要領はやわかり BOOK』学陽書房、2017
・師岡章『保育指導法―幼児のための保育・教育の方法』同文書院、2007

【第６章】

１）厚生労働省「乳幼児突然死症候群死亡者数の推移」「人口動態統計」2021
２）岡崎光子編『子どもの食と栄養』光生館、2011、p.133~135
・岸井勇雄、無藤隆、柴崎正行監修　『子どもの食と栄養―演習』同文書院、2011
・厚生労働省『保育所保育指針解説』フレーベル館、2018
・巷野悟郎、向井美惠、今村栄一監修『心・栄養・食べ方を育む　乳幼児の食行動と食支援』医歯薬出版、2008
・古笛恵子編『事例解説　保育事故における注意義務と責任』新日本法規、2010
・佐伯一弥企画、金瑛珠編『改訂２版　Work で学ぶ保育原理』わかば社、2023
・汐見稔幸編『ここが変わった！　平成 29 年告示保育所保育指針まるわかりガイド』チャイルド社、2017
・柴崎正行編『改訂版　障がい児保育の基礎』わかば社、2023
・民秋言編『保育原理』萌文書林、2006
・萌文書林編集部編『子どもに伝えたい年中行事・記念日<新訂版>』萌文書林、2019
・松本峰雄編『保育における子ども文化』わかば社　2014
・森上史朗、大豆生田啓友編『よくわかる保育原理』ミネルヴァ書房、2015

・森上史朗、柏女霊峰編『保育用語辞典　第7版』ミネルヴァ書房、2014
・文部科学省『幼稚園教育要領解説』フレーベル館、2018
・山中龍宏、寺町東子、栗並えみ、掛札逸美『保育現場の「深刻事故」対応ハンドブック』ぎょうせい、2014

【第7章】

1）阿部彩『子どもの貧困Ⅱ—解決策を考える』岩波新書、2014、p.9 ～ 11
2）原田正文『子育ての変貌と次世代育成支援—兵庫レポートにみる子育て現場と子ども虐待予防』名古屋大学出版会、2006、p.184 ～ 191
3）ベネッセ教育総合研究所「乳幼児の保護者のライフキャリアと子育てに関する調査」2023
4）ベネッセ教育総合研究所「第2回妊娠出産子育て基本調査」2012
5）亀﨑美沙子「保護者支援の歴史的展開—保育所保育指針の分析を手がかりに」「保育士養成研究」31、2014、p.11 ～ 20
6）厚生労働省『保育所保育指針解説』フレーベル館、2018、p.328
7）木曽陽子「保育における発達障害の傾向がある子どもとその保護者への支援の実態」「社会問題研究」63、2014、p.69 ～ 82
8）前掲書6）、p.331
9）網野武博「第2部第2章第1節 子どもの最善の利益と福祉の重視」新保育士養成講座編纂委員会編『新保育士養成講座 家庭支援論—家庭支援と保育相談支援』（第10巻）全国社会福祉協議会、2011、p.147
10）前掲書6）、p.328
11）前掲書6）、p.329
12）橋本真紀「第2章保育相談支援の基本」柏女霊峰・橋本真紀編『新・プリマーズ 保育　保育相談支援』ミネルヴァ書房、2011、p.32 ～ 33
13）髙良麻子「第7章第3節 ソーシャルワーク実践における倫理的ジレンマ」社会福祉士養成講座編集委員会『新・社会福祉士養成講座6 相談援助の基盤と専門職（第3版）』中央法規、2015、p.154
14）前掲書6）、p.17
15）厚生労働省「令和3年度全国ひとり親世帯等調査結果報告（令和3年11月1日現在）」令和4年12月26日
16）同上
17）厚生労働省「2022（令和5）年国民生活基礎調査の概況」令和5年7月4日
18）前掲 15）
19）田宮遊子、四方理人「母子世帯の仕事と育児」「季刊社会保障研究」43（3）、2007、p.219 ～ 231
・森上史朗、柏女霊峰編『保育用語辞典第6版』ミネルヴァ書房、2010

【第8章】

1）厚生労働省『保育所保育指針解説書』フレーベル館、2008、p.206
2）厚生労働省『保育所保育指針解説』フレーベル館、2018、p.348 ～ 349
3）同上書、p.57
4）厚生労働省「社会的養護関係施設における第三者評価及び自己評価の実施について」令和4年3月23日
5）文部科学省「幼稚園における学校評価ガイドライン［平成23年改訂］」平成23年11月15日
6）厚生労働省「『社会福祉事業の経営者による福祉サービスに関する苦情解決の仕組みの指針について』の一部改正について」平成29年3月7日
7）同上
8）前掲書2）、p.29

著者紹介

（※著者五十音順。執筆担当は、もくじ内に記載）

編者 **柴崎 正行**（しばざき まさゆき）　元東京家政大学子ども学部子ども支援学科 教授

東京教育大学教育学部特殊教育学科卒業。筑波大学大学院心身障害学研究科博士課程中退。その後、淑徳大学社会福祉学部講師、文部省初等中等教育局幼稚園課教科調査官、東京家政大学家政学部児童学科教授、大妻女子大学家政学部児童学科教授。2016 年 10 月に他界。

主な著書：『障がい児保育の基礎』わかば社（2014）、『保育内容の基礎と演習』わかば社（2015）、『保育方法の基礎』わかば社（2015）、『子どもが生き生きする保育環境の構成』小学館（1997）、『保育者の新たな役割』小学館（1999）、『カウンセリングマインドの探究』フレーベル館（2001）、『歴史からみる日本の子育て』フレーベル館（2005）他多数。

兼重 祐子（かねしげ さちこ）　東京教育専門学校幼稚園教諭・保育士養成科 専任講師

亀﨑 美沙子（かめざき みさこ）　十文字学園女子大学人間生活学部人間福祉学科 准教授

北川 公美子（きたがわ くみこ）　東海大学児童教育学部児童教育学科 教授

北澤 明子（きたざわ あきこ）　秋草学園短期大学幼児教育学科 准教授

小山 朝子（こやま あさこ）　和洋女子大学人文学部こども発達学科 准教授

副島 里美（そえじま さとみ）　静岡県立大学短期大学部こども学科 准教授

田代 和美（たしろ かずみ）　和洋女子大学人文学部こども発達学科 教授

協　力（五十音順）

川和保育園　久万こども園　こどものもり
てんじん保育園　ながかみ保育園　陽だまりの丘保育園
ひめゆり保育園

●本文イラスト　西田 ヒロコ
●装　丁　レフ・デザイン工房

改訂２版 **保育原理の基礎と演習**

2016 年 8 月 25 日　初版発行
2018 年 12 月 19 日　改訂版発行
2023 年 12 月 25 日　改訂 2 版発行

編著者　柴崎正行
発行者　川口直子
発行所　（株）わかば社
〒173-0004　東京都板橋区板橋 2-46-12
tel(03)6905-6880 fax(03)6905-6812
(URL)https://wakabasya.com
(e-mail)info@wakabasya.com
印刷／製本　シナノ印刷（株）

ISBN 978-4-907270-45-2 C3037